Gabriel Weber

Eigenkapitalkosten ausgewählter Unternehmen auf Basis der modernen Kapitalmarkttheorie

WIRTSCHAFTSWISSENSCHAFT

Gabriel Weber

Eigenkapitalkosten ausgewählter Unternehmen auf Basis der modernen Kapitalmarkttheorie

Eine empirische Anwendung des CAPM für die Holz verarbeitende Industrie, Druckmaschinen- und Papierindustrie

Mit einem Geleitwort von Prof. Dr. Martin Moog

Deutscher Universitäts-Verlag

Bibliografische Information Der Deutschen Bibliothek
Die Deutsche Bibliothek verzeichnet diese Publikation in der Deutschen Nationalbibliografie; detaillierte bibliografische Daten sind im Internet über <http://dnb.ddb.de> abrufbar.

Dissertation Technische Universität München, 2005

1. Auflage März 2006

Lektorat: Brigitte Siegel / Anita Wilke

Der Deutsche Universitäts-Verlag ist ein Unternehmen von Springer Science+Business Media.
www.duv.de

Umschlaggestaltung: Regine Zimmer, Dipl.-Designerin, Frankfurt/Main
Druck und Buchbinder: Rosch-Buch, Scheßlitz
Gedruckt auf säurefreiem und chlorfrei gebleichtem Papier
Printed in Germany

ISBN 3-8350-0267-8

In Gedenken an meine Mutter

Brunhilde Weber

05.06.1945 – 25.06.1986

Geleitwort

Besonderes Augenmerk muss bei allen Bewertungskalkülen der Berücksichtigung des Risikos geschenkt werden. Unternehmensbewertungen erfolgen heute – zumindest wenn sie von Fachleuten durchgeführt werden – zumeist mit den Zukunftserfolg des Unternehmens berücksichtigenden Kalkülen. Neben der treffenden Einschätzung des unsicheren Zukunftserfolgs ist das Ergebnis von Unternehmensbewertungen dann vor allem vom gewählten Diskontierungszinsfuß abhängig, so dass auf dessen sachgerechte Festlegung ebensoviel Sorgfalt verwendet werden sollte wie auf die Prognose des Unternehmenserfolges.

Grundsätzlich bietet zwar der Ertragswertkalkül die Möglichkeit, sicherheitsäquivalente Erträge bzw. Entnahmen mit dem „sicheren" Zinsfuß zu diskontieren, verbreiteter ist jedoch die Berücksichtigung des Risikos im Nenner der Bewertungsgleichung bzw. als Risikozuschlag zum „sicheren" Zins. Nahe liegend ist dies insbesondere wegen der Möglichkeit der auf das schon legendäre, wenngleich zu Recht umstrittene Capital Asset Pricing Model zu stützenden Schätzung des Risikozuschlages. So sehr die theoriegeleitete und modellgestützte Vorgehensweise zur Bestimmung des Diskontierungssatzes dem Erfordernis der Objektivierung entgegenkommt, so wenig wird ein Einfluss des Bewerters auf das Ergebnis ausgeschlossen, denn dieses wird sehr wesentlich von der Wahl der Eingangsgrößen zur Schätzung des Betas als auch von der Operationalisierung des „sicheren" Zinssatzes bestimmt.

Angesichts dieser Problematik und der Notwendigkeit zur Bewertung von Unternehmen war es einerseits Ziel der von Herrn Gabriel Weber vorgelegten Dissertation zu zeigen, dass sich mit Hilfe von Operationalisierungen des CAPM für Unternehmen der Branchen Holzverarbeitung, Papier- und Druckmaschinenindustrie Betas schätzen lassen, andererseits aber auch die Schwankungsbreiten der Betafaktoren bzw. der Kapitalkosten aufzuzeigen. Es handelt sich bei der Dissertation von Herrn Weber um eine Studie, mit der nicht beabsichtigt war, die Liste der Arbeiten zur Gültigkeit des CAPM zu verlängern, sondern sie ist vielmehr als eine das CAPM anwendende Studie zu charakterisieren, die für die untersuchten Industriezweige empirische, für Bewertungen hilfreiche Daten zur Verfügung stellt. Ihrer Verwendung durch mit der Kapitalmarkttheorie weniger vertraute Praktiker kommt die einleitende knappe, aber gut verständliche und treffende Darstellung des theoretischen Hintergrundes entgegen. Dies mag sie auch manchem Studenten als eine interessante Lektüre erscheinen lassen.

Prof. Dr. Martin Moog

Vorwort

Dies Buch entstand in unwesentlich geänderter Fassung als Promotionsschrift am Lehrstuhl für Forstliche Wirtschaftslehre der Technischen Universität München. Am Gelingen eines solchen Vorhabens ist immer eine lange, kaum aufzuzählende Reihe von Personen beteiligt, ohne deren Begleitung, Hilfe und Unterstützung eine erfolgreiche Durchführung kaum möglich ist. Dennoch ist es mir ein besonderes Anliegen, einigen Personen an dieser Stelle meinen besonderen Dank für ihren geleisteten Beitrag auszusprechen.

Besonderer Dank gebührt meinem Doktorvater, Herrn Prof. Dr. Martin Moog, für das Vertrauen und die Bereitschaft, mich als ehemaligen Fachhochschulstudenten an seinem Lehrstuhl aufzunehmen und durch das Ergänzungsstudium, als Zulassungsvoraussetzung für die Promotion, sowie das eigentliche Dissertationsprojekt intensiv zu begleiten. Des Weiteren möchte ich mich auch bei den Mitarbeitern des Lehrstuhls für Forstliche Wirtschaftslehre für die gute Zusammenarbeit in den vergangenen Jahren bedanken. Daneben gilt mein Dank MSCIBarra für das Zurverfügungstellen der MSCI-Indizes und der Firma Pfleiderer AG für die Unterstützung bei der Branchenbestimmung.

Zum Schluss möchte ich noch Frau Prof. Dr. Dr. Ann-Kristin Achleitner für die Übernahme der Zweitkorrektur, Frau Eva Stutzmann für das Lektorieren, Herrn Sascha Schreiber für die oft motivierenden Denkanstöße und Frau Martina Huber für die vielen aufmunternden Worte danken. Finanziell wäre die Zeit als Doktorand kaum zu bewältigen gewesen ohne das durchgehend gewährte Stipendium der TU München. Für die Übernahme der Druckkosten bedanke ich mich beim Verband der Bayerischen Papierindustrie der Oskar-Karl-Forster Stiftung und der Firma Pfleiderer AG.

Gabriel Weber

Inhaltsübersicht

Geleitwort VII

Vorwort IX

Inhaltsübersicht XI

Inhaltsverzeichnis XIII

Abbildungsverzeichnis XVII

Abkürzungsverzeichnis XXV

1 Einleitung 1

2 Grundlagen der Investitionstheorie 7

3 Grundlagen der Unternehmensbewertung 35

4 Ermittlung der Eigenkapitalkosten mit Hilfe des Capital Asset Pricing Model 61

5 Anwendung des Capital Asset Pricing Model zur Ermittlung der Betafaktoren ausgewählter Unternehmen 87

6 Bestimmung der Eigenkapitalkosten ausgewählter Unternehmen 145

7 Zusammenfassung und Ausblick 169

Anhang 179

Literaturverzeichnis 189

Inhaltsverzeichnis

Geleitwort ... VII

Vorwort ... IX

Inhaltsübersicht ... XI

Inhaltsverzeichnis ... XIII

Abbildungsverzeichnis ... XVII

Abkürzungsverzeichnis ... XXV

1 Einleitung ... 1

1.1 Problemstellung und Abgrenzung ... 2

1.2 Inhalt und Zielsetzung der Arbeit ... 3

1.3 Aufbau der Arbeit ... 4

2 Grundlagen der Investitionstheorie ... 7

2.1 Verfahren der Investitionsrechnung ... 8

2.2 Investitionsentscheidungen unter Sicherheit ... 9

2.2.1 Die Kapitalwertmethode ... 9

2.2.2 Die Annuitätenmethode ... 11

2.2.3 Die Interne Zinsfußmethode ... 12

2.2.4 Vergleich Net-Present-Value- und Internal-Rate-of-Return-Methode ... 14

2.3 Investitionsentscheidungen unter Risiko ... 17

2.3.1 Das μ-σ Prinzip ... 17

2.3.2 Das Bernoulliprinzip ... 21

2.4 Risikoanalyse ... 24

2.4.1 Analytische Risikoanalyse ... 25

2.4.1.1 Unabhängige Einzahlungsüberschüsse ... 26

2.4.1.2 Korrelierte Einzahlungsüberschüsse ... 28

2.4.1.3 Vollständig korrelierte Einzahlungsüberschüsse ... 30

2.4.2 Simulative Risikoanalyse ... 31

2.4.3 Zusammenfassung und Kritik der Risikoanalyse ... 33

3 Grundlagen der Unternehmensbewertung 35

3.1 Modelle der Unternehmensbewertung 36

3.1.1 Die Ertragswertmethode 36

3.1.2 Das Discounted-Cash-Flow-Gesamtwertmodell 38

3.1.3 Das Adjusted-Present-Value-Modell 43

3.1.4 Das Economic-Profit-Modell 45

3.2 Die Irrelevanz der Kapitalstruktur 48

3.2.1 Das Modigliani-Miller-Theorem 49

3.2.2 Der Arbitragebeweis 51

3.2.3 Sind die Kapitalkosten von der Kapitalstruktur unabhängig? 56

3.3 Zusammenfassung und Vergleich von Discounted-Cash-Flow- und Ertragswertmethode 57

4 Ermittlung der Eigenkapitalkosten mit Hilfe des Capital Asset Pricing Model 61

4.1 Grundlagen der Portfoliotheorie 62

4.1.1 Ein Portfolio mit zwei Anlagen 62

4.1.2 Ein Portfolio mit mehreren Anlagen 66

4.1.3 Indifferenzkurven und effiziente Portfolios 68

4.2 Das Capital Asset Pricing Model (CAPM) 69

4.2.1 Modellannahmen des CAPM 70

4.2.2 Die Kapitalmarktlinie (Capital Market Line) 70

4.2.3 Die Wertpapierlinie (Security Market Line) 73

4.3 Eigenkapitalkosten auf Basis des CAPM 77

4.3.1 Ermittlung der risikofreien Rendite 78

4.3.2 Ermittlung der Marktrisikoprämie 79

4.3.3 Ermittlung des systematischen Risikos (Beta) 80

4.4 Zusammenfassung und Kritik am CAPM 82

4.4.1 Empirische Überprüfung des CAPM 83

4.4.2 Ist das Beta tot? 84

4.4.3 Kurzes Resümee 86

5 **Anwendung des Capital Asset Pricing Model zur Ermittlung der Betafaktoren ausgewählter Unternehmen** **87**

5.1 Rahmenbedingungen und Modellannahmen 87

5.1.1 Festlegung der mathematischen Einflussparameter 88

5.1.1.1 Wahl der Renditeberechnung 88

5.1.1.2 Schätzverfahren für die lineare Regression 90

5.1.1.3 Statistische Grundlagen 91

5.1.2 Bestimmung der risikofreien Verzinsung 93

5.1.2.1 Approximation risikofreier Marktrenditen für Europa 94

5.1.2.2 Approximation risikofreier Marktrenditen für die USA 96

5.1.2.3 Approximation risikofreier Marktrenditen für Japan 98

5.1.3 Bestimmung des Marktportfolios 99

5.1.3.1 Indizes als Approximation des Marktportfolios 99

5.1.3.2 Indizes von Morgan Stanley Capital International 100

5.1.3.3 Vergleich der Benchmarkindizes 102

5.2 Schätzung der Betafaktoren 105

5.2.1 Betafaktoren der holzverarbeitenden Industrie 106

5.2.2 Betafaktoren der Druckmaschinenindustrie 116

5.2.3 Betafaktoren der Papierindustrie 123

5.3 Überprüfung und Einordnung der Resultate 132

5.3.1 Stabilität der Betafaktoren im Zeitablauf 132

5.3.2 Vergleich der Betafaktoren mit anderen Branchen 143

6 **Bestimmung der Eigenkapitalkosten ausgewählter Unternehmen** **145**

6.1 Modellbeschreibung und Annahmen 145

6.1.1 Risikofreie Verzinsung 145

6.1.2 Marktrendite 147

6.1.3 Betafaktoren 148

6.2 Berechnung der Kapitalkosten 152

6.2.1 Kapitalkosten der holzverarbeitenden Industrie 152

6.2.2 Kapitalkosten der Druckmaschinenindustrie 156

6.2.3 Kapitalkosten der Papierindustrie 158

6.3 Zusammenfassung und Einordnung der Ergebnisse 160
6.3.1 Ermittlung branchenspezifischer Kapitalkostensätze 160
6.3.2 Ergebnisse der Befragung 162
6.3.3 Befragungsergebnisse versus CAPM-basierte Eigenkapitalkosten 166

7 Zusammenfassung und Ausblick 169

7.1 Resümee der Ergebnisse 169

7.2 Diskussion der Resultate 172

7.3 Ansatzpunkte für weitere wissenschaftliche Forschungen 176

Anhang 179

Literaturverzeichnis 189

Abbildungsverzeichnis

Abbildung 1: Schema zur Erklärung des Investitionskalküls ... 7

Abbildung 2: Wichtige Investitionsrechenverfahren ... 8

Abbildung 3: Vergleich zweier Investitionen ohne Annahme von Zinsen ... 9

Abbildung 4: Beispiel für die Berechnung des Net Present Value ... 11

Abbildung 5: Beispiel für die Berechnung der Internal Rate of Return ... 13

Abbildung 6: Vergleich von zwei Investitionsalternativen bei unterschiedlichem Kapitaleinsatz ... 15

Abbildung 7: Darstellung einer indifferenten Entscheidungssituation am Beispiel der Bayes-Regel (Erwartungswertregel) ... 18

Abbildung 8: Unterschiedliche Indifferenzlinien einer Präferenzfunktion in Abhängigkeit von der Risikoeinstellung des Entscheiders ... 20

Abbildung 9: Unterschiedliche Nutzenfunktionen in Abhängigkeit von der Risikoeinstellung des Entscheiders ... 22

Abbildung 10: Beispiel einer Autokorrelationsfunktion ... 28

Abbildung 11: Ablaufplan der simulativen Risikoanalyse ... 32

Abbildung 12: Methoden der Unternehmensbewertung zur Berücksichtigung finanzieller Ziele ... 35

Abbildung 13: Beispiel für die Ertragswertberechnung ... 37

Abbildung 14: Discounted-Cashflow-Analysis ... 39

Abbildung 15: Bewertung gemäß WACC-Ansatz ... 40

Abbildung 16: Beispiel für die WACC-Berechnung ... 41

Abbildung 17: Bewertung gemäß APV-Ansatz ... 44

Abbildung 18: Ausgangssituation Fall (I) für einen risikofreien Arbitragegewinn nach dem Modigliani-Miller-Theorem ... 52

Abbildung 19: Zielstruktur Fall (I) für einen risikofreien Arbitragegewinn nach dem Modigliani-Miller-Theorem 52

Abbildung 20: Ausgangssituation Fall (II) für einen risikofreien Arbitragegewinn nach dem Modigliani-Miller-Theorem 53

Abbildung 21: Zielstruktur Fall (II) für einen risikofreien Arbitragegewinn nach dem Modigliani-Miller-Theorem 54

Abbildung 22: Zusammenhang zwischen Risiko und Rendite im Portfolio mit zwei Anlagen bei unterschiedlicher Korrelation der Renditen 64

Abbildung 23: Risiko-Rendite-Profil eines Portfolios 65

Abbildung 24: Marktrisiko und unternehmensspezifisches Risiko 67

Abbildung 25: Zusammenhang zwischen Risiko und Rendite im Portfolio mit vier Anlagen bei unterschiedlicher Korrelation der Renditen 68

Abbildung 26: Efficient Frontier und Indifferenzkurven eines risikoscheuen Investors 69

Abbildung 27: Effiziente Portfolios und die Capital Market Line 71

Abbildung 28: Capital Market Line (CML) 72

Abbildung 29: Security Market Line (SML) 76

Abbildung 30: Zusammensetzung des Eigenkapitalkostensatzes 77

Abbildung 31: Bestimmende Faktoren des CAPM 77

Abbildung 32: Characteristic Line 81

Abbildung 33: Renditevergleich deutscher Staatsanleihen mit unterschiedlichen Restlaufzeiten 95

Abbildung 34: Historische Durchschnittsrenditen deutscher Staatsanleihen mit einer Restlaufzeit zwischen neun und zehn Jahren 96

Abbildung 35: US-Treasury-Bills mit unterschiedlichen Restlaufzeiten im Vergleich zu 10-jährigen deutschen Staatsanleihen 97

Abbildung 36: Historische Durchschnittsrenditen amerikanischer Staatsanleihen mit einer Restlaufzeit von zehn Jahren 98

Abbildung 37: Renditevergleich japanischer, deutscher und amerikanischer Staatsanleihen 98

Abbildung 38: Historische Durchschnittsrenditen japanischer Staatsanleihen mit einer Restlaufzeit von zehn Jahren 99

Abbildung 39: Prozentuale Gewichtung der Unternehmen im DAX 100

Abbildung 40: Verfügbare MSCI Indizes als Approximationen für das Marktportfolio 102

Abbildung 41: Entwicklung der MSCI-Indizes USA, Europa und Japan 103

Abbildung 42: Entwicklung des MSCI-Japan in Yen und US-Dollar im Vergleich zu MSCI-World und MSCI-USA 104

Abbildung 43: Historische Prozentrenditen verschiedener MSCI-Indizes 105

Abbildung 44: Unternehmen der holzverarbeitenden Industrie 107

Abbildung 45: Betafaktoren der holzverarbeitenden Industrie für den Zeitraum 1977-2004 108

Abbildung 46: Betafaktoren der holzverarbeitenden Industrie für den Zeitraum 1980-2004 108

Abbildung 47: Betafaktoren der holzverarbeitenden Industrie für den Zeitraum 1985-2004 109

Abbildung 48: Betafaktoren der holzverarbeitenden Industrie für den Zeitraum 1990-2004 109

Abbildung 49: Betafaktoren der holzverarbeitenden Industrie für den Zeitraum 1995-2004 109

Abbildung 50: Betafaktoren der holzverarbeitenden Industrie für den Zeitraum 2000-2004 110

Abbildung 51: Betafaktoren der holzverarbeitenden Industrie für den Zeitraum 2002-2004 110

Abbildung 52: Betafaktoren der holzverarbeitenden Industrie für verschiedene Beobachtungszeiträume..110

Abbildung 53: Intervallgrenzen ausgewählter Größen der Regressionsanalyse für die Unternehmen der holzverarbeitenden Industrie 111

Abbildung 54: Kritische Schranken für D beim Kolmogorov-Smirnov-Test 112

Abbildung 55: Kolmogorov-Smirnov-Test (Georgia Pacific 1977-2004) 113

Abbildung 56: Regressionsgerade der Betaschätzung von Georgia Pacific für den Zeitraum 1977-2004 113

Abbildung 57: Residuenplot der Betaschätzung von Georgia Pacific für den Zeitraum 1977-2004 114

Abbildung 58 Plot der standardisierten Residuen über die geschätzten Werte für Georgia Pacific (1977-2004) 115

Abbildung 59: Unternehmen der Druckmaschinenindustrie 116

Abbildung 60: Betafaktoren der Druckmaschinenindustrie für den Zeitraum 1977-2004 117

Abbildung 61: Betafaktoren der Druckmaschinenindustrie für den Zeitraum 1980-2004 118

Abbildung 62: Betafaktoren der Druckmaschinenindustrie für den Zeitraum 1985-2004 118

Abbildung 63: Betafaktoren der Druckmaschinenindustrie für den Zeitraum 1990-2004 119

Abbildung 64: Betafaktoren der Druckmaschinenindustrie für den Zeitraum 1995-2004 119

Abbildung 65: Betafaktoren der Druckmaschinenindustrie für den Zeitraum 2000-2004 120

Abbildung 66: Betafaktoren der Druckmaschinenindustrie für den Zeitraum 2002-2004 120

Abbildung 67: Betafaktoren der Druckmaschinenindustrie für verschiedene Beobachtungszeiträume 121

Abbildung 68: Intervallgrenzen ausgewählter Größen der Regressionsanalyse für die Unternehmen der Druckmaschinenindustrie 122

Abbildung 69: Unternehmen der Papierindustrie sortiert nach dem Umsatz im Papierbereich 123

Abbildung 70: Unternehmen der Papierindustrie sortiert nach dem Konzernumsatz 124

Abbildung 71: Betafaktoren der Papierindustrie für den Zeitraum 1977-2004 125

Abbildung 72: Betafaktoren der Papierindustrie für den Zeitraum 1980-2004 126

Abbildung 73: Betafaktoren der Papierindustrie für den Zeitraum 1985-2004 127

Abbildung 74: Betafaktoren der Papierindustrie für den Zeitraum 1990-2004 127

Abbildung 75: Betafaktoren der Papierindustrie für den Zeitraum 1995-2004 128

Abbildung 76: Betafaktoren der Papierindustrie für den Zeitraum 2000-2004 129

Abbildung 77: Betafaktoren der Papierindustrie für den Zeitraum 2002-2004 129

Abbildung 78: Betafaktoren der Papierindustrie für verschiedene Beobachtungszeiträume 130

Abbildung 79: Intervallgrenzen ausgewählter Größen der Regressionsanalyse für die Unternehmen der Papierindustrie 131

Abbildung 80: 4-Jahresbetas und r^2 der holzverarbeitenden Industrie 133

Abbildung 81: 4-Jahresbetas und r^2 der Druckmaschinenindustrie (Teil I) 134

Abbildung 82: 4-Jahresbetas und r^2 der Druckmaschinenindustrie (Teil II) 135

Abbildung 83: 4-Jahresbetas und r^2 der Druckmaschinenindustrie (Teil III) 136

Abbildung 84: 4-Jahresbetas und r^2 der Papierindustrie (Teil I) 137

Abbildung 85: 4-Jahresbetas und r^2 der Papierindustrie (Teil II) 138

Abbildung 86: 4-Jahresbetas und r^2 der Papierindustrie (Teil III) 139

Abbildung 87: 4-Jahresbetas und r^2 der Papierindustrie (Teil IV) 140

Abbildung 88: Mittelwert und Intervallgrenzen der 4-Jahres-Betas und r^2 für Unternehmen der holzverarbeitenden Industrie 141

Abbildung 89: Mittelwert und Intervallgrenzen der 4-Jahres-Betas und r^2 für Unternehmen der Druckmaschinenindustrie 141

Abbildung 90: Mittelwert und Intervallgrenzen der 4-Jahres-Betas und r^2 für Unternehmen der Papierindustrie 142

Abbildung 91: Durchschnittswerte und Schwankungsintervalle der Betafaktoren und des Bestimmtheitsmaßes der untersuchten Unternehmen...... 142

Abbildung 92: Betafaktoren und Bestimmtheitsmaße der verschiedenen Industriesektoren im Vergleich 144

Abbildung 93: Geometrische Mittelwerte historischer Renditen für unterschiedliche Zeiträume und Regionen 146

Abbildung 94: Die 20 Schuldnerstaaten mit der höchsten Bonität 146

Abbildung 95: Historische Rendite des Marktportfolios für unterschiedliche Zeiträume und Regionen 147

Abbildung 96: Betafaktoren der holzverarbeitenden Industrie für verschiedene Beobachtungszeiträume 149

Abbildung 97: Betafaktoren der Druckmaschinenindustrie für verschiedene Beobachtungszeiträume 150

Abbildung 98: Betafaktoren der Papierindustrie für verschiedene Beobachtungszeiträume 152

Abbildung 99: Historische Kapitalkosten der holzverarbeitenden Industrie für verschiedene Beobachtungszeiträume 154

Abbildung 100: Effiziente Portfolios und die Capital Market Line beim unvollkommenen Kapitalmarkt und ineffizienten Aktienmärkten 155

Abbildung 101: Historische Kapitalkosten der Druckmaschinenindustrie für verschiedene Beobachtungszeiträume 157

Abbildung 102: Historische Kapitalkosten der Papierindustrie für verschiedene Beobachtungszeiträume 159

Abbildung 103: Historische Kapitalkosten der verschiedenen Industriesektoren für verschiedene Beobachtungszeiträume im Vergleich 161

Abbildung 104: Marktrenditen und risikolose Zinssätze für verschiedene Beobachtungszeiträume im Vergleich 162

Abbildung 105: Eingesetzte Bewertungsverfahren bei Investitionen in andere Unternehmen 164

Abbildung 106: Eingesetzte Investitionsrechenverfahren..164

Abbildung 107: Angestrebtes Verhältnis von Fremd- zu Eigenkapital......................165

Abbildung 108: Angegebener WACC der befragten Unternehmen..........................166

Abbildung 109: Durchschnittlicher WACC im europäischen Raum..........................167

Abbildung 110: Durchschnittliche Kapitalkosten deutscher Unternehmen für das Jahr 1994 in Prozent..175

Abkürzungsverzeichnis

AG	Aktiengesellschaft
App.	Appartement
APV	adjusted present value
CAPM	Capital Asset Pricing Model
DAX	Deutscher Aktienindex
CML	Capital Market Line
DCF	Discounted Cash Flow
d. h.	das heißt
disk.	Diskontierung
EK	Eigenkapital
et al.	et alii (und andere)
EUR	Euro
EVA	economic value added
evtl.	eventuell
FK	Fremdkapital
GE	Geldeinheiten
GICS	Global Industry Classification Standard
IRR	Internal Rate of Return
ISIN	International Securities Identification Number
Jg.	Jahrgang
k.a.	keine Angabe
Mio.	Millionen
MSCI	Morgan Stanley Capital International
n.a.	not available
NOPAT	net operating profit after taxes
NOPLAT	net operating profits less adjusted taxes
NPV	net present value
OLS	Ordinary Least Squares
oec.	oeconomiae
p.a.	per anno

Prof.	....	Professor
ROIC	....	return on invested capital
SLB-Modell	....	Sharpe-Lintner-Black-Modell (andere Bezeichnung für CAPM)
SLM-Modell	....	Sharpe-Lintner-Mossin-Modell (andere Bezeichnung für CAPM)
SML	....	Security Market Line
S&P	....	STANDARD & POOR`S
TEUR	....	Tausend Euro
TU	....	Technische Universität
US	....	United States
USA	....	United States of Amerika
Vol.	....	Volume
WACC	....	weighted average cost of capital
WKN	....	Wertpapierkennnummer
€	....	Euro
$	....	US-Dollar
%	....	Prozent
&	....	und

1 Einleitung

Als der Vorstandschef der Deutschen Bank, Josef Ackermann, zu Beginn des Jahres 2005 ankündigte, die Eigenkapitalrentabilität der Bank von 16,7 auf 25 Prozent steigern zu wollen, löste dies in der Bundesrepublik Deutschland wegen der gleichzeitig beschlossenen Streichung von mehreren tausend Arbeitsplätzen eine breite Diskussion über die Höhe von Unternehmensgewinnen aus. Auch wenn sich in dieser wohl nie abgeschlossenen Debatte zwei Seiten fast unversöhnlich gegenüber stehen, bestreitet zumindest eine sehr große Mehrheit nicht das Recht eines Unternehmens, Gewinne zu erzielen.

Gewinne sind notwendig, da sowohl Fremd- als auch Eigenkapitalgeber erwarten, dass sie für Opportunitätskosten, welche mit einer Investition in ein bestimmtes Unternehmen verbunden sind - und somit den Verzicht in Konsum oder eine andere Anlage - einen Ausgleich erhalten.[1] Um dies zu gewährleisten ist es für jedes Unternehmen notwendig, nur Investitionen durchzuführen, welche zumindest ihre Kapitalkosten decken. Im Zentrum des unternehmerischen Handels steht das Auswählen und Durchführen von Projekten, die diesen Anforderungen entsprechen. Allerdings ist der Kauf verschiedener Anlageformen bzw. die Investition in ein Projekt grundsätzlich mit Risiken verbunden, da die zukünftigen Kapitalrückflüsse nicht mit (absoluter) Sicherheit vorhergesagt werden können. Die Unternehmensleitung steht damit vor der Aufgabe, in einer Situation der Unsicherheit, nur solche Projekte auszuwählen, mit denen auch die Faktorentlohnung für das eingesetzte Kapital erwirtschaftet wird.

Damit stellt sich die Frage, wie das Risiko bei der Auswahl und Bewertung berücksichtigt werden kann. Mit dem Capital Asset Pricing Model (CAPM) hat William F. Sharpe[2] einen Weg gefunden, das Risiko einer einzelnen Anlageform im Vergleich zum allgemeinen (Aktien-) Marktrisiko messbar zu machen. Die vorliegende Arbeit untersucht auf dieser Basis der modernen Finanz- und Kapitalmarkttheorie die ex post Eigenkapitalkosten ausgewählter börsennotierter Unternehmen und versucht daraus konkrete Handlungsempfehlungen für die Eigenkapitalgeber abzuleiten.

---

1 Vgl. Copeland, Tom / Koller, Tim / Murrin, Jack: Unternehmenswert, 2002, S. 250.
2 Sharpe, William F.: Capital Asset Prices: A Theory of Market Equilibrium under Conditions of Risk, in: The Journal of Finance: 1964, Vol. 19, No. 3, S. 425-442.

1.1 Problemstellung und Abgrenzung

Bei der Bewertung von Investitionsprojekten, insbesondere Unternehmenskäufen, kann die Unsicherheit grundsätzlich auf zwei Wegen berücksichtigt werden. Beim ersten Weg wird ein Sicherheitsäquivalent der Überschüsse des Projektes bezogen auf das Bewertungssubjekt ermittelt, welches dann mit der Verzinsung sicherer (risikofreier) Anlagen zu kapitalisieren ist. Je risikoscheuer das Bewertungssubjekt, desto weiter liegt das Sicherheitsäquivalent unter dem Erwartungswert der Erträge.[3] Zweitens kann man den Erwartungswert der Überschüsse mit einem Zinsfuß kapitalisieren, wobei der Zinsfuß sich aus dem sicheren (risikofreien) Zins und einem Zuschlag zusammensetzt, durch den die Höhe des Risikos des individuellen Projektes berücksichtigt werden soll. Je riskanter das Projekt, desto höher muss der Risikozuschlag ausfallen. Ob Sicherheitsäquivalent- oder Risikozuschlagsmethode geeigneter ist den Unternehmenswert zu ermitteln, ist in der (deutschen) Literatur umstritten und in den letzten Jahren durch die von Schwetzler[4] und Kürsten[5] entfachte Diskussion in den einschlägigen Fachzeitschriften ausgiebig erörtert worden. International ist die Risikozuschlagsmethode, auch Kapitalkostenkonzept genannt, sehr weit verbreitet. Die Idee des Sicherheitsäquivalents „besitzt in der deutschen Literatur zur Unternehmensbewertung einen gewissen Stellenwert, spielt aber in der internationalen Diskussion keine ausgeprägte Rolle."[6]

Wird die Unsicherheit auf dem Weg des Kapitalkostenkonzeptes berücksichtigt, muss ein dem Risiko entsprechender Risikozuschlag bestimmt werden. Schon Bretzke[7] hat gezeigt, dass gegriffene Risikozuschläge leicht zu unplausiblen Bewertungen führen können. Deshalb muss angestrebt werden, den Risikozuschlag bzw. den Kapitalisierungszinsfuß modellgestützt zu ermitteln. Dafür ist es notwendig, die in der Vergan-

---

3 Der Begriff Erträge wird in dieser Arbeit aus Vereinfachungsgründen verwendet. Im Sinne einer genauen Definition sind Zahlungsüberschüsse bzw. Netto-Erträge gemeint.

4 Vgl. Schwetzler, Bernhard: Unternehmensbewertung unter Unsicherheit – Sicherheitsäquivalent- oder Risikozuschlagsmethode?, in: Zeitschrift für betriebswirtschaftliche Forschung (ZfbF): 2000, Band 52, S. 469-486.

5 Vgl. Kürsten, Wolfgang: „Unternehmensbewertung unter Unsicherheit", oder: Theoriedefizit einer künstlichen Diskussion über Sicherheitsäquivalent- und Risikozuschlagsmethode, in: Zeitschrift für betriebswirtschaftliche Forschung (ZfbF): 2002, Band 54, S. 128-144 und die Stellungnahme von Schwetzler, Bernhard: Das Ende des Ertragswertverfahrens?, in: Zeitschrift für betriebswirtschaftliche Forschung (ZfbF): 2002, Band 54, S. 145-158.

6 Kruschwitz, Lutz / Löffler, Andreas: Ein neuer Zugang zum Konzept des Discounted Cashflow, in: Journal für Betriebswirtschaft (JfB): 2005, Band 55, Heft 1, S. 21-36, hier S. 24.

7 Vgl. Bretzke, Wolf-Rüdiger: Das Prognoseproblem bei der Unternehmungsbewertung, 1975.

genheit angefallenen Kapitalkosten zu bestimmen und Determinanten zu finden, die darauf aufbauend eine Prognose für die Zukunft zulassen.

Bei forstlichen Investitionsentscheidungen spielt die Prognose zukünftiger Erfolge eine herausragende Rolle. Dies liegt vor allem an der sehr langen Produktionsdauer des Rohstoffes Holz (je nach Nutzung mindestens 20 Jahre), der geringen Variabilität der Produktion und der oftmals nicht gegebenen Fungibilität der Produktionsflächen. Aus Sicht des Anlegers stellt sich die Frage, ob und wie viele Mittel er in forstliche oder forstnahe Bereiche investieren soll.

Originäres Ziel der Arbeit war es, die Eigenkapitalkosten von Forstunternehmen und forstnahen Industriesektoren zu erforschen. Es stellte sich jedoch heraus, dass nur wenige bzw. keine großen börsennotierten Unternehmen der Säge- und Möbelindustrie existieren. Daher wurde der Ansatz gewählt, holzproduzierende und holzverarbeitende Unternehmen sowie zusätzlich zur Verbreiterung der Datenbasis die Investitionsgüterbranche der Druckmaschinenindustrie zu untersuchen.

1.2 Inhalt und Zielsetzung der Arbeit

Die vorliegende Arbeit soll einen Beitrag zur plausiblen Berücksichtung von Unsicherheit bei der Bewertung von Investitionsprojekten leisten. Konkret soll für die Entscheidungsträger aufgezeigt werden, wie die Unsicherheit über die genaue Höhe zukünftiger Cashflows im Diskontierungssatz plausibel und nachvollziehbar berücksichtigt werden kann.

Die Anwendung des CAPM in dieser Arbeit hat zum Ziel, soweit möglich risikoadjustierte Zinsfüße für Investitionen in den ausgewählten Industriesektoren zu bestimmen, um daraus konkrete Bewertungsergebnisse sowie Wahl- und Handlungsempfehlungen abzuleiten. Dafür sollen die einzelnen Bestandteile des CAPM, risikofreie Verzinsung, Marktrendite und der Betafaktor für unterschiedlich lange in die Vergangenheit zurückreichende Perioden bestimmt bzw. approximiert werden. Es wird angestrebt, einen langfristigen Durchschnitt der Kapitalkosten zu bestimmen und gleichzeitig mittel- und kurzfristige Tendenzen mit aufzudecken. Zusätzlich sollen, um die Ergebnisse auch als Benchmark für andere nicht börsennotierte Unternehmen nutzbar zu machen, die Kapitalkosten auch auf Branchenebene bestimmt und denen anderer Branchen gegenübergestellt werden.

Zur Validierung der Forschungsergebnisse werden die in Analogie zu dem kapitalmarkttheoretischen Model des CAPM abgeleiteten Zinsfüße mit den Ergebnissen einer Befragung überprüft werden. Ziel dabei ist es, die mit dem CAPM modellgestützt ermittelten Kapitalkosten mit den von der Unternehmensführung angestrebten Renditen zu vergleichen.

1.3 Aufbau der Arbeit

Kern der Arbeit ist es, die Eigenkapitalkosten ausgewählter Unternehmen empirisch zu bestimmen. Dafür werden im Anschluss an die Einführung in Problemstellung, Zielsetzung und Aufbau der Arbeit im zweiten Kapitel kurz die Grundlagen der Investitionstheorie beschrieben. Dabei geht es um die Frage, wie zukünftige Cashflows zu bewerten sind und wie aus verschiedenen Anlageformen diejenige mit dem höchsten Ertrag ausgewählt werden kann. Ausgehend von den klassischen Bewertungsverfahren unter Sicherheit werden die Investitionsentscheidung unter Risiko und abschließend die Risikoanalyse als Grundlagen zum Verständnis der Arbeit vorgestellt.

Der Begriff Investitionsentscheidung bezieht sich nicht nur auf den Kauf von Maschinen, Immobilien oder Wertpapieren, sondern er schließt auch den Erwerb ganzer Unternehmen ein. Um den Wert eines ganzen Unternehmens mit all seinen Komponenten (Sachwerte, Vertriebsstrukturen, ...) bestimmen zu können, reichen die einfachen Investitionsrechenverfahren nicht aus. Vielmehr muss ein Weg gefunden werden, die komplexen Einflussfaktoren auf den Unternehmenswert, abhängig vom Bewertungszweck, zu Grenzpreisen für Käufer und Verkäufer zusammenzufügen.[8] Aus diesem Grund beschäftigt sich das dritte Kapitel mit den einzelnen Modellen der Unternehmensbewertung und dem Einfluss der Kapitalstruktur auf die Kapitalkosten. Ebenso wird auf die vorrangig in der deutschen Literatur geführte Diskussion der Diskrepanzen von Discounted-Cash-Flow-Methode und Ertragswertmethode eingegangen.[9]

---

[8] Vgl. Ballwieser, Wolfgang / Coenenberg, Adolf G. / Schultze, Wolfgang: Unternehmensbewertung, erfolgsorientierte, in: Ballwieser, Wolfgang / Coenenberg, Adolf G. / von Wysocki, Klaus: Handwörterbuch der Rechnungslegung und Prüfung, 2002, S. 2412-2432, hier S. 2412.

[9] Dass die Discounted-Cash-Flow- und die Ertragswertmethode nicht zwangsläufig im Widerspruch zueinander stehen, hat Drukarczyk, Jochen in: DCF-Methoden und Ertragswertmethode – einige klärende Anmerkungen in: Die Wirtschaftsprüfung: 1995, Jg. 48, Nr. 10, S. 329-334 ausführlich dargelegt.

Das vierte Kapitel beginnt mit der Portfoliotheorie von Harry Markowitz.[10] Sie versucht zu erklären, wie sich das in der Praxis oft bei Anlegern beobachtete Verhalten der Risikostreuung durch den Kauf mehrere Wertpapiere begründen und wie sich diese Diversifikation rational gestalten lässt.[11] Darauf aufbauend ist die Weiterentwicklung der Portfoliotheorie zu dem von William F. Sharpe[12], John Lintner[13] und Jan Mossin[14] begründeten Capital Asset Pricing Model (CAPM) dargestellt. Es wird gezeigt, wie sich diese Erkenntnisse nutzen lassen, um die ex post Eigenkapitalkosten einer börsennotierten Unternehmung zu ermitteln. Abschließend wird kurz auf die schon über vierzig Jahre andauernde Diskussion um die Gültigkeit des CAPM eingegangen.

Die modelltheoretischen Bestandteile des CAPM zur Bestimmung des Risikos einzelner Aktien werden im fünften Kapitel operationalisiert und konkret auf die größten Unternehmen der holzverarbeitenden Industrie, Druckmaschinen- und Papierindustrie zur Berechnung der Betafaktoren angewandt. Insbesondere wird bei der Operationalisierung auf die Reihe von Möglichkeiten eingegangen, die verschiedenen Einflussparameter und Approximationen auszuwählen bzw. zu kombinieren. Im Anschluss an die Schätzung der Betafaktoren werden die Ergebnisse auf ihre Stabilität im Zeitablauf hin überprüft und mit den Betafaktoren aus anderen Branchen verglichen.

Mit den Betafaktoren und den weiteren Bestandteilen des CAPM werden im sechsten Kapitel die ex post Kapitalkosten der ausgewählten Unternehmen bestimmt. Danach werden die Ergebnisse mit den Resultaten einer Befragung verglichen, um die mit dem Modell des CAPM gewonnenen Erkenntnisse mit den in der Praxis verwendeten Kapitalkosten zu validieren.

---

10 Markowitz, Harry: Portfolio Selection, in: The Journal of Finance: 1952, Vol. 7, No. 1, S. 77-91 und Markowitz, Harry: Portfolio Selection - Efficient Diversification of Investments, 1959.

11 Vgl. Perridon, Louis / Steiner, Manfred: Finanzwirtschaft der Unternehmung, 1997, S. 249.

12 Sharpe, William F.: Capital Asset Prices: A Theory of Market Equilibrium under Conditions of Risk, in: The Journal of Finance: 1964, Vol. 19, No. 3, S. 425-442.

13 Lintner, John: The Valuation of Risk Assets and the Selection of Risky Investments in Stock Portfolios and Capital Budgets, in: Review of Economics and Statistics: 1965, Vol. 47, S. 13-37.

14 Mossin, Jan: Equilibrium in a Capital Asset Market, in: Econometrica: 1966, Vol. 34, No. 4, S. 768-783.

Im abschließenden siebten Kapitel werden die Ergebnisse der Arbeit zusammengefasst und diskutiert. Zuletzt erfolgt ein Ausblick auf weitere mögliche Ansätze zur Forschung, um das schwierige Feld der Investitionsentscheidung bzw. der Investitionsbewertung tiefer und klarer zu erschließen.

2 Grundlagen der Investitionstheorie

Im Rahmen betrieblicher Investitionen werden i.d.R. zum Teil beträchtliche Mittel für einen längeren Zeitraum gebunden. Damit sind Investitionsentscheidungen mit die wichtigsten Entscheidungen des Managements und ihre Auswirkungen von eminenter Bedeutung für das Unternehmen.[15] Allgemein lässt sich der Investitionsentscheidungsprozess in sechs Phasen gliedern:

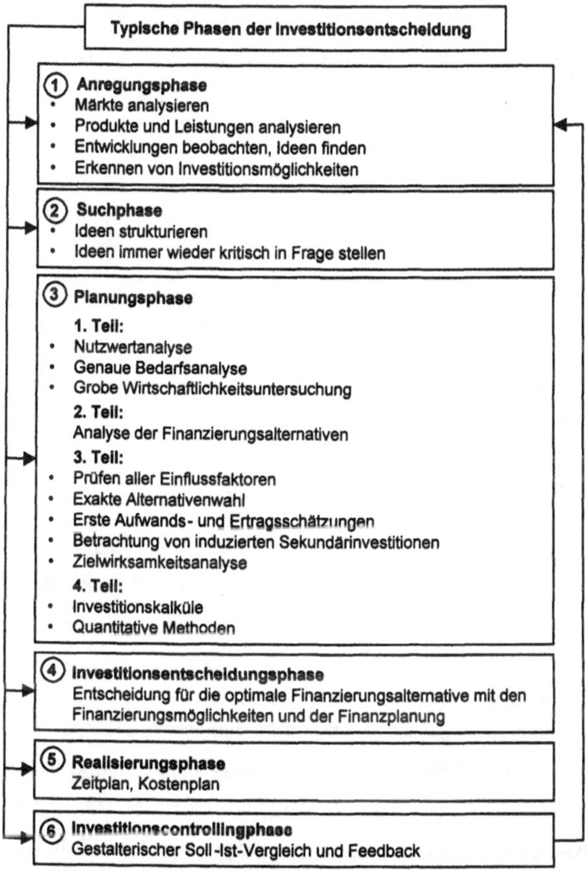

Abbildung 1: Schema zur Erklärung des Investitionskalküls[16]

---

[15] Vgl. Hopfenbeck, Waldemar: Allgemeine Betriebwirtschafts- und Managementlehre, 1998, S. 688.
[16] Quelle: In enger Anlehnung an Busse, Franz: Grundlagen der betrieblichen Finanzwirtschaft, 2003, S. 930.

Die einzelnen Phasen des Investitionsentscheidungsprozesses können jedoch nicht separat und unabhängig voneinander betrachtet werden. Sie sind fließend und verändern sich durch laufendes Feedback.[17] Die Investitionsrechnung ist nur ein kleiner Teil des Investitionskalküls und soll als Bindeglied zwischen Investitionsplanungs- und Entscheidungsphase eine Hilfe im Entscheidungsprozess darstellen.

2.1 Verfahren der Investitionsrechnung

Grundsätzlich lassen sich die Methoden der Investitionsrechnung in statische Verfahren (Einperiodenmodelle) und dynamische Verfahren (Mehrperiodenmodelle) unterscheiden.[18]

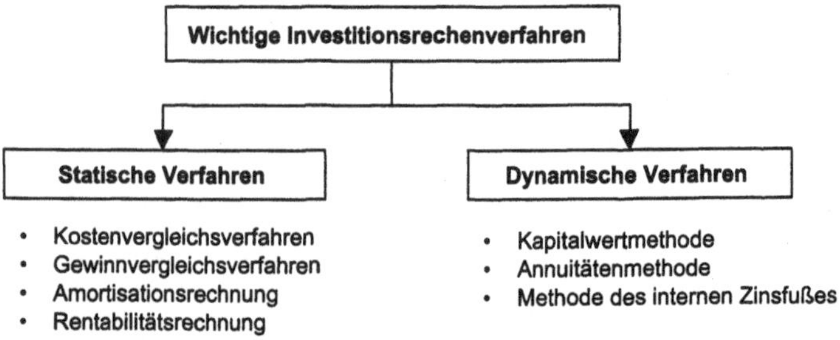

Abbildung 2: Wichtige Investitionsrechenverfahren[19]

Der wesentliche Unterschied zwischen den Verfahren besteht darin, dass der zeitliche Anfall der in der Zukunft liegenden Ein- und Auszahlungsströme und der dadurch entstehenden Zinseszinseffekte durch die dynamischen Verfahren berücksichtigt wird.

Es ist selbst unter Nichtannahme von Zinsen relativ leicht deutlich zu machen, dass es für den Investor sehr wohl einen Unterschied macht, ob er eine Zahlung in gleicher Höhe jetzt, oder erst in einem Jahr erhält. Wie im nachfolgenden Beispiel gezeigt, ist das erwartete Kapitalvermögen für beide zur Wahl stehenden Zahlungsströme gleich. Entscheidet sich der Investor jedoch für den Zahlungsstrom eins, er-

---

[17] Vgl. Busse, Franz: Grundlagen der betrieblichen Finanzwirtschaft, 2003, S. 929.
[18] Vgl. Perridon, Louis / Steiner, Manfred: Finanzwirtschaft der Unternehmung, 1997, S. 38-39.
[19] Quelle: In Anlehnung an Busse, Franz: Grundlagen der betrieblichen Finanzwirtschaft, 2003, S. 931.

hält er bereits in der zweiten Periode seine ursprüngliche Investitionssumme plus einen Überschuss von 20 GE zurück, den er früher als bei Zahlungsstrom zwei in neue Investitionsprojekte oder in Konsum investieren kann.

Beispiel:

t	0	1	2	3
Zahlungsstrom 1	-100	70	50	30
Kapitalvermögen	-100	-30	**20**	50
Zahlungsstrom 2	-100	30	50	70
Kapitalvermögen	-100	-70	-20	50

Abbildung 3: Vergleich zweier Investitionen ohne Annahme von Zinsen[20]

Da sich der positive Effekt einer bevorzugt früheren Zahlung bei der realistischen Annahme nicht negativer Zinssätze noch verstärkt, soll nachfolgend nur auf die dynamischen Investitionsrechenverfahren eingegangen werden.[21]

2.2 Investitionsentscheidungen unter Sicherheit

In diesem Abschnitt wird für die zukünftigen Einzahlungs- und Auszahlungsüberschüsse die Prämisse der sicheren Erwartung unterstellt, d.h. allen Markteilnehmer ist bekannt, dass die Zahlungsströme wie erwartet eintreten und keine Unsicherheit bzgl. der Ereignisse besteht.

2.2.1 Die Kapitalwertmethode

Der Kapitalwert (Net Present Value [NPV][22]) einer Investition ist die Differenz aus der Summe der Barwerte der künftigen Einzahlungsströme inkl. Restwert (E_t) bzw. Auszahlungsströme (A_t) und der Anschaffungsauszahlung (I_0) einer Investition.

---

[20] Quelle: Eigene Darstellung.

[21] Zu den statischen Verfahren siehe u.a.: Busse, Franz: Grundlagen der betrieblichen Finanzwirtschaft, 2003; Kruschwitz, Lutz: Investitionsrechnung, 2000 oder Perridon, Louis / Steiner, Manfred: Finanzwirtschaft der Unternehmung, 1997.

[22] Vgl. Loderer, Claudio / Jörg, Petra / Pichler, Karl / Zgraggen, Pius: Handbuch der Bewertung, 2000, S. 59-60.

Als allgemeine Formel ist dies nachfolgend dargestellt:[23]

$$(1)\quad NPV = -I_0 + \sum_{t=0}^{n} E_t \cdot q^{-t} - \sum_{t=0}^{n} A_t \cdot q^{-t}$$

Die Barwerte der künftigen Ein- und Auszahlungsströme berechnen sich durch die Multiplikation („Abzinsung"[24]) mit dem sog. Barwertfaktor q^{-n}. Dieser ist mathematisch definiert als:[25]

$$(2)\quad q^{-n} = \frac{1}{q^n} = \frac{1}{(1+i)^n} = \frac{1}{(1+\frac{P}{100})^n}$$

Dabei steht (P) für den Kalkulationszinsfuß zum jeweiligen Zeitpunkt (n). In der forstlichen Literatur findet man für den Barwertfaktor auch die Schreibweise:

$$(3)\quad Barwertfaktor = \frac{1}{1{,}0p^n}$$

Diese schon über 150 Jahre alte, aber mathematisch nicht ganz präzise Schreibweise geht u.a. auf König bzw. Faustmann zurück, soll aber in dieser Arbeit nicht verwendet werden.[26]

Als allgemeine Entscheidungsregel für die Kapitalwertmethode gilt, dass eine Investition dann vorteilhaft ist, wenn ihr NPV ≥ 0 ist. In diesem Fall wird die Mindestverzinsung zum Kalkulationszinssatz durch die Realisierung der Investition erreicht oder überschritten.[27]

---

23 In Anlehnung an Busse, Franz: Grundlagen der betrieblichen Finanzwirtschaft, 2003, S. 941-943; Schmidt, Reinhard H. / Terberger, Eva: Grundzüge der Investitions- und Finanzierungstheorie, 1997, S. 128-129 und Schierenbeck, Henner: Grundzüge der Betriebswirtschaftslehre, 2003, S. 353-356.

24 Soll der Wert der künftigen Zahlungen zum Ende des Investitionslebenszyklus berechnet werden, spricht man von „aufzinsen" mit dem Aufzinsungsfaktor q^n.

25 Für einen Überblick über die in der Finanzmathematik und hier verwendeten Symbole siehe u.a. Kruschwitz, Lutz: Finanzmathematik, 2001, S. 249-257.

26 Vgl. u.a. König, Gustav: Die Forstmathematik mit Anweisung zur Holzvermessung, Holzschätzung und Waldwerthberechnung nebst Hülftafeln für Forstschätzer, 1835; Faustmann, Martin: Berechnung des Werthes, welchen Waldboden, sowie noch nicht haubare Holzbestände für die Waldwirtschaft besitzen, 1849.

27 Vgl. Blohm, Hans / Lüder, Klaus: Investition, 1995, S. 60.

Werden zwei oder mehrere Investitionsalternativen miteinander verglichen, gilt die Investition als vorteilhaft, welche den höheren (positiven) NPV aufweist. Dabei ist auf die Vergleichbarkeit (bzgl. Kapitaleinsatz, Nutzungsdauer, ...) der Investitionsmöglichkeiten zu achten. Bei unterschiedlich hohen Investitionssummen kann über den so genannten Profitabilitätsindex (Verhältnis von NPV zur Investitionssumme) ermittelt werden, wie viel NPV pro eingesetzter Geldeinheit ein Projekt generiert.[28]

Im vorliegenden Beispiel wird für die beiden schon bekannten Zahlungsströme aus dem vorherigen Beispiel unter der Annahme eines Kalkulationszinssatzes von 10 Prozent der jeweilige NPV gebildet. Dabei zeigt sich, dass der Zahlungsstrom eins der für den Investor Vorteilhaftere ist.

Beispiel:

t	0	1	2	3
Zahlungsstrom 1	-100	70	50	30
Diskontierungsfaktoren	1,00	0,91	0,83	0,75
Barwert der Zahlung	-100	64	41	23
Net Present Value	27			
Zahlungsstrom 2	-100	30	50	70
Diskontierungsfaktoren	1,00	0,91	0,83	0,75
Barwert der Zahlung	-100	27	41	53
Net Present Value	21			

Abbildung 4: Beispiel für die Berechnung des Net Present Value[29]

2.2.2 Die Annuitätenmethode

Bei der Annuitätenmethode gilt die Investition als vorteilhaft, die eine Ausschüttung von ≥ 0 erzielt bzw. bei einem Vergleich mehrerer gleichwertiger Investitionsprojekte, die mit der höheren wiederkehrenden Rate.

Die Annuität der Ausschüttungen (a) ist allgemein definiert als NPV mal Wiedergewinnungsfaktor (w).[30]

---

[28] Vgl. Loderer, Claudio / Jörg, Petra / Pichler, Karl / Zgraggen, Pius: Handbuch der Bewertung, 2000, S. 221-224.

[29] Quelle: Eigene Darstellung.

[30] Vgl. zu dieser und den folgenden Ausführungen: Schneider, Dieter: Investition, Finanzierung und Besteuerung, 1992, S. 79-81

(4) $a = NPV \cdot w = \left(-I_0 + \sum_{t=0}^{n} E_t \cdot q^{-t} - \sum_{t=0}^{n} A_t \cdot q^{-t} \right) \cdot \frac{i \cdot q^n}{q^n - 1}$

Um vom NPV auf die Annuität zu schließen, ist nur ein zusätzlicher Rechenschritt erforderlich. NPV und Annuität sind zwei Spielarten ein und desselben Modells. Die Berechnung der Annuität ist (von wenigen Ausnahmen abgesehen) aufwendiger als die Berechnung des NPV. Da beide Methoden demzufolge zu dem gleichen Ergebnis bezüglich der Vorteilhaftigkeit eines zu realisierenden Projektes kommen, ist es ausreichend, den NPV zu berechnen.

2.2.3 Die Interne Zinsfußmethode

„Auch die Interne Zinsfußmethode (Internal Rate of Return: IRR)[31] ist in einer bestimmten Weise mit der Kapitalwertmethode verbunden."[32] Im Gegensatz zur Kapitalwertmethode werden jedoch nicht die in der Zukunft liegenden Ein- und Auszahlungsströme mit einem vorgegebenen Kalkulationszins auf den Zeitpunkt t_0 abgezinst, sondern es wird der Kalkulationszinsfuß ermittelt, bei dem sich ein NPV gleich null ergibt. Damit unterscheidet sich die Formel formal nicht von der Kapitalwertmethode. Allerdings wird statt nach dem NPV die Formel nach dem Kalkulationszinsfuß (P)[33] aufgelöst.

(5) $NPV = -I_0 + \sum_{t=0}^{n} E_t \cdot q^{-t} - \sum_{t=0}^{n} A_t \cdot q^{-t} = 0$

Als vorteilhaft gilt der Zahlungsstrom, dessen IRR höher ist als die Rendite aller möglichen Alternativen inklusive einer Investition am Kapitalmarkt. Für das schon bekannte Beispiel ergibt sich wiederum die Vorteilhaftigkeit des Zahlungsstroms eins, mit einer Projektverzinsung von 27,61 Prozent. Das bedeutet, dass eine z.B. von den Kapitalgebern geforderte Verzinsung von 10 Prozent um 17,61 Prozent übertroffen würde.

---

[31] Vgl. Loderer, Claudio / Jörg, Petra / Pichler, Karl / Zgraggen, Pius: Handbuch der Bewertung, 2000, S. 198.

[32] Schierenbeck, Henner: Grundzüge der Betriebswirtschaftslehre, 2003, S. 357.

[33] In einigen Lehrbüchern wird anstatt P dann R verwendet. Siehe z.B. Kruschwitz, Lutz: Investitionsrechnung, 2000.

Beispiel:

t	0	1	2	3
Zahlungsstrom 1	-100	70	50	30
IRR	27,61%			
Zahlungsstrom 2	-100	30	50	70
IRR	20,13%			

Abbildung 5: Beispiel für die Berechnung der Internal Rate of Return[34]

Dass mit der IRR-Methode ein Ergebnis ermittelt werden kann, welches die Vorteilhaftigkeit einer Investitionsalternative aufzeigt, ist nicht immer gewährleistet. Mathematisch gesehen ist die Ermittlung des internen Zinssatzes die Lösung einer algebraischen Polynomgleichung n-ten Grades.[35] Ein solches Polynom kann aber nach dem Fundamentalsatz der Algebra bis zu n verschiedene Lösungen besitzen. Insgesamt können drei Fälle auftreten:

- Eine Zahlungsreihe besitzt **keinen** Internen Zinsfuß (r).
  Beispiel: -100; 140; -50
- Eine Zahlungsreihe besitzt **einen** Internen Zinsfuß (r).
  Beispiel: -100; 80; 80 mit $r \approx 38\%$
- Eine Zahlungsreihe besitzt **zwei oder mehr** Interne Zinsfüße (r).
  Beispiel: -1; 6; -11; 6 mit $r = 200\%$; $r = 100\%$ und $r = 0\%$

„Eine Zahlungsreihe hat höchstens so viele (reelle) Interne Zinsfüße, wie Vorzeichenwechsel in ihr vorkommen. Die meisten Investitionen haben erst Auszahlungen und dann Einzahlungen."[36] Da sie als so genannte „Normalinvestitionen" nur einen Vorzeichenwechsel haben, ist nur in diesem Fall die Anwendung der IRR-Methode ohne größere Komplikationen möglich.

---

[34] Quelle: Eigene Darstellung.

[35] Vgl. zu dieser und den folgenden Ausführungen: Kruschwitz, Lutz: Investitionsrechnung, 2000, S. 101-105.

[36] Schmidt, Reinhard H. / Terberger, Eva: Grundzüge der Investitions- und Finanzierungstheorie, 1997, S. 145.

2.2.4 Vergleich Net-Present-Value- und Internal-Rate-of-Return-Methode

Die Methode des IRR bietet gegenüber der Methode des NPV einen verlockenden Vorteil. Sie erspart es dem Anwender, einen Kalkulationszinsfuß festzulegen, denn die Auswahl des „richtigen" Kalkulationszinsfußes bereitet regelmäßig große Schwierigkeiten bei Nichtannahme eines vollkommenen und vollständigen Kapitalmarktes.

Vergleicht man die Ergebnisse beider Methoden über die Vorteilhaftigkeit von Investitionsalternativen, können bei unterschiedlicher Nutzungsdauer und zeitlicher Struktur der Zahlungsströme widersprüchliche Ergebnisse auftreten.[37] Ein entscheidender Faktor dabei ist die notwendige Prämisse der IRR-Methode, dass Geld zum Internen Zinssatz (r) angelegt oder gegebenenfalls aufgenommen werden muss.

Nimmt man das Bestehen eines vollkommenen Kapitalmarktes an, setzt dies einen risikolosen Zinssatz voraus, zu dem Kapital unbeschränkt aufgenommen und angelegt werden kann. Weiterhin werden homogene Erwartungen der Investoren bzgl. der Erwartungswerte, der Standardabweichungen und der Kovarianzen der gehandelten Assets sowie Informationseffizienz d.h. keine Beschränkungen, Transaktionskosten oder Steuern unterstellt.[38]

Es lassen sich Beispiele konstruieren, bei denen sich die Ergebnisse der einzelnen Verfahren bei Vorliegen einer „Normalinvestition" widersprechen.[39] In dieser Arbeit soll dies bezogen auf den Kapitaleinsatz demonstriert werden.

---

[37] Vgl. zu dieser und den folgenden Ausführungen: Schmidt, Reinhard H. / Terberger, Eva: Grundzüge der Investitions- und Finanzierungstheorie, 1997, S. 149-166.

[38] Vgl. Weber, Matthias-Wilbur: Portefeuille- und Real-Optionspreis-Theorie und forstliche Entscheidungen, 2002, S. 39.

[39] Für „Nicht-Normalinvestitionen" ist die IRR-Methode wie in Kapitel 2.2.3 gezeigt ohnehin nicht anwendbar.

Beispiel:

t	0	1	2	3	4
Zahlungsstrom 1	-60	8	8	8	...
Zahlungsstrom 2	-120	12	12	12	...

Abbildung 6: Vergleich von zwei Investitionsalternativen bei unterschiedlichem Kapitaleinsatz[40]

Bei einem Kalkulationszinsfuß von 5% ergibt sich ein NPV von:

$$NPV_1 = -60 + \frac{8}{0{,}05} = 100 \text{ und } NPV_2 = -120 + \frac{12}{0{,}05} = 120$$

Die IRR beträgt:

$$r_1 = \frac{8}{60} = 0{,}1333 \text{ und } r_2 = \frac{12}{120} = 0{,}10$$

Ohne Anpassung des Kapitaleinsatzes kommt es zu unterschiedlichen Lösungsvorschlägen. Die NPV Methode empfiehlt Zahlungsstrom zwei, die IRR-Methode dagegen Zahlungsstrom eins.

Die Angleichung der Investitionssumme kann jetzt auf unterschiedliche Art und Weise erfolgen.[41]

a. Der Investor verfügt über den höheren Kapitalbetrag (120 GE) und die erste Investition wird an die zweite angeglichen.
b. Der Investor verfügt über den niedrigeren Kapitalbetrag (60 GE) und die Differenz zur Angleichung der ersten Investition an die zweite wird kreditfinanziert.
c. Der Investor verfügt über keinen Kapitaleinsatz und die Investition ist vollständig kreditfinanziert.

Fall c ist am einfachsten zu lösen, da bei vollständiger Kreditfinanzierung im Fall der IRR-Methode die Einzahlungsüberschüsse definitionsgemäß in jeder Periode gleich null sind und deshalb dieser Fall irrelevant ist.

---

[40] Quelle: Eigene Darstellung.

[41] Es wird von der nicht ganz unrealistischen Annahme ausgegangen, dass die Investitionen nicht teilbar sind und nur einmal zur Verfügung stehen.

Im Fall b, wenn der Investor nur den geringeren Investitionsbetrag zur Verfügung hat und die übrige Summe fremdfinanzieren muss, ergibt sich keine andere Vorteilhaftigkeit der Zahlungsströme. Da wir von der Nichtteilbarkeit der Zahlungsströme ausgehen, kann der Betrag von 60 GE bei der Annahme eines vollkommenen Kapitalmarktes nur zum aufgenommenen Zinssatz wieder angelegt werden. Auch wenn man die Prämisse, dass Investition zwei nicht teilbar ist, aufhebt, käme es zu keiner anderen Entscheidungssituation.

Zählt man für Fall a zu dem Zahlungsstrom eins mit einem jährlichen Nettoertrag von 8 GE die zusätzlichen 3 GE[42] der Anpassungsinvestition auf Basis der NPV-Methode hinzu, ist der NPV_2 mit periodischen Erträgen von 12 GE weiterhin vorteilhafter als der NPV_1 mit 11 GE.

Zusammenfassend lässt sich sagen, dass die NPV-Methode der Methode des IRR überlegen ist. Bei vollkommenem Kapitalmarkt unterstellt die NPV-Berechnung, dass Mittel zum Kalkulationszinsfuß angelegt und/oder beschafft werden können. Diese Annahme gilt für die IRR-Methode auch, führt aber zu Widersprüchen, da der Zinssatz von der berechneten Investition abhängt. Es ergibt sich in unserem Beispiel ein „Marktzins" für Investition eins von 13,33 Prozent und für Investition zwei von 10 Prozent. Es ist nicht logisch erklärbar, warum der Anlage- und Refinanzierungszins abhängig von der Realisierung einer Investitionsalternative sein soll.[43]

Weiter spricht für die NPV-Methode die Möglichkeit, mit geringem Rechenmehraufwand periodenabhängige Kalkulationszinsfüße zu berücksichtigen und somit die Annahmen des vollkommenen Kapitalmarkts der Realität anzupassen.

---

[42] Errechnet sich aus dem geteilten zweiten Zahlungsstrom mit –60,6,6,6,... abzüglich 60 GE mal 0,05 = 3 GE Zinsaufwand.

[43] Vgl. Schmidt, Reinhard H. / Terberger, Eva: Grundzüge der Investitions- und Finanzierungstheorie, 1997, S. 164-165; ähnlich äußern sich: Copeland, Tom / Weston, Fred / Shastri, Kuldeep: Financial Theory and Corporate Policy, 2005, S. 29.

2.3 Investitionsentscheidungen unter Risiko

Grundlage für die Entscheidungsfindung bei unsicheren Erwartungen ist die Investitionsrechnung unter der Annahme von Sicherheit. Da, wie in Kapitel 2.2.4 gezeigt, die Net-Present-Value-Methode gewisse Vorteile gegenüber den anderen Verfahren der Investitionsrechnung besitzt, erfolgen weitere Ausführungen nur auf Grundlage dieser Methode.

Das Risiko des nicht- oder des nur teilweise Eintretens eines Ereignisses (Zahlungsstroms) kann in einem risikoadjustierten Kalkulationszinssatz berücksichtigt werden, indem man ein Sicherheitsäquivalent aufschlägt. Eine andere Möglichkeit ist die Zuordnung von subjektiven oder objektiven Wahrscheinlichkeiten des Investors zu den einzelnen Zahlungsströmen.

2.3.1 Das μ-σ Prinzip

„Unterstellt man, dass der Entscheider zumindest subjektive Wahrscheinlichkeiten, mit denen verschiedene Ereignisse eintreten, angeben kann, lässt die Entscheidung nach dem Erwartungswertprinzip treffen (μ-Prinzip).“[44] Formal kann dies als die Summe der einzelnen Ereignisse (x) zum Zeitpunkt (i) mal die Wahrscheinlichkeit (q) des Ereignisses zum Zeitpunkt (i) dargestellt werden.[45]

$$(6) \quad E(\tilde{x}) = \mu = \sum_{i=1}^{n} x_i \cdot q_i$$

Zu wählen ist die Alternative, welche den höchsten Erwartungswert aufweist. Dieses auch Bayes-Regel genannte Entscheidungskriterium setzt eine genaue Kenntnis der Wahrscheinlichkeitsverteilung über die einzelnen Ereignisse voraus. Orientiert sich der Investor an dieser Regel, kann es jedoch zu indifferenten Entscheidungssituationen kommen, da die Streuung der Ergebnisse und die Risikoeinstellung des Entscheiders nicht berücksichtigt werden.

---

[44] Perridon, Louis / Steiner, Manfred: Finanzwirtschaft der Unternehmung, 1997, S. 106.

[45] Vgl. zu dieser und den folgenden Ausführungen: Perridon, Louis / Steiner, Manfred: Finanzwirtschaft der Unternehmung, 1997, S. 106-112 und Kruschwitz, Lutz: Investitionsrechnung, 2000, S. 260-264.

Hat z.B. ein Investor die Wahl zwischen zwei Alternativen, bei denen er mit fünfzigprozentiger Wahrscheinlichkeit und 100 Euro Einsatz eine Auszahlung von 0 Euro oder 200 Euro bzw. von 50 Euro oder 150 Euro erhält, beträgt der Erwartungswert mathematisch für beide Investitionen μ=100 Euro.

Alternative (1)	Alternative (2)
$-100 \begin{cases} 0, & mit \quad q=0{,}5 \\ 200, & mit \quad q=0{,}5 \end{cases}$	$-100 \begin{cases} 50, & mit \quad q=0{,}5 \\ 150, & mit \quad q=0{,}5 \end{cases}$

Abbildung 7: Darstellung einer indifferenten Entscheidungssituation am Beispiel der Bayes-Regel (Erwartungswertregel)[46]

Unter Benutzung der Formel (6) ergibt sich für Alternative (1) und Alternative (2) ein Erwartungswert von μ=100 Euro.

$$E(\tilde{x}_1) = \mu_1 = 0 \cdot 0{,}5 + 200 \cdot 0{,}5 = \underline{\underline{100}}$$

$$E(\tilde{x}_2) = \mu_2 = 50 \cdot 0{,}5 + 150 \cdot 0{,}5 = \underline{\underline{100}}$$

Nach der Erwartungswertregel ist es gleichgültig, welche Alternative der Investor wählt. Trotzdem ist es nicht abwegig zu behaupten, dass ein risikoscheuer Investor Alternative (2) und ein risikofreudiger Interessent Alternative (1) wählt. Um dies zu begründen ist es nötig, zusätzlich zum Erwartungswert ein zweites Kriterium zu berücksichtigen, das Risiken bzw. Chancen misst.[47] „Hierzu bietet sich insbesondere ein Streuungsmaß der Zielbeiträge, die Varianz (σ^2), an. Danach ist das Risiko einer Investitionsalternative um so höher, je größer der Wert der Varianz bzw. Standardabweichung (σ) ist.“[48]

Formal ist die Varianz (Var($\tilde{x}$)) die Summe über die Produkte aus den einzelnen quadratischen Fehlern $(x_i - E(\tilde{x}))$ und den Eintrittswahrscheinlichkeiten der Ereignisse (q_i).

---

[46] Quelle: Eigene Darstellung.
[47] Vgl. Kruschwitz, Lutz: Investitionsrechnung, 2000, S. 263.
[48] Perridon, Louis / Steiner, Manfred: Finanzwirtschaft der Unternehmung, 1997, S. 108.

(7) $Var(\widetilde{x}) = \sigma^2 = \sum_{i=1}^{n} (x_i - E(\widetilde{x}))^2 \cdot q_i$

Die Standardabweichung berechnet sich aus der Quadratwurzel der Varianz.

(8) $\sigma(\widetilde{x}) = \sqrt{Var(\widetilde{x})}$

Entscheidungen werden nach der individuellen Risikoeinstellung des Investors getroffen. Dabei muss abgewogen werden zwischen der Chance auf einen „größeren Gewinn verbunden mit höherem Risiko oder einen kleineren Gewinn mit niedrigerem Risiko. Dieses Abwägen kommt in der Präferenzfunktion zum Ausdruck."[49] Sie beschreibt die Abhängigkeit des Risikonutzens vom Erwartungswert des Gewinns und vom Risiko.[50]

Denkbar sind drei mögliche Fälle von Risikopräferenzfunktionen:

- **Risikofreude:** Der Investor ist bereit, eine höhere Chance auf einen größeren Gewinn (große Streuung im Ergebnisraum) mit einem möglichen Verzicht auf den erwarteten Gewinn zu bezahlen. Er schätzt bei gleichem Erwartungswert eine Alternative mit breiter Streuung vorteilhafter ein als eine mit kleinerer Streuung.
- **Risikoscheu:** Der Entscheidungsträger ist nur dann bereit eine größere Streuung im Ergebnisraum zu akzeptieren, wenn ihm dafür eine höhere Gewinnerwartung geboten wird. Bei gleichem Erwartungswert zieht er das Investment vor, welches die niedrigsten Gewinn- und Verlustaussichten birgt.
- **Risikoindifferenz:** Der Entscheider berücksichtig die Streuung nicht und wählt die Investition, die den höchsten Erwartungswert besitzt.

Graphisch lassen sich die Präferenzfunktionen in Abhängigkeit von Erwartungswert (μ) und Streuung (σ) als Risikoindifferenzkurven abbilden.

---

49 Perridon, Louis / Steiner, Manfred: Finanzwirtschaft der Unternehmung, 1997, S. 109.

50 Vgl. zu dieser und den folgenden Ausführungen: Perridon, Louis / Steiner, Manfred: Finanzwirtschaft der Unternehmung, 1997, S. 109-112 und Kruschwitz, Lutz: Investitionsrechnung, 2000, S. 262-264.

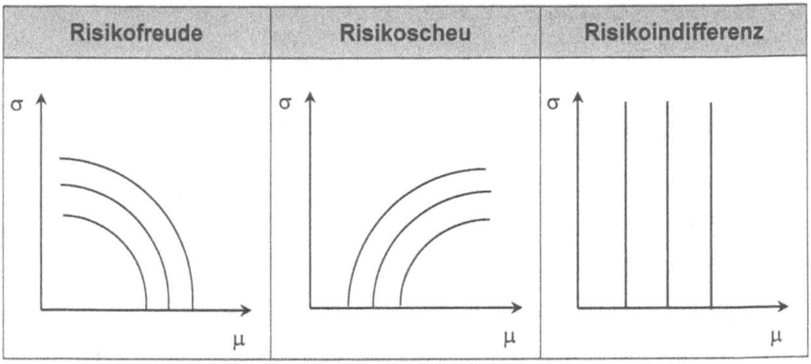

Abbildung 8: Unterschiedliche Indifferenzlinien einer Präferenzfunktion in Abhängigkeit von der Risikoeinstellung des Entscheiders[51]

Um tatsächlich eine Entscheidung treffen zu können, ist es notwendig, die Präferenzfunktion zu bestimmen. Ein möglicher Ansatz ist die Verknüpfung des Erwartungswerts mit dem Streuungsmaß zur Präferenzfunktion:[52]

(9) $\Pi = E(\tilde{x}) + \alpha \cdot Var(\tilde{x})$

Die Variable α definiert die individuelle Nutzenfunktion des Investors und ermöglicht eine Unterscheidung in die drei bekannten Fälle:

- Ein **α = 0** unterstellt dem Investor eine risikoneutrale Einstellung, die Streuung der Ergebnisse wird nicht berücksichtigt.
- Definiert der Entscheider sein individuelles **α > 0,** deutet dies auf Risikofreude hin, da er bei gleichem Erwartungswert eine Alternative mit breiter Streuung vorteilhafter einschätzt als eine mit kleinerer Streuung.
- Ein **α < 0** steht für einen risikoscheuen Investor, da er den Erwartungswert um einen Sicherheitsabschlag mindert.

Für das in Abbildung 7 gezeigte Beispiel ergibt sich folglich keine andere Entscheidungsregel bei risikoneutraler Einstellung des Investors, jedoch liefert die μ-σ-Regel eine klare Handlungsempfehlung für einen risikoscheuen oder risikofreudigen Entscheider. Setzt man die Zahlen aus dem Beispiel in Abbildung 7 in die Formel (7) ein,

[51] Quelle: In Anlehnung an Perridon, Louis / Steiner, Manfred: Finanzwirtschaft der Unternehmung, 1997, S. 110-112.
[52] Vgl. Kruschwitz, Lutz: Finanzierung und Investition, 2002, S. 116-117.

so erhält man unter Einbezug der Formel (8) für Alternative (1) eine Standardabweichung von 100 und Alternative (2) von 50.

$$Var(\tilde{x}_1) = (0-100)^2 \cdot 0{,}5 + (200-100)^2 \cdot 0{,}5 = 10.000 \Rightarrow \underline{\underline{\sigma_1 = 100}}$$

$$Var(\tilde{x}_2) = (50-100)^2 \cdot 0{,}5 + (150-100)^2 \cdot 0{,}5 = 2.500 \Rightarrow \underline{\underline{\sigma_2 = 50}}$$

Da die Varianz durch das Quadrieren der Abweichungen immer einen Wert größer oder gleich null annimmt, folgt bei Einsetzen der bisher berechneten Ergebnisse in Formel (9), dass ein risikoscheuer Investor Alternative (1) und eine risikofreudiger Entscheider Alternative (2) bevorzugt.

$$\begin{matrix} \Pi_1 = 100 + \alpha \cdot 10.000 \\ \Pi_2 = 100 + \alpha \cdot 2.500 \end{matrix} \Rightarrow \Pi_1 > \Pi_2 \text{ für } \alpha > 0 \text{ und } \Pi_2 > \Pi_1 \text{ für } \alpha < 0$$

2.3.2 Das Bernoulliprinzip

„Im Mittelpunkt aller Überlegungen zur Lösung von Entscheidungsproblemen unter Unsicherheit steht heute das Bernoulliprinzip."[53] Im Jahr 1738 von Daniel Bernoulli[54] formuliert, wurde es im Jahr 1944 von John von Neumann und Oskar Morgenstern wiederentdeckt und axiomatisch begründet.[55]

Die Grundüberlegung von Daniel Bernoulli ist, einen möglichen Gewinn nicht nach seinem Geldbetrag, sondern nach dem jeweiligen individuellen Nutzen zu bemessen. „Der Geldbetrag hängt von der Sache selbst ab und ist für alle derselbe; der Nutzen dagegen wird von den persönlichen Verhältnissen des Einzelnen beeinflusst. So hat ein Gewinn von 1000 Dukaten für einen Armen zweifellos einen größeren Nutzen als für einen Reichen, obwohl der Geldbetrag für beide gleich ist."[56]

---

53 Kruschwitz, Lutz: Finanzierung und Investition, 2002, S. 81.

54 Daniel Bernoulli (1700-1782) ist der Neffe von Jakob Bernoulli (1654-1705), dessen Name mit dem Gesetz der großen Zahl verbunden ist. „Bernoullis sind mit Sicherheit die bekannteste Familie in der Geschichte der mathematischen Wissenschaften. Etwa zwölf Bernoullis haben zu verschiedenen Gebieten der Mathematik oder Physik Beiträge geleistet, und mindestens fünf von ihnen haben über Wahrscheinlichkeiten geschrieben. Die Menge der Bernoullis ist so groß, dass es vielleicht bloßer Zufall unvermeidlich gemacht hat, dass ein Bernoulli als Vater der Berechnung des Unsicheren gilt." Stigler, Stephen: The History of Statistice, 1986 zitiert nach Gero von Randow: Das Ziegenproblem - Denken in Wahrscheinlichkeiten, 2000, S. 68.

55 Vgl. Kruschwitz, Lutz: Finanzierung und Investition, 2002, S. 81.

56 Bernoulli, Daniel: Specimen theoriae novae de mensura sortis, in: Commentarii Academiae Scientiarum Imperialis Petropolitanae: 1738, S. 175-192. Deutsche Übersetzung: Entwurf einer neuen

Damit kann jeder Investor für sich eine eigene individuelle Risikonutzenfunktion aufstellen, mit der jedem Ergebnis (x) ein bestimmter Nutzen (U) zugeordnet wird (Beispiele siehe Abbildung 9). Die Alternative U=U(x) mit dem größten Erwartungswert[57] wird präferiert und ist optimal, wenn die mathematische Erwartung des Nutzens ein Maximum erreicht.[58]

(10) $$\sum_{i=1}^{n} q_i \cdot U(x_i) \rightarrow \max.$$

Grundsätzlich können drei Grundformen (linear, konvex und konkav) sowie eine aus konvexen und konkaven Stücken zusammengesetzte Risikonutzenfunktion charakterisiert werden. Die lineare Funktion steht dabei für eine risikoneutrale, die konkave für Risikoaversion und die konvexe für eine risikofreudige Einstellung des Entscheiders.[59]

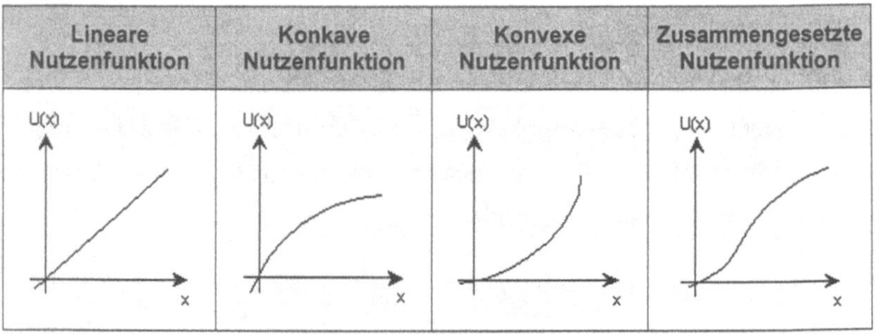

Abbildung 9: Unterschiedliche Nutzenfunktionen in Abhängigkeit von der Risikoeinstellung des Entscheiders[60]

Im Unterschied zur Risikopräferenzfunktion, bei der der Risikonutzen von Ersatzgrößen (μ,σ) abhängt, wird die Risikonutzenfunktion auf die ursprüngliche, volle Wahrscheinlichkeitsverteilung angewendet. Somit hängt der Risikonutzen von den Zielbei-

---

Theorie zur Bewertung von Lotterien, in: Die Betriebswirtschaft: 1996, Band 56, S. 733-742, hier S. 734.

57 Erwartungswert wird berechnet mit der Formel(6).

58 Vgl. Perridon, Louis / Steiner, Manfred: Finanzwirtschaft der Unternehmung, 1997, S. 112.

59 Vgl. Bamberg, Günter / Coenenberg Adolf G.: Betriebswirtschaftliche Entscheidungslehre, 2002, S. 92-95.

60 Quelle: Laux, Helmut: Entscheidungstheorie, 1998, S. 181.

trägen in allen Zukunftslagen und deren jeweiliger quantitativer Wahrscheinlichkeit ab.[61]

Die μ-σ-Regel und das Bernoulliprinzip basieren auf fünf Annahmen, wobei dem Bernoulliprinzip ein sechstes Axiom (Transitivität) hinzugefügt werden muss. Richtet sich der Entscheider nach diesen Axiomen, ermöglichen sie ihm rationale Entscheidungen unter Unsicherheit und konsistentes Verhalten.[62]

- **Vergleichbarkeit:** Für zwei Gewinne x_1 und x_2 gilt entweder $x_1 \geq x_2$ oder $x_1 \approx x_2$ oder $x_1 \leq x_2$.
- **Transitivität:** Wenn $x_1 \geq x_2$ und $x_2 \geq x_3$, dann gilt auch $x_1 \geq x_3$ und wenn $x_1 \sim x_2$ und $x_2 \sim x_3$, dann gilt auch $x_1 \sim x_3$.
- **Stetigkeit:** Wenn $x_1 > x_2 > x_3$ gilt, dann gibt es eine Wahrscheinlichkeit q mit $0 < q < 1$, so das $x_2 \sim (x_1, x_3 : q, 1\text{-}q)$ gilt. [63]
- **Beschränkung:** Es gibt einen höchsten Gewinn x_{max} und einen niedrigsten Gewinn x_{min}. Alternativen, welche die Existenz des Investors gefährden, sind auszuschließen.
- **Dominanz:** Ist $q_1 \geq q_2$, so gilt $(x_{max}, x_{min} : q_1, 1\text{-}q_1) \geq (x_{max}, x_{min} : q_2, 1\text{-}q_2)$
- **Unabhängigkeit:** Wenn $x_1 \geq x_2$ gilt, so ist $(x_1, x_3 : q, 1\text{-}q) \geq (x_2, x_3 : q, 1\text{-}q)$ und wenn $x_1 \sim x_2$ gilt, so ist $(x_1, x_3 : q, 1\text{-}q) \sim (x_2, x_3 : q, 1\text{-}q)$

Die klassische μ-σ-Regel und das Bernoulliprinzip sind weitgehend miteinander vereinbar. Vorsicht ist bei der Verwendung quadratischer Nutzenfunktionen geboten, da der zu erwartende Nutzen bei Zielwerten rechts vom Funktionsmaximum sinkt und deshalb diese Ausprägungen der Ergebniswerte ausgeschlossen werden müssen.

---

61 Vgl. Schneider, Dieter: Investition, Finanzierung und Besteuerung, 1992, S. 465.

62 Vgl. zu dieser und den folgenden Ausführungen: Perridon, Louis / Steiner, Manfred: Finanzwirtschaft der Unternehmung, 1997, S. 115-116; Kruschwitz, Lutz: Investitionsrechnung, 2000, S. 272-273 und Franke, Günter / Hax, Herbert: Finanzwirtschaft des Unternehmens und Kapitalmarkt, 2004, S. 298-299.

63 Anmerkung: Im Original bei Kruschwitz, Lutz: Investitionsrechnung, 2000, S. 272-273 steht: „$x_2 \sim (x_1, \mathbf{x_2} : q, 1\text{-}q)$". Geändert in $x_2 \sim (x_1, \mathbf{x_3} : q, 1\text{-}q)$ siehe Kruschwitz, Lutz: Finanzierung und Investition, 2002, S. 89.

Ansonsten wird implizit unterstellt, dass der erwartete Nutzen bei gleich bleibendem Risiko sinkt, obwohl der Erwartungswert steigt.[64]

Das Bernoulliprinzip ist heute sehr weit verbreitet und gilt trotz der in der Literatur geäußerten Kritik[65] (Schwierigkeiten bei der Nutzenmessung, Bestimmung der Wahrscheinlichkeiten, ...) „als das beste Instrument, das wir zur rationalen Lösung von Entscheidungsproblemen besitzen."[66]

2.4 Risikoanalyse

„Das Ziel der Risikoanalyse besteht darin, eine Wahrscheinlichkeitsverteilung für die Outputgröße einer Investitionsrechnung (zum Beispiel Endvermögen, Entnahmeniveau, Kapitalwert usw.) aus sicheren und unsicheren Informationen über die relevanten Inputgrößen abzuleiten."[67] „Diese Wahrscheinlichkeitsver-teilung basiert gewöhnlich auf subjektiven Wahrscheinlichkeitsvorstellungen – es handelt sich um eine Verteilung „subjektiver Wahrscheinlichkeiten"."[68] Aufgabe der Risikoanalyse ist es dabei nicht, die Unsicherheit zu reduzieren oder gar zu beseitigen, aber sie trägt dazu bei, das Risiko berechenbar zu machen.[69]

Die Durchführung einer Risikoanalyse umfasst fünf Schritte:[70]

a. Auswahl der als unsicher erachteten Inputgrößen.
b. Schätzung subjektiver Wahrscheinlichkeitsverteilungen für die ausgewählten Inputgrößen.
c. Berücksichtigung stochastischer Abhängigkeiten zwischen den unsicheren Inputgrößen.
d. Ermittlung der Ergebnisverteilung aus den Verteilungen der Inputgrößen.
e. Analyse und Interpretation der Ergebnisverteilung.

---

[64] Vgl. Franke, Günter / Hax, Herbert: Finanzwirtschaft des Unternehmens und Kapitalmarkt, 2004, S. 306-311.
[65] Einen Überblick über die von den Kritikern und Befürworten geäußerten Argumente sowie dazugehörige Literaturangaben bietet Bamberg, Günter / Coenenberg Adolf G.: Betriebswirtschaftliche Entscheidungslehre, 2002, S. 109-112.
[66] Kruschwitz, Lutz: Finanzierung und Investition, 2002, S. 81.
[67] Kruschwitz, Lutz: Investitionsrechnung, 2000, S. 87.
[68] Blohm, Hans / Lüder, Klaus: Investition, 1995, S. 256.
[69] Vgl. Pflaumer, Peter: Investitionsrechnung, 2004, S. 169.
[70] Vgl. zu dieser und den folgenden Ausführungen: Blohm, Hans / Lüder, Klaus: Investition, 1995, S. 263.

Die Verarbeitung der Inputdaten kann grundsätzlich auf drei Arten (Vollenumeration, analytische und simulative Verfahren) erfolgen.[71] Da bei der Vollenumeration alle möglichen Datenkonstellationen durchgerechnet werden, ist diese nur bei kleinsten Datenmengen und diskreter Verteilung sinnvoll.

2.4.1 Analytische Risikoanalyse

„Analytische Ansätze errechnen auf der Basis des Grenzwertsatzes der Statistik[72] die Ergebnisverteilung. Allerdings sind analytischen Rechnungen durch restriktive Annahmen enge Grenzen gesetzt."[73] So ist es notwendig, eine Wahrscheinlichkeitsverteilung der unsicheren Inputgrößen von vornherein festzulegen bzw. bei definierten Verteilungstypen deren Parameter zu schätzen. Wird eine Normalverteilung zugrunde gelegt, müssen der Erwartungswert (μ) und die Standardabweichung (σ) geschätzt werden.[74] Sind einzelne der unsicheren Inputgrößen stochastisch voneinander abhängig, müssen zusätzlich die Korrelationskoeffizienten bzw. die Kovarianzen geschätzt oder bedingte Wahrscheinlichkeiten eingeführt werden.

Während sich Probleme beim Schätzen der Korrelationskoeffizienten nur bei teilkorrelierten Abhängigkeiten ergeben,[75] muss bei der Einführung bedingter Wahrscheinlichkeiten die Wahrscheinlichkeitsverteilung der einzelnen „Wenn–Dann– Beziehungen" separat bestimmt werden.[76] Da viele Verteilungstypen eine ähnliche Symmetrie wie die Normalverteilung aufweisen und sich nach dem zentralen Grenzwertsatz der

---

71 Vgl. zu dieser und den folgenden Ausführungen: Perridon, Louis / Steiner, Manfred: Finanzwirtschaft der Unternehmung, 1997, S. 121-122.

72 Anmerkung nicht im Original: Die Summe x einer großen Anzahl von Zufallsvariablen ist angenähert normalverteilt (zentraler Grenzwertsatz). Vgl. u.a. Råde, Lennart / Westergren, Bertil - aus dem Englischen übersetzt von: Vachenauer, Peter: Springers mathematische Formeln, 1997, S. 417.

73 Perridon, Louis / Steiner, Manfred: Finanzwirtschaft der Unternehmung, 1997, S. 121.

74 Vgl. zu dieser und den folgenden Ausführungen: Blohm, Hans / Lüder, Klaus: Investition, 1995, S. 265-266.

75 Liegt vollkommene Korrelation (Korrelationskoeffizient $\rho = |1|$) also funktionale Abhängigkeit vor, kann eine „unsichere" Inputgröße mit einer anderen erklärt werden und gilt damit nicht als unsicher. Bei einem Korrelationskoeffizient $\rho = 0$ liegt Unabhängigkeit vor. => Schätzprobleme nur für $\rho \in]-1; 1[\setminus \{0\}$.

76 Zur Lösung dieses Problems wird in der Literatur vorgeschlagen, dass alle bedingten Wahrscheinlichkeitsverteilungen Beta-verteilt sind. Siehe u.a. Wagle, B.: A statistical analysis of risk in capital investment projects, in: Operational Research Quarterly, 1967, S. 19.

Statistik eine Abweichung einzelner Werte kaum auf das Ergebnis auswirkt,[77] wird nachfolgend Normalverteilung unterstellt.

Allgemein lassen sich die folgenden drei Regelfälle spezifizieren, ob und wie zukünftige Cashflows stochastisch voneinander abhängig sind.[78]

2.4.1.1 Unabhängige Einzahlungsüberschüsse

Nimmt man an, dass die Einzahlungsüberschüsse in jeder Periode vollkommen unabhängig voneinander sind, d.h. ob und in welcher Höhe Cashflows anfallen ist vollkommen unabhängig von den Entwicklungen der Vorjahre, dann berechnen sich der Erwartungswert des Kapitalwertes und die Varianz[79] wie folgt:

(11) $$E(C_0) = -I_0 + \sum_{t=1}^{n} \frac{E(c_t)}{q^t}$$

(12) $$Var(C_0) = \sum_{t=1}^{n} \frac{Var(c_t)}{q^{2t}}$$

Beispiel:[80]

Eine Fahrschule möchte ein Auto für fünf Jahre leasen. Die Leasingraten sind proportional zur Anzahl der Fahrstunden (FS) und die einmalige Mietsonderzahlung (I_0) beträgt 10.000€. Weitere Kosten fallen nicht an. Man rechnet mit durchschnittlich 600 Fahrstunden p.a. bei einer Standardabweichung (σ) von 100 Stunden und einem Einzahlungsüberschuss (EZÜ) von 5€ pro Stunde (€/h).

Unterstellt man einen Kalkulationszinsfuß von 10%, berechnen sich der Erwartungswert und die Standardabweichung des Kapitalwertes wie folgt:

---

77 Vgl. Hillier, Frederick S.: The derivation of probabilistic information for the evaluation of risky investments, in: Management Science, 1963, S. 446.

78 Die „Analytischen Verfahren" der Risikoanalyse gehen auf einen Vorschlag von Hillier, Frederick S.: The derivation of probabilistic information for the evaluation of risky investments, in: Management Science, 1963 zurück und wurden von Wagle, B.: A statistical analysis of risk in capital investment projects, in: Operational Research Quarterly, 1967 und Jöckel, Karl-Heinz / Pflaumer, Peter.: Stochastische Investitionsrechnung: Ein analytisches Verfahren zur Risikoanalyse, in: Zeitschrift für Operations Research (ZOR): 1981 weiterentwickelt. Für die nachfolgende Ausführungen in Kapitel 2.4.1.1, 2.4.1.2 und 2.4.1.3 vergleiche mit der zusammenfassenden Darstellung in: Pflaumer, Peter: Investitionsrechnung, 2004, S. 144-149.

79 Die mathematische Herleitung ist für den interessierten Leser in der Anlage 2 beigefügt.

80 Beispiel in Anlehnung an: Pflaumer, Peter: Investitionsrechnung, 2004, S. 145.

$$E(c_t) = FS \cdot EZÜ \frac{€}{h} \quad \Rightarrow \quad E(c_t) = 600h \cdot 5\frac{€}{h} = 3.000€$$

$$E(C_0) = -I_0 + \sum_{t=1}^{n} \frac{E(c_t)}{q^t}$$

$$E(C_0) = -10.000€ + \frac{3.000€}{q^1} + \frac{3.000€}{q^2} + \frac{3.000€}{q^3} + \frac{3.000€}{q^4} + \frac{3.000€}{q^5} = \underline{\underline{1.372,36€}}$$

$$Var(c) = \left(EZÜ \frac{€}{h} \right)^2 \cdot \sigma^2 \quad \Rightarrow \quad 5^2 \cdot 100^2 = 250.000$$

$$Var(C_0) = \sum_{t=1}^{n} \frac{Var(c_t)}{q^{2t}}$$

$$Var(C_0) = \frac{250.000}{q^2} + \frac{250.000}{q^4} + \frac{250.000}{q^6} + \frac{250.000}{q^8} + \frac{250.000}{q^{10}} = \underline{\underline{731.496,08}}$$

Unterstellt man, dass die einzelnen Cashflows $E(c_t)$ normalverteilt sind, ist deren abgezinste Summe $E(C_0)$ ebenfalls normalverteilt. Ist (n) genügend groß, kann nach dem zentralen Grenzwertsatz der Statistik $E(C_0)$ auch dann durch die Normalverteilung approximiert werden, wenn die einzelnen Cashflows $E(c_t)$ nicht normalverteilt sind.

Die Verlustwahrscheinlichkeit ergibt sich aus der komplementären Fläche unter der Verteilungsfunktion, also aus eins minus dem Integral über die Normalverteilung[81] von minus unendlich bis $X = \frac{E(C_0)}{\sigma_{C_0}}$.

(13) $$P(C_0 \prec 0) = 1 - \Phi \frac{E(C_0)}{\sigma_{C_0}}$$

Für die Fahrschule ergibt sich daraus folgend eine Verlustwahrscheinlichkeit von:

$$P(C_0 \prec 0) = 1 - \Phi \frac{1.372,36}{855,28} = 1 - \Phi(1,60) = 1 - 0,9452 = 0,0548 \approx \underline{\underline{5,5\%}}$$

[81] Eine Tabelle mit den Werten (0,00 - 3,49) der Verteilungsfunktion der Standardnormalverteilung ist im Anlage 1 beigefügt.

2.4.1.2 Korrelierte Einzahlungsüberschüsse

Liegt eine Korrelation zwischen den Einzahlungsüberschüssen der einzelnen Perioden vor, d. h. hat z.B. ein hoher Vorjahresumsatz Auswirkungen auf den Umsatz im Folgejahr, berechnet sich zwar der Erwartungswert wie im Falle unabhängiger Einzahlungsüberschüsse mit Formel (11), die Varianz[82] hingegen ergibt sich wie folgt:

$$(14) \quad Var(C_0) = \sum_{t=1}^{n} \frac{Var(c_t)}{q^{2t}} + 2 \cdot \sum_{t=1}^{n-1} \sum_{s=t+1}^{n} \rho_{ts} \frac{\sigma_{c_t} \cdot \sigma_{c_s}}{q^{(t+s)}}$$

Wobei ρ_{ts} den Korrelationskoeffizienten zwischen dem Einzahlungsüberschuss c_t zum Zeitpunkt (t) und dem Einzahlungsüberschuss c_s zum Zeitpunkt (s) abbildet und σ_c die jeweils dazugehörige Standardabweichung darstellt.

Schwierigkeiten entstehen, wenn das Modell auf ein sehr großes (n) angewendet werden soll, da $\binom{n}{2} = \frac{n \cdot (n-1)}{2}$ Korrelationskoeffizienten bestimmt werden müssen.

Eine Vereinfachung bringt die Annahme, dass die Korrelationskoeffizienten nur von der zeitlichen Verzögerung der Einzahlungsüberschüsse abhängen. Das bedeutet, die Korrelationskoeffizienten ρ_{ts} und ρ_{s-t} sind identisch. Folglich ist der Korrelationskoeffizient $\rho_{t=2,s=5}$ genau so groß wie der von $\rho_{t=4,s=7}$, nämlich ρ_3.

Die Autokorrelationsfunktion gibt den Autokorrelationskoeffizienten in Abhängigkeit der zeitlichen Verzögerung an und kann z.B. aus den bisherigen Umsatzdaten oder Zeit-Preisreihen geschätzt werden.

Beispiel:

Für das Beispiel der Fahrschule aus Kapitel 2.4.1.1 liegt folgende Autokorrelationsfunktion vor:

Verzögerung in Jahren	1	2	3	4	5
Autokorrelationskoeffizient	0,90	0,75	0,60	0,45	0,25

Abbildung 10: Beispiel einer Autokorrelationsfunktion[83]

[82] Die mathematische Herleitung ist für den interessierten Leser in der Anlage 3 beigefügt.
[83] Quelle: Eigene Darstellung.

Berücksichtigt man die Korrelation, berechnet sich der Erwartungswert wie in Beispiel aus Kapitel 2.4.1.1 mit Formel (11):

$$E(C_0) = \underline{\underline{1.372{,}36€}}$$

Die Varianz dagegen berechnet sich mit Formel (14) wie folgt:

$$Var(C_0) = \sum_{t=1}^{n} \frac{Var(c_t)}{q^{2t}} + 2 \cdot \sum_{t=1}^{n-1} \sum_{s=t+1}^{n} \rho_{ts} \frac{\sigma_{c_t} \cdot \sigma_{c_s}}{q^{(t+s)}}$$

$$Var(C_0) = \frac{250.000}{q^2} + \frac{250.000}{q^4} + \frac{250.000}{q^6} + \frac{250.000}{q^8} + \frac{250.000}{q^{10}} +$$

$$2 \cdot \left(0{,}9 \cdot \frac{500 \cdot 500}{q^3} + 0{,}75 \cdot \frac{250.000}{q^4} + 0{,}6 \cdot \frac{250.000}{q^5} + 0{,}45 \cdot \frac{250.000}{q^6} + \right.$$

$$+ 0{,}9 \cdot \frac{250.000}{q^5} + 0{,}75 \cdot \frac{250.000}{q^6} + 0{,}6 \cdot \frac{250.000}{q^7} + 0{,}9 \cdot \frac{250.000}{q^7} +$$

$$\left. + 0{,}75 \cdot \frac{250.000}{q^8} + 0{,}9 \cdot \frac{250.000}{q^9} \right) = 731.496{,}08 + 2 \cdot 1.074.624{,}92 =$$

$$= \underline{\underline{1.806.121{,}00}}$$

Berücksichtigt man die Korrelation und geht weiterhin von einer Normalverteilung der Einzahlungsüberschüsse aus, ergibt sich aus der Berechnung mit Formel (13) eine deutlich höhere Verlustwahrscheinlichkeit als im Fall der unabhängigen Cashflows:

$$P(C_0 \prec 0) = 1 - \Phi \frac{E(C_0)}{\sigma_{C_0}}$$

$$P(C_0 \prec 0) = 1 - \Phi \frac{1.372{,}36}{1.343{,}92} = 1 - \Phi(1{,}02) = 1 - 0{,}8461 = 0{,}1539 \approx \underline{\underline{15{,}4\%}}$$

2.4.1.3 Vollständig korrelierte Einzahlungsüberschüsse

Weiß man aus Erfahrung oder nimmt man der Einfachheit halber an, dass die Einzahlungsüberschüsse der Zukunft sich vollständig aus den aktuellen bzw. den Daten der Vergangenheit erklären lassen, unterstellt man, dass der Korrelationskoeffizient zwischen allen Cashflows gleich ist. Wie im Falle der unabhängigen und der korrelierten Einzahlungsüberschüsse berechnet sich der Erwartungswert der Kapitalwertes auch bei Annahme vollständig korrelierter Cashflows mit Formel (11). Die Formel für die Varianz hingegen vereinfacht sich dadurch, dass für vollständige Korrelation $\rho_{ts} = 1$ gilt, wie folgt:[84]

(15) $$Var(C_0)=\left(\sum_{t=1}^{n}\frac{\sigma_{c_t}}{q^t}\right)^2$$

<u>Beispiel:</u>

Für das Beispiel der Fahrschule aus Kapitel 2.4.1.1 und Kapitel 2.4.1.2 bedeutet dies, dass sich die Varianz und damit die Verlustwahrscheinlichkeit durch die Annahme vollständiger Korrelation weiter erhöht. Das führt dazu, dass das Risiko evtl. überschätzt wird.

$$Var(C_0)=\left(\sum_{t=1}^{n}\frac{\sigma_{c_t}}{q^t}\right)^2$$

$$Var(C_0)=\left(\frac{500}{1{,}1^1}+\frac{500}{1{,}1^2}+\frac{500}{1{,}1^3}+\frac{500}{1{,}1^4}+\frac{500}{1{,}1^5}\right)^2=1.895{,}39^2=\underline{\underline{3.592.503{,}25}}$$

Die Verlustwahrscheinlichkeit ergibt sich wie gehabt:

$$P(C_0 \prec 0)=1-\Phi\frac{E(C_0)}{\sigma_{C_0}}$$

$$P(C_0 \prec 0)=1-\Phi\frac{1.372{,}36}{1.895{,}39}=1-\Phi(0{,}72)=1-0{,}7642=0{,}2358\approx\underline{\underline{23{,}6\%}}$$

---

[84] Die mathematische Herleitung ist für den interessierten Leser in der Anlage 4 beigefügt.

Gelegentlich ist es vorteilhaft, die Einzahlungsüberschüsse in ihre Komponenten aufzuspalten und für die einzelnen Teilsegmente (z.B. Preis, Menge, ...) einzelne Verteilungsgesetze zu bestimmen. Details hierzu würden den Rahmen dieser Arbeit sprengen, deshalb wird der Leser auf die Spezialliteratur verwiesen.[85]

2.4.2 Simulative Risikoanalyse

Ziel der simulativen Risikoanalyse ist es, aus den Wahrscheinlichkeitsverteilungen der als unsicher geltenden Inputgrößen eine Wahrscheinlichkeitsverteilung des Ergebnisses abzuleiten.[86] Dafür „wird das Modell in quasi-experimenteller Weise vielfach durchgerechnet, wobei bei jedem Rechengang ein bestimmter Zustand zufällig ausgewählt wird."[87]

Die unsicheren Inputgrößen werden durch Folgen von Zufallszahlen simuliert (Monte-Carlo-Simulation), welche die Eigenschaft besitzen, dass ihre Häufigkeitsverteilung der Dichtefunktion der dazugehörigen Inputgröße entspricht. [88] Jeder Zufallszahl ist ein bestimmter Wert der Inputgröße zugeordnet (z.B. Umsatz x_1, $x_2 ... x_n$). Aus den als sicher geltenden und den durch die Zufallszahlen bestimmten unsicheren Inputgrößen berechnet sich dann der Ergebniswert (z.B. Kapitalwert). Aus den häufigen Wiederholungen der Simulation ergibt sich die Ergebnisverteilung. Meist reichen einige hundert Simulationsdurchläufe aus, um eine ausreichend stabile Häufigkeitsverteilung des Ergebniswertes zu erlangen, welcher sich auch bei einer deutlich höheren Anzahl von Durchläufen kaum noch verändert.

Sind einzelne als unsicher geltende Inputgrößen voneinander stochastisch abhängig, ist dies durch die Einführung bedingter Wahrscheinlichkeitsverteilungen innerhalb eines Simulationsdurchlaufs zu berücksichtigen. Das bedeutet, man muss nach der

---

[85] Vgl. zur Stochastischen Unabhängigkeit bei Komponenten der Einzahlungsüberschüsse: Jöckel, Karl-Heinz / Pflaumer, Peter.: Stochastische Investitionsrechnung: Ein analytisches Verfahren zur Risikoanalyse, in: Zeitschrift für Operations Research (ZOR): 1981.

[86] Die simulative Risikoanalyse geht zurück auf Hess, Sidney W. / Quigley Harry A.: Analysis of risk in investments using Monte Carlo techniques, in: Chemical Engineering Progress Symposium Series, 1963, S. 55-63. Bekannt und weiterentwickelt wurde die simulative Risikoanalyse durch: Hertz, David B.: Risk Analysis in Capital Investment, in: Harvard Business Review, 1964, S. 95-106.

[87] Franke, Günter / Hax, Herbert: Finanzwirtschaft des Unternehmens und Kapitalmarkt, 2004, S. 264.

[88] Vgl. zu dieser und den folgenden Ausführungen: Blohm, Hans / Lüder, Klaus: Investition, 1995, S. 268.

zufälligen Bestimmung des ersten Parameters den zweiten Parameter mit der bedingten Wahrscheinlichkeit bestimmen, die unter der Vorausetzung des zufälligen Eintretens des ersten Parameters gilt.[89] Sind mehrere Inputgrößen von einem oder mehreren Parametern abhängig, sind für ihre Ermittlung die Reihenfolge der Abhängigkeiten und die bedingten Wahrscheinlichkeiten entsprechend zu berücksichtigen.[90]

In der nachfolgenden Abbildung ist die simulative Risikoanalyse grafisch dargestellt:

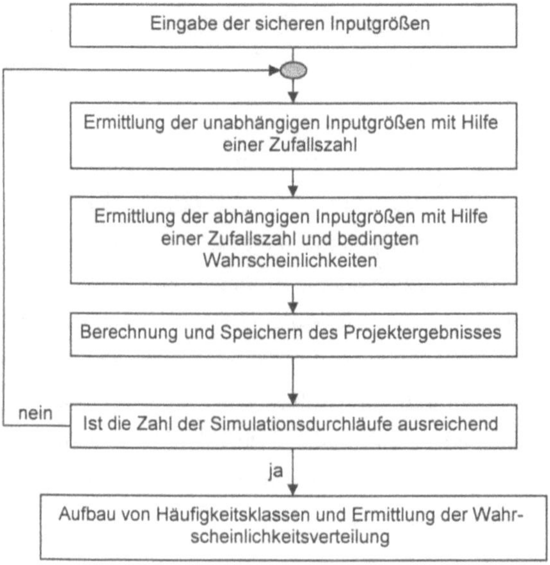

Abbildung 11: Ablaufplan der simulativen Risikoanalyse[91]

---

[89] Wird z.B. im ersten Jahr ein hoher Umsatz erreicht, ist im Folgejahr mit einer Umsatzschwankung von ± 10% zu rechen. Wird hingegen nur ein mittlerer Umsatz erreicht, kann es im Folgjahr zu Umsatzschwankungen von ± 30% kommen.

[90] Vgl. Franke, Günter / Hax, Herbert: Finanzwirtschaft des Unternehmens und Kapitalmarkt, 2004, S. 264.

[91] Quelle: In Anlehnung an Blohm, Hans / Lüder, Klaus: Investition, 1995, S. 269.

2.4.3 Zusammenfassung und Kritik der Risikoanalyse

Die Verfahren der Risikoanalyse orientieren sich am Grundmodell der Entscheidungstheorie. Sie erlauben „die Berücksichtigung einer sehr großen Anzahl von alternativen Zukunftslagen, ohne dass es notwendig wäre, alle relevanten Zukunftsentwicklungen im Rahmen entsprechend aufwändiger Ergebnismatrizen explizit aufzuschreiben."[92]

Die Gegner die Risikoanalyse komplett mit dem Hinweis ablehnen, eine direkte Übertragung der Entscheidungstheorie auf Investitionsentscheidungen sei problematisch, „weil die Handlungsfolgen bei Investitionsentscheidungen nicht nur unsicher sind, sondern sich auf mehrere zukünftige Perioden erstrecken. Die Entscheidungstheorie kann zwar die Unsicherheit erfassen, im Allgemeinen aber nicht zugleich die Mehrperiodigkeit."[93]

Im Gegensatz dazu argumentieren die Befürworter, aus den Ergebnissen der Risikoanalyse würden sich Informationen ableiten lassen, „die Entscheidungen auf der Basis klassischer Entscheidungsprinzipien oder des Bernoulliprinzips gestatten."[94] Auch wenn die Gegner der Risikoanalyse dieses Argument nicht gelten lassen, räumen sie jedoch ein, dass diese Verfahren zumindest dazu geeignet seien, „die Unsicherheit von Investitionsentscheidungen deutlich zu machen."[95]

Unter den einzelnen Verfahren der Risikoanalyse spricht wegen der großen Zahl von Variationsmöglichkeiten viel dafür, das simulative Verfahren den analytischen Verfahren vorzuziehen. Zwar ist es möglich, mit den analytischen Verfahren Erwartungswert und Standardabweichung zu berechnen, jedoch muss im Voraus mindestens der Typ der Ergebnisverteilung festgelegt werden. „Darüber hinaus erfordert die rechnerische Bewältigung des Problems der Ableitung der Ergebnisverteilung aus

---

92 Kruschwitz, Lutz: Investitionsrechnung, 2000, S. 295-296.
93 Vgl. Schmidt, Reinhard H. / Terberger, Eva: Grundzüge der Investitions- und Finanzierungstheorie, 1997, S. 302-305 und 309-310.
94 Kruschwitz, Lutz: Investitionsrechnung, 2000, S. 296.
95 Schmidt, Reinhard H. / Terberger, Eva: Grundzüge der Investitions- und Finanzierungstheorie, 1997, S. 310.

den Verteilungen der Inputgrößen ein Arbeiten mit vergleichsweise hoch aggregierten Inputgrößen."[96]

Im Gegensatz dazu erlauben es die simulativen Verfahren, mit vergleichsweise geringem Aufwand unterschiedliche Verteilungstypen und stochastische Abhängigkeiten zu berücksichtigen. Der rasante Fortschritt in Hardware und anwenderfreundlicher Software ermöglicht es mittlerweile, mit jedem neueren Computer Simulationen zu berechnen, die noch vor 20 Jahren kaum von Großrechenanlagen zu bewältigen gewesen wären. Trotzdem sollte man nicht vergessen, dass die Ergebnisgenauigkeit ausschließlich von der Menge der berücksichtigten Parameter, der Realitätsnähe der ihnen zugewiesenen Verteilungstypen und der Berücksichtigung von Abhängigkeiten zwischen den als unsicher geltenden Einflussgrößen bestimmt wird. Der Fokus sollte daher auf der Datengewinnung und der Datenerfassung liegen.

Zusammenfassend äußern sich Perridon und Steiner treffend: „Dem Aufwand der simulativen Risikoanalyse steht die Möglichkeit gegenüber, komplexe und wirklichkeitsnahe betriebswirtschaftliche Experimente durchzuführen und damit eine Vorstellung über die Risiken und Chancen von Investitionsprojekten zu gewinnen."[97]

---

[96] Blohm, Hans / Lüder, Klaus: Investition, 1995, S. 279.
[97] Perridon, Louis / Steiner, Manfred: Finanzwirtschaft der Unternehmung, 1997, S. 122.

3 Grundlagen der Unternehmensbewertung

„Der Wert eines Unternehmens ergibt sich aus den Beiträgen, die das Unternehmen zur Zielrealisierung seiner Eigentümer verspricht."[98] Aber es „gibt nicht den schlechthin richtigen Unternehmenswert: Da Unternehmenswertermittlungen sehr unterschiedlichen Zwecken dienen können, ist der richtige Unternehmenswert der jeweils zweckadäquate."[99] Unterstellt man, dass die Eigentümer finanzielle Ziele verfolgen, ist also der Zweck der Wertermittlung die Gewinnmaximierung der Investoren, kann zwischen Gesamtbewertungsverfahren und Einzelbewertungsverfahren unterschieden werden.[100]

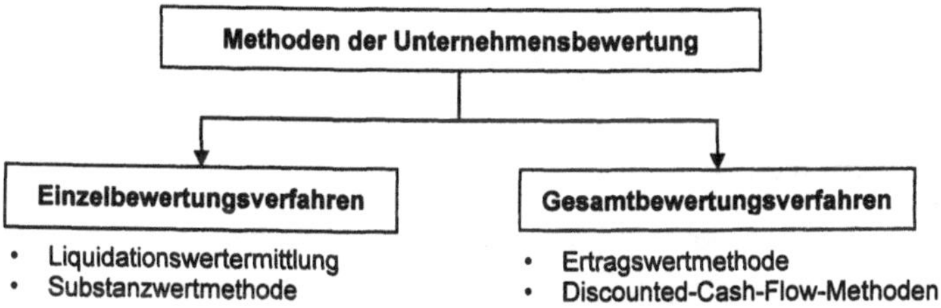

Abbildung 12: Methoden der Unternehmensbewertung zur Berücksichtigung finanzieller Ziele[101]

„Bei den Einzelbewertungsverfahren ergibt sich der Unternehmenswert als Summe der Werte der einzelnen Vermögensgegenstände abzüglich der Schulden des Unternehmens. Ausgangspunkt der Bewertung sind Inventar oder Bilanz."[102]

Seit Anfang der siebziger Jahre hat sich diese Sichtweise verändert: Heute versteht man den Wert eines Unternehmens als Summe der Barwerte seiner Investitionen. Die Wertermittlung erfolgt durch eine auf die Zukunft gerichtete Sichtweise.[103] Des-

---

98 Ballwieser, Wolfgang: Methoden der Unternehmensbewertung, in: Gebhardt, Günther / Gerke, Wolfgang / Steiner, Manfred: Handbuch des Finanzmanagements, 1993, S. 151-176, hier S. 152.

99 Moxter, Adolf: Grundsätze ordnungsmäßiger Unternehmensbewertung, 1991, S. 6.

100 Vgl. Ballwieser, Wolfgang: Methoden der Unternehmensbewertung, in: Gebhardt, Günther / Gerke, Wolfgang / Steiner, Manfred: Handbuch des Finanzmanagements, 1993, S. 151-176, hier S. 152.

101 Quelle: Eigene Darstellung.

102 Ballwieser, Wolfgang: Methoden der Unternehmensbewertung, in: Gebhardt, Günther / Gerke, Wolfgang / Steiner, Manfred: Handbuch des Finanzmanagements, 1993, S. 151-176, hier S. 153.

103 Eine anschauliche Übersicht zu den zeitlichen Phasen und zur Entwicklung der einzelnen Sichtweisen der Unternehmenswertermittlung findet sich bei: Drukarczyk, Jochen: Unternehmensbewertung, 2003, S. 130.

halb wird im Rahmen dieser Arbeit nur auf die Gesamtbewertungsverfahren eingegangen.

3.1 Modelle der Unternehmensbewertung

Grundlage der Gesamtbewertungsverfahren ist die Kapitalwertmethode als dynamisches Verfahren der Investitionsrechnung.[104] In Kapitel 2 wurde gezeigt, wie Investitionsprojekte bei „sicherer" und „unsicherer" Erwartung bzgl. der Eintrittswahrscheinlichkeit der zukünftigen Ein- bzw. Auszahlungen bewertet werden und welchen erwarteten Zielbeitrag sie für den Investor erbringen. Die Summe der „diskontierten Zielbeiträge ergeben den Unternehmenswert. Je nach Art der Diskontierung wird der Ertragswert oder der Discounted Cash Flow ermittelt."[105]

3.1.1 Die Ertragswertmethode

Der Ertragswert ist der Bruttokapitalwert (Kapitalwert vor Abzug der Investitionsausgaben) des Investitionsprojekts.[106] Auch ein Unternehmen als Ganzes und die damit verbundenen Zahlungsströme können als Investitionsprojekt verstanden werden. Der Ertrag stellt die am Bewertungsstichtag für die Zukunft erwarteten Nettoentnahmen aus dem Unternehmen zuzüglich eines evtl. später anfallenden Veräußerungserlöses an die Investoren da. Die Diskontierung der Nettoentnahmen statt der erwarteten Gewinne vermeidet Fehler, da Gewinne meist zeitlich verschoben zahlungswirksam werden. Auch eine Doppelzählung von reinvestierten Gewinnen wird durch die Betrachtung der tatsächlichen Ausschüttungen an die Eigentümer vermieden.[107]

Für die Diskontierung der erwarteten zukünftigen Nettoentnahmen bieten sich zwei alternative Lösungswege an.[108] Entweder werden die geschätzten Ertragsbandbreiten zu Sicherheitsäquivalenten zusammengefasst und anschließend mit einem (quasi-)sicheren Zinsfuß abgezinst oder es wird für die abzuzinsenden Zahlungsreihen

---

[104] Vgl. Busse, Franz: Grundlagen der betrieblichen Finanzwirtschaft, 2003, S. 193.
[105] Ballwieser, Wolfgang: Methoden der Unternehmensbewertung, in: Gebhardt, Günther / Gerke, Wolfgang / Steiner, Manfred: Handbuch des Finanzmanagements, 1993, S. 151-176, hier S. 153.
[106] Vgl. Ballwieser, Wolfgang: Methoden der Unternehmensbewertung, in: Gebhardt, Günther / Gerke, Wolfgang / Steiner, Manfred: Handbuch des Finanzmanagements, 1993, S. 151-176, hier S. 153.
[107] Vgl. Moxter, Adolf: Grundsätze ordnungsmäßiger Unternehmensbewertung, 1991, S. 79.
[108] Vgl. zu dieser und den folgenden Ausführungen: Ballwieser, Wolfgang: Methoden der Unternehmensbewertung, in: Gebhardt, Günther / Gerke, Wolfgang / Steiner, Manfred: Handbuch des Finanzmanagements, 1993, S. 151-176, hier S. 155-157.

eine Wahrscheinlichkeitsverteilung erzeugt, mit deren Hilfe der Barwert und die dazugehörige Varianz bestimmt werden.[109]

Für den ersten Weg gilt: „Das Sicherheitsäquivalent ($SÄ_t$)[110] einer Wahrscheinlichkeitsverteilung ist der sichere Betrag, der dieser Verteilung gleichgeschätzt wird. Für risikoscheue Bewerter ist es kleiner als der Erwartungswert (μ_t),[111] aber höchstens so klein wie die Mindestentnahme (M_t)[112] der Wahrscheinlichkeitsverteilung:"[113]

(16) $M_t \leq SÄ_t \prec \mu_t$

Der Ertragswert ergibt sich bei diesem Verfahren nach der Formel:

(17) $$EW = \sum_{t=1}^{n} \frac{SÄ_t}{(1+i)^t}$$

Wobei gilt: $SÄ_t$ = Sicherheitsäquivalent der Ausschüttungsverteilung (inklusive eines evtl. anfallenden Veräußerungserlöses) zum Zeitpunkt (t) und (i) entspricht dem (quasi-) sicheren landesüblichen Zinsfuß.

Beispiel:

Für ein Unternehmen liegen für die nächsten sieben Jahre folgende Ertragsbandbreitenschätzungen und dazugehörige sicherheitsäquivalente Ausschüttungen vor:[114]

Jahr	Erträge in TEUR	Sicherheitsäquvalente Ausschüttungen
1	50 - 60	53,75
2	45 - 65	52,50
3	40 - 70	51,25
4	35 - 75	50,00
5	30 - 80	48,75
6	30 - 80	47,50
7	100 - 140	126,25

Abbildung 13: **Beispiel für die Ertragswertberechnung**[115]

---

[109] Vgl. hierzu Kapitel 2.4.
[110] Klammer und Text $SÄ_t$ nicht im Original.
[111] Klammer um μ_t nicht im Original.
[112] Klammer um M_t nicht im Original.
[113] Ballwieser, Wolfgang: Methoden der Unternehmensbewertung, in: Gebhardt, Günther / Gerke, Wolfgang / Steiner, Manfred: Handbuch des Finanzmanagements, 1993, S. 151-176, hier S. 155-156.
[114] Der Wert im siebten Jahr ist inklusive des erwarteten Veräußerungserlöses.

Der Einfachheit halber wurde eine lineare Risikonutzenfunktion für die Berechnung der sicherheitsäquivalenten Ausschüttungen in Form von y = -1,25x + 55 und ein Veräußerungserlös von 80 TEUR unterstellt.

Liegt der (quasi-) sichere Zinsfuß bei i = 10%, ergibt sich aus den Zahlen der Angabe in Verbindung mit Formel (17) der Ertragswert (in TEUR) wie folgt:

$$EW = \sum_{t=1}^{n} \frac{SÄ_t}{(1+i)^t}$$

$$EW = \frac{53{,}75}{q^1} + \frac{52{,}50}{q^2} + \frac{51{,}25}{q^3} + \frac{50{,}00}{q^4} + \frac{48{,}75}{q^5} + \frac{47{,}50}{q^6} + \frac{126{,}25}{q^7} \approx \underline{\underline{286{,}78}}$$

Die Berechnung des Ertragswertes und die damit verbundene Wertermittlung des Eigenkapitals erfolgt, wie gezeigt, nach dem Prinzip des Nettoansatzes (equity approach), d.h. es werden nur Zahlungsüberschüsse berücksichtigt, die direkt auf das Eigenkapital entfallen und den Eigenkapitalgebern zufließen.[116]

3.1.2 Das Discounted-Cash-Flow-Gesamtwertmodell

Im Gegensatz zum Ertragswertverfahren erfolgt die Wertermittlung bei den Discounted-Cash-Flow-Methoden (DCF-Methoden) nach dem so genannten Bruttoansatz (entity approach) in drei Schritten. In einem ersten Schritt werden die freien Cash-flows kapitalisiert.[117] „Der Barwert dieser freien Cash-flows stellt den Wert des Gesamtkapitals dar. In einem zweiten Schritt wird der Barwert der an die Fremdkapitalgeber fließenden Cash-flows gebildet. Dieser Marktwert des Fremdkapitals wird vom Wert des Gesamtkapitals abgezogen, so daß sich als Restgröße der Wert des Eigenkapitals ergibt."[118] In Abbildung 14 sind die drei Schritte zur Marktwertermittlung des Eigenkapitals zur Veranschaulichung graphisch dargestellt.

---

115 Quelle: Eigene Darstellung.
116 Vgl. Busse, Franz: Grundlagen der betrieblichen Finanzwirtschaft, 2003, S. 193.
117 Vgl. Jonas, Martin: Unternehmensbewertung: Zur Anwendung der Discounted-Cash-Flow-Methode in Deutschland, in: Betriebswirtschaftliche Forschung und Praxis (BFuP): 1995, Band 47, S. 83-98, hier S. 85.
118 Jonas, Martin: Unternehmensbewertung: Zur Anwendung der Discounted-Cash-Flow-Methode in Deutschland, in: Betriebswirtschaftliche Forschung und Praxis (BFuP): 1995, Band 47, S. 83-98, hier S. 85.

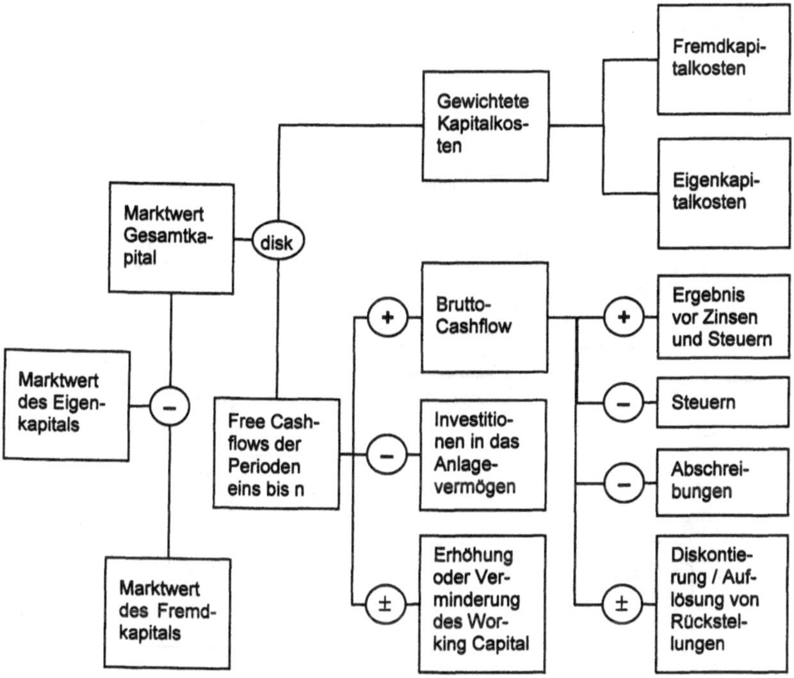

Abbildung 14: Discounted-Cashflow-Analysis[119]

„Der freie Cashflow ist deshalb die korrekte Bezugsgröße, weil er den Cashflow widerspiegelt, der sowohl zur Bedienung des Fremdkapitals als auch für die Eigenkapitalgeber zur Verfügung steht.“[120] Der angewandte Diskontierungssatz spiegelt die Opportunitätskosten der verschiedenen Kapitalgeber wider, „die mit ihrem jeweiligen Anteil am investierten Kapital des Unternehmens gewichtet werden. So erhält man den gewichteten Kapitalkostensatz (Weighted Average Cost of Capital, WACC). Die Opportunitätskosten eines Anlegers entsprechen der Rendite, die er bei alternativen Investitionen mit ähnlichem Risiko erwarten könnte. Die Kosten des Unternehmens entsprechen denen der Anleger abzüglich sämtlicher Steuervergünstigungen für das

---

[119] Quelle: In Anlehnung an Busse, Franz: Grundlagen der betrieblichen Finanzwirtschaft, 2003, S. 194 und Brösig, Clemens: Unternehmenswert und Unternehmensbewertung, in: Zeitschrift für betriebswirtschaftliche Forschung (ZfbF): 1993, Band 45, S. 79-91, hier S. 85.

[120] Copeland, Tom / Koller, Tim / Murrin, Jack: Unternehmenswert, 2002, S. 174.

Unternehmen (zum Beispiel aufgrund der Abzugsfähigkeit von Zinsaufwendungen)."[121]

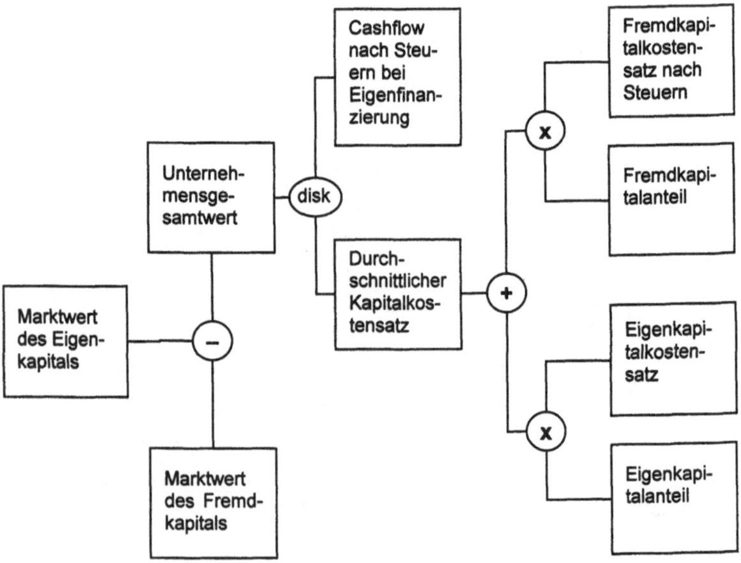

Abbildung 15: Bewertung gemäß WACC-Ansatz[122]

Formal lässt sich der WACC darstellen als Fremdkapitalzinssatz (i) mal eins minus dem Steuersatz des Unternehmens (s_u) multipliziert mit dem Fremdkapitalanteil am Gesamtkapital plus dem Produkt aus Eigenkapitalkostensatz (k_s) mal Eigenkapitalanteilquote.[123]

(18) $$WACC = i \cdot (1 - s_u) \cdot \frac{F}{V} + k_s \cdot \frac{E}{V}$$

[121] Copeland, Tom / Koller, Tim / Murrin, Jack: Unternehmenswert, 2002, S. 174.
[122] Quelle: In Anlehnung an Drukarczyk, Jochen: Unternehmensbewertung, 2003, S. 202.
[123] Eigen- bzw. Fremdkapitalquote ergeben sich wie in Formel (18) ersichtlich aus dem Quotienten von Eigen- bzw. Fremdkapital mit dem Unternehmensgesamtwert (V).

Beispiel:

Für ein Unternehmen liegen folgende Finanzkennzahlen (Angaben in Prozent) vor:

Kapitalquelle	Anteil am Gesamtkapital	Opportunitätskosten	Steuersatz	Kosten nach Steuern	Anteil am gewichteten Mittelwert
Fremdkapital	60	6,9	42,0	4,0	2,4
Eigenkapital	40	8,7		8,7	3,5
Gewichteter Kapitalkostensatz (WACC)					**5,9**

Abbildung 16: Beispiel für die WACC-Berechnung[124]

Der WACC berechnet sich nach Formel (18) wie folgt:

$$WACC = i \cdot (1 - s_u) \cdot \frac{F}{V} + k_s \cdot \frac{E}{V}$$

$$WACC = 0{,}069 \cdot (1 - 0{,}42) \cdot 0{,}6 + 0{,}087 \cdot 0{,}4 = 0{,}0588 \approx \underline{\underline{5{,}9\%}}$$

Wie in Abbildung 14 gezeigt, ergibt sich der Unternehmensgesamtwert aus den mit dem WACC abgezinsten freien Cashflows der Perioden eins bis n. Da ein Unternehmen jedoch theoretisch ewig existiert und eine Prognose der Cashflows in fernerer Zukunft fast unmöglich ist, schlagen Copeland, Koller und Murrin zwei Möglichkeiten vor, dieses Problem zu vereinfachen.[125] Entweder man schätzt die Cashflows für die ersten hundert Jahre und vernachlässigt wegen ihres geringen Einflusses alle weiteren Jahre,[126] oder man setzt den Wert des Unternehmens inkl. Fremdkapital (V_F) aus den diskontierten freien Cashflows (FCF) einer Detailprognose zuzüglich eines Fortführungswertes zusammen.

(19) $$V_F = \sum_{t=1}^{n} \frac{FCF_t}{(1+i)^t} + Fortführungswert$$

---

[124] Quelle: In Anlehnung an Copeland, Tom / Koller, Tim / Murrin, Jack: Unternehmenswert, 2002, S. 175.

[125] Vgl. zu dieser und den folgenden Aussagen: Copeland, Tom / Koller, Tim / Murrin, Jack: Unternehmenswert, 2002, S. 176.

[126] Der Barwert einer in 100 Jahren fälligen Zahlung über eine Mio. Euro beträgt bei einem Kalkulationszinsfuß von 8% ungefähr 455 Euro.

Dabei sollte der Zeitraum der Detailprognose „soweit reichen, wie die Auswirkungen heute vorgenommener oder geplanter Investitionen absehbar sind."[127] „Um den Fortführungswert zu berechnen, können Formeln verwendet werden, die von diskontierten Cashflows abgeleitet sind und vereinfachte Annahmen enthalten."[128] So wird z.B. beim Perpetuity Value der Cashflow der letzten Planungsperiode als gleich bleibend für die Zukunft angenommen und verrentet.[129] Ein anderer Ansatz (Exit Value) unterstellt hypothetisch eine Veräußerung des Unternehmens am Ende des Planungshorizontes zu einem Exit Value, der sich aus dem abgezinsten Produkt von Earnings und P/E-Ratio[130] ermittelt.

Copeland, Koller und Murrin schlagen vor, den Fortführungswert wie folgt zu berechnen:[131]

$$(20) \quad \textit{Fortführungswert} = \frac{NOPLAT_{t+1} \cdot \left(1 - \frac{g}{ROIC_I}\right)}{WACC - g}$$

$NOPLAT_{t+1}$ entspricht hierbei dem Durchschnittsansatz des operativen Ergebnisses nach Steuern (Net Operating Profits Less Adjusted Taxes) für das erste Jahr nach der Detailprognose; g ist das erwartete ewige Wachstum des NOTPLAT und der $ROIC_I$ (Return on Invested Capital) ist die zusätzliche Rendite auf das neu investierte Kapital.[132]

<u>Beispiel:</u>

Ein Unternehmen rechnet mit einem operativen Ergebnis nach Steuern (NOPLAT) von 700.000 Euro für das erste Jahr nach dem Zeitraum der Detailprognose. Die zusätzliche Rendite auf das neu investierte Kapital ($ROIC_I$) wird mit 18% und das erwartete ewige Wachstum des NOTPLAT (g) wird mit 3% angenommen. Bei einem

---

[127] Brösig, Clemens: Unternehmenswert und Unternehmensbewertung, in: Zeitschrift für betriebswirtschaftliche Forschung (ZfbF): 1993, Band 45, S. 79-91, hier S. 86.

[128] Copeland, Tom / Koller, Tim / Murrin, Jack: Unternehmenswert, 2002, S. 176.

[129] Vgl. zu dieser und zur folgenden Aussage: Brösig, Clemens: Unternehmenswert und Unternehmensbewertung, in: Zeitschrift für betriebswirtschaftliche Forschung (ZfbF): 1993, Band 45, S. 79-91, hier S. 86-87.

[130] P/E-Ratio steht als Abkürzung für Price/Earnings-Ratio = Preis/Gewinn-Verhältnis und zeigt an, das wievielfache man für jeden Euro Gewinn der Firma als Aktienpreis zahlt.

[131] Vgl. Copeland, Tom / Koller, Tim / Murrin, Jack: Unternehmenswert, 2002, S. 176.

[132] Vgl. Copeland, Tom / Koller, Tim / Murrin, Jack: Unternehmenswert, 2002, S. 176.

unterstellten konstanten Verschuldungsgrad liegt der gewichtete Kapitalkostensatz des Unternehmens (WACC) bei 5,9%.

Damit berechnet sich der Fortführungswert nach Formel (20) wie folgt:

$$Fortführungswert = \frac{NOPLAT_{t+1} \cdot \left(1 - \frac{g}{ROIC_I}\right)}{WACC - g}$$

$$Fortführungswert = \frac{700.000€ \cdot \left(1 - \frac{0,03}{0,18}\right)}{0,059 - 0,03} = \frac{583.333€}{0,029} \approx \underline{\underline{20.115.000€}}$$

Der Wert des Eigenkapitals berechnet sich, wie in Abbildung 14 dargestellt, aus der Differenz zwischen Unternehmensgesamtwert und dem Marktwert des Fremdkapitals. Der Marktwert des Fremdkapitals entspricht der Summe der abgezinsten Cashflows an die Fremdkapitalgeber.[133] Als Näherung ist es ausreichend, das zum Bewertungszeitpunkt geschuldete Fremdkapital mit einem Diskontierungssatz, welcher den aktuellen Marktzins von Anlagen mit vergleichbaren Bedingungen und ähnlichem Risiko widerspiegelt, zu bewerten. „Künftige Kredite können mit einem Barwert von null angesetzt werden, weil der Barwert der Einzahlungen aus diesen Krediten genau dem Wert der mit den Opportunitätskosten des Fremdkapitals diskontierten künftigen Einzahlungen entspricht."[134]

3.1.3 Das Adjusted-Present-Value-Modell

"Das APV-Modell (APV = Adjusted Present Value, Verfahren des adjustierten Barwertes) ähnelt dem DCF-Gesamtwertansatz."[135] Der Unterschied liegt in der Berücksichtigung des Steuervorteils aus Fremdfinanzierung. Während sich beim DCF-Gesamtwertmodell der Steuervorteil, welcher sich durch die Abzugsfähigkeit der Fremdkapitalzinsen vom Unternehmensgewinn ergibt, im WACC niederschlägt,[136]

---

[133] Vgl. zu dieser und den folgenden Aussagen: Copeland, Tom / Koller, Tim / Murrin, Jack: Unternehmenswert, 2002, S. 177.
[134] Copeland, Tom / Koller, Tim / Murrin, Jack: Unternehmenswert, 2002, S. 177.
[135] Copeland, Tom / Koller, Tim / Murrin, Jack: Unternehmenswert, 2002, S. 188.
[136] Für die Berechnung des WACC siehe Formel (18).

wird der Steuervorteil beim APV-Modell erst später im Bewertungsverfahren berücksichtigt. Beim APV-Modell wird der Unternehmenswert in zwei Schritten ermittelt. Zuerst wird der Unternehmenswert bei reiner Eigenfinanzierung errechnet und in einem zweiten Schritt wird der Wert, der aus den Steuervorteilen der Fremdfinanzierung resultiert, bestimmt. Die Summe aus dem Unternehmenswert bei Eigenfinanzierung und dem Wert der Steuervorteile ergibt den Unternehmensgesamtwert.[137] Durch die Aufteilung des Unternehmenswertes in zwei Elemente, den Wert der Unternehmung bei angenommener Eigenfinanzierung und den Wert des aus der Fremdfinanzierung resultierenden Steuervorteils, berücksichtigt der APV-Ansatz die Thesen von Modigliani und Miller,[138] welche besagen, dass der Unternehmenswert in einer Welt ohne Steuern unabhängig von der Kapitalstruktur ist.[139]

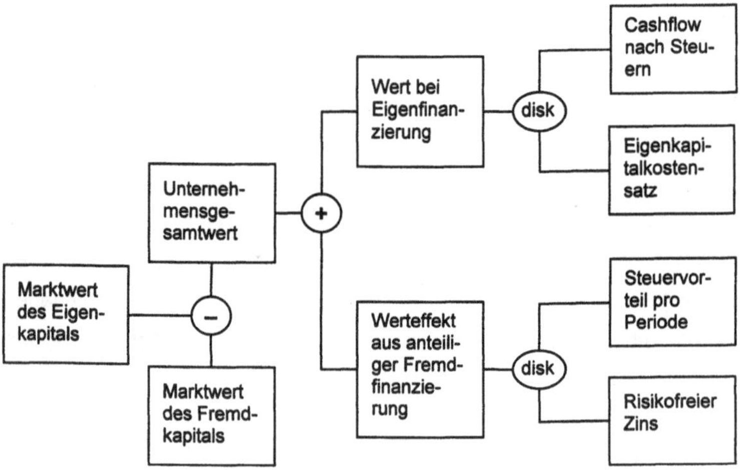

Abbildung 17: Bewertung gemäß APV-Ansatz[140]

Diese Form der Bewertung unterstellt eine autonome Finanzierungspolitik. Dies bedeutet, dass das Fremdkapitalvolumen unabhängig vom Unternehmenswert in der Zukunft geplant werden kann und dass Zinszahlungen generell anfallen und steuerlich abzugsfähig sind.[141] Auf die Frage, mit welchem Zinssatz die zukünftigen Steu-

[137] Vgl. Copeland, Tom / Koller, Tim / Murrin, Jack: Unternehmenswert, 2002, S. 188-189.
[138] Ausführlich dazu siehe Kapitel 3.2.
[139] Vgl. Copeland, Tom / Koller, Tim / Murrin, Jack: Unternehmenswert, 2002, S. 188.
[140] Quelle: In Anlehnung an Drukarczyk, Jochen: Unternehmensbewertung, 2003, S. 201.
[141] Vgl. Drukarczyk, Jochen: Unternehmensbewertung, 2003, S. 201.

ervorteile abgezinst werden sollen, gibt es in der Literatur keine einhellige Antwort. Drukarczyk diskontiert die Steuervorteile aus Vereinfachungsgründen mit dem risikofreien Marktzins,[142] während die meisten Autoren es von der Planbarkeit der Kapitalstruktur abhängig machen, welcher Diskontierungszins verwendet werden soll.[143]

„Verfolgt ein Unternehmen eine Kapitalstruktur mit fixen Fremd- und Eigenkapitalanteilen, tendieren der ausstehende Fremdkapitalbetrag und somit auch die Zinszahlungen und die damit verbundenen Steuereinsparungen mit der Zeit dazu, proportional zum Unternehmenswert zu sein."[144] Für diesen Fall schlagen Loderer, Jörg, Pichler und Zgraggen vor,[145] die Steuervorteile mit den gewichteten Kapitalkosten des Unternehmens zu diskontieren.[146] Kann das Unternehmen den Grad seiner Fremdkapitalfinanzierung (mit Sicherheit) vorhersehen, stehen die Höhe der Zinszahlungen und die damit verbundenen Steuereinsparungen bereits heute fest. Damit fallen die Steuervorteile in die gleiche Risikoklasse wie das Fremdkapital des Unternehmens und sind deshalb mit dem Fremdkapitalkostensatz abzuzinsen.[147]

3.1.4 Das Economic-Profit-Modell

Der Economic Profit ist inhaltlich identisch mit dem von der amerikanischen Unternehmensberatung Stern Stewart geprägten Begriff Economic Value Added (EVA).[148] „Bei diesem Modell entspricht der Wert eines Unternehmens dem investierten Kapital

---

[142] Siehe Abbildung 17.

[143] Siehe dazu: Loderer, Claudio / Jörg, Petra / Pichler, Karl / Zgraggen, Pius: Handbuch der Bewertung, 2000, S. 642-646; Ballwieser, Wolfgang / Coenenberg, Adolf G. / Schultze, Wolfgang: Unternehmensbewertung, erfolgsorientierte, in: Ballwieser, Wolfgang / Coenenberg, Adolf G. / von Wysocki, Klaus: Handwörterbuch der Rechnungslegung und Prüfung, 2002, S. 2412-2432 und ausführlich mit Beispiel Copeland, Tom / Koller, Tim / Murrin, Jack: Unternehmenswert, 2002, S. 188-192 und S. 553-559.

[144] Loderer, Claudio / Jörg, Petra / Pichler, Karl / Zgraggen, Pius: Handbuch der Bewertung, 2000, S. 645.

[145] Vgl. Loderer, Claudio / Jörg, Petra / Pichler, Karl / Zgraggen, Pius: Handbuch der Bewertung, 2000, S. 645.

[146] Im Gegensatz zu Wallmeier, Martin: Kapitalkosten und Finanzierungsprämissen, in: Zeitschrift für Betriebswirtschaft (ZfB): 1999, Band 69, S. 1473-1490, hier S.1479 und Copeland, Tom / Koller, Tim / Murrin, Jack: Unternehmenswert, 2002, S. 559 die eine Diskontierung mit den Eigenkapitalkosten vorschlagen wobei Copeland, Koller und Murrin die Frage letztlich nicht beantworten und dem Leser die für seine Situation passende Entscheidung überlassen.

[147] Vgl. Loderer, Claudio / Jörg, Petra / Pichler, Karl / Zgraggen, Pius: Handbuch der Bewertung, 2000, S. 645-646; ähnlich: Copeland, Tom / Koller, Tim / Murrin, Jack: Unternehmenswert, 2002, S. 559 und Ballwieser, Wolfgang / Coenenberg, Adolf G. / Schultze, Wolfgang: Unternehmensbewertung, erfolgsorientierte, in: Ballwieser, Wolfgang / Coenenberg, Adolf G. / von Wysocki, Klaus: Handwörterbuch der Rechnungslegung und Prüfung, 2002, S. 2412-2432, hier S. 2426.

[148] Vgl. Copeland, Tom / Koller, Tim / Murrin, Jack: Unternehmenswert, 2002, S. 564.

zuzüglich des Barwertes der zukünftigen jährlichen Beiträge zur Wertsteigerung."[149] Die Bewertung hängt also stark von der Zukunft des Unternehmens ab, oder anders ausgedrückt: „Der EVA misst das, was Ökonomen als den wirtschaftlichen Erfolg eines Unternehmens bezeichnen würden."[150] Dies bedeutet, „dass EVA der Gewinn ist, der übrig bleibt, nachdem die Kosten für das Kapital abgezogen wurden, welches investiert wurde, um diesen Gewinn zu erzeugen."[151]

Den kapitalisierten Wert des EVA[152] bezeichnet man als Market Value Added (MVA). Er gibt an, wie viel zusätzlicher Wert durch das Unternehmen geschaffen oder vernichtet wurde.[153] Damit ist EVA mehr als ein Modell zur Unternehmensbewertung. Es ist ein Konzept zur kontinuierlichen Messung der Performance von Managern und ein Kontrollinstrument für die Shareholder, ob das Unternehmen im Sinne der langfristigen Wertsteigerung geführt wird und ob es dementsprechend handelt.

Formal lässt sich EVA darstellen als operatives Ergebnis nach Steuern (Net operating Profit after Taxes = NOPAT) abzüglich der Kapitalkostenbelastung, welche sich aus dem Produkt von investiertem Kapital und WACC ergibt.

$$EVA = NOPAT - (investiertes\ Kapital \cdot WACC) \tag{21}$$

<u>Beispiel:</u>

Ein Unternehmen erwirtschaftet ein operatives Ergebnis nach Steuern (NOPLAT) von 700.000 Euro bei einem investierten Kapital (eingebrachtes Eigenkapital plus Fremdkapital) von 10.000.000 Euro. Der Kapitalkostensatz des Unternehmens (WACC) liegt bei 5,9%.

---

149 Vgl. Copeland, Tom / Koller, Tim / Murrin, Jack: Unternehmenswert, 2002, S. 184.

150 Loderer, Claudio / Jörg, Petra / Pichler, Karl / Zgraggen, Pius: Handbuch der Bewertung, 2000, S. 683.

151 Stern, Joel M. / Shiely, John S. / Ross, Irwin - aus dem Amerikanischen übersetzt von: Bertheau, Nikolas: Wertorientierte Unternehmensführung mit Economic Value Added, 2002, S. 35.

152 Nachfolgend wird auf die Bezeichnung Economic Profit verzichtet und wegen seiner weiten Verbreitung der Begriff EVA verwendet. Das EVA-Konzept wurde u. a. von Coca-Cola, Siemens und U.S. Postal Service übernommen.

153 Vgl. zu dieser und den folgenden Aussagen Stern, Joel M. / Shiely, John S. / Ross, Irwin - aus dem Amerikanischen übersetzt von: Bertheau, Nikolas: Wertorientierte Unternehmensführung mit Economic Value Added, 2002, S. 36-37.

Damit berechnet sich der EVA nach Formel (21) wie folgt:

$$EVA = NOPAT - (investiertes\ Kapital \cdot WACC)$$

$$EVA = 700.000€ - (10.000.000€ \cdot 0{,}059) = \underline{\underline{110.000€}}$$

Der MVA berechnet sich aus der Summe der diskontierten Werte des zukünftigen EVA des Unternehmens.[154]

$$(22) \quad MVA = \sum_{t=1}^{n} \frac{EVA_t}{\left(1 + \frac{WACC}{100}\right)^t}$$

Unterstellt man, dass ein Unternehmen jedes Jahr das gleiche EVA-Ergebnis erzielt, berechnet sich der MVA anhand der Formel für die ewige Rente.[155]

$$(23) \quad MVA = \frac{EVA}{\frac{WACC}{100}}$$

<u>Beispiel:</u>

Ausgehend von den Zahlen und Ergebnissen des vorherigen Beispiels und eines jährlich gleich bleibenden EVA-Ergebnisses berechnet sich der MVA nach Formel (23) wie folgt:

$$MVA = \frac{EVA}{\frac{WACC}{100}} \qquad MVA = \frac{110.000€}{0{,}059} \approx \underline{\underline{1.864.000€}}$$

Somit ergibt sich aus der Addition von investierten Kapital und dem MVA der Unternehmenswert (V).[156]

$$(24) \quad V = investiertes\ Kapital + MVA$$

<u>Beispiel:</u>

Für das Unternehmen aus den letzten beiden Beispielen ergibt sich somit der Unternehmenswert nach Formel (24).

---

[154] Vgl. Loderer, Claudio / Jörg, Petra / Pichler, Karl / Zgraggen, Pius: Handbuch der Bewertung, 2000, S. 685.

[155] Vgl. Copeland, Tom / Koller, Tim / Murrin, Jack: Unternehmenswert, 2002, S. 186.

[156] Vgl. Loderer, Claudio / Jörg, Petra / Pichler, Karl / Zgraggen, Pius: Handbuch der Bewertung, 2000, S. 685.

$V = investiertes\ Kapital + MVA$

$V = 10.000.000€ + 1.864.000€ = \underline{\underline{11.864.000€}}$

Der Unternehmenswert wurde im vorangegangenen Beispiel auf Basis des NOPAT berechnet. Dabei bedeutet das „Net" nicht so viel wie „nach Steuern" sondern bezieht sich auf „netto".[157] Damit sind Anpassungen gemeint, die der Berichtigung der von Stern Stewart so genannten buchhalterischen Anomalien dienen. Es sollen Maßnahmen des Managements, aber auch der Mitarbeiter verhindert werden, welche zwar kurzfristig positive, langfristig aber negative Auswirkungen auf die Wertsteigerung des Unternehmens haben. Drei der am weitest verbreiteten Anpassungen sind die Kapitalisierung und Abschreibung von Ausgaben für Forschung und Entwicklung, Werbung und Verkaufsförderung sowie Aus- und Weiterbildung über den erwarteten Nutzungszeitraum, anstatt sie im Entstehungsjahr voll als Aufwand zu verbuchen. Stern Stewart hat über 120 solcher Punkte identifiziert, „aber bei den meisten Unternehmen sind nicht mehr als ein Dutzend Anpassungen erforderlich, um einen realistischen NOPAT-Wert zu erhalten."[158]

3.2 Die Irrelevanz der Kapitalstruktur

Für drei der vorgestellten Modelle der Unternehmensbewertung wurde gezeigt, dass sich der Wert einer Unternehmung aus der Summe der Marktwerte von Eigen- und Fremdkapital (beim WACC- und APV-Ansatz) bzw. aus dem Wert des investierten Kapitals zuzüglich dem Wert der mit dem WACC abgezinsten erwarteten zukünftigen Erträgen berechnet (EVA-Ansatz). In allen drei Modellen wird der Unternehmenswert direkt durch die Anteile von Eigen- und Fremdkapital bzw. indirekt über den gewichteten Kapitalkostensatz (WACC) beeinflusst. Damit stellt sich die Frage, ob durch eine Veränderung der Kapitalstruktur, also durch ein Ändern des Verhältnisses von Eigenkapital zu Fremdkapital, der Unternehmenswert erhöht oder gesenkt werden kann.

---

[157] Vgl. zu dieser und den folgenden Aussagen: Stern, Joel M. / Shiely, John S. / Ross, Irwin - aus dem Amerikanischen übersetzt von: Bertheau, Nikolas: Wertorientierte Unternehmensführung mit Economic Value Added, 2002, S. 41-44.

[158] Joel M. / Shiely, John S. / Ross, Irwin - aus dem Amerikanischen übersetzt von: Bertheau, Nikolas: Wertorientierte Unternehmensführung mit Economic Value Added, 2002, S. 41.

3.2.1 Das Modigliani-Miller-Theorem

Im Jahr 1958 veröffentlichten die beiden späteren Nobelpreisträger Franco Modigliani[159] und Merton H. Miller[160] (MM)[161] einen berühmten und viel diskutierten Aufsatz,[162] mit dem sie bewiesen, dass unter den von ihnen gesetzten Modellannahmen der Wert einer Unternehmung vollkommen unabhängig von der Kapitalstruktur ist. Diese Aussage schränkten MM in einem späteren Aufsatz jedoch ein und stellten fest, dass in einer Welt mit Steuern, in der Zinszahlungen den Gewinn des Unternehmens mindern, die Kapitalstruktur durchaus Einfluss auf den Unternehmenswert haben kann.[163] Trotz dieser Tatsache wird dieses in der Literatur als Modigliani-Miller-Theorem bekannte Werk „vielfach als Grundstein der Finanzierungstheorie schlechthin aufgefasst."[164]

In ihrem Modell unterstellen MM folgende Grundannahmen:[165]

- Die Investoren haben homogene Erwartungen bezüglich der erwarteten Erträge einer Unternehmung.
- Das Fremdkapital bietet im Zeitablauf einen konstanten Ertrag und gilt als risikolos.
- Eigen- und Fremdkapital werden auf vollkommenen Märkten gehandelt.
- Es gibt keine Transaktionskosten und Steuern.
- Unternehmen können in Klassen äquivalenten Ertrags bei gleichem Risiko eingeteilt werden, d.h. der Korrelationskoeffizient der Erträge ist eins.

---

159 Franco Modigliani erhielt im Jahr 1985 den Nobelpreis der Wirtschaftswissenschaften für seine Arbeit zum Sparverhalten der Haushalte und zur Dynamik der Finanzmärkte.

160 Merton H. Miller erhielt im Jahr 1990 zusammen mit Harry M. Markowitz und William F. Sharpe den Nobelpreis der Wirtschaftswissenschaften für seine Arbeit auf dem Gebiet der Portfolio- und Finanztheorie.

161 Die Abkürzung MM wird in der Literatur häufig verwendet und steht im Weiteren für die beiden Autoren Franco Modigliani und Merton H. Miller.

162 Modigliani, Franco / Miller, Merton H.: The Cost of Capital, Corporation Finance and the Theory of Investment, in: The American Economic Review: 1958, Vol. 48, S. 261-297.

163 Modigliani, Franco / Miller, Merton H.: Corporate Income Taxes and the Cost of Capital: A Correction, in: The American Economic Review: 1963, Vol. 53, S. 433-443.

164 Swoboda, Peter: Betriebliche Finanzierung, 1994, S. 92.

165 Vgl. Modigliani, Franco / Miller, Merton H.: The Cost of Capital, Corporation Finance and the Theory of Investment; deutsche Übersetzung: Kapitalkosten, Finanzierung von Aktiengesellschaften und Investitionstheorie, in: Hax, Herbert / Laux, Helmut: Die Finanzierung der Unternehmung, 1975, S. 86-119, hier S. 89-92.

Aus der Definition der homogenen Klassen folgt, dass bei einem vollkommenen Kapitalmarkt „für alle Aktien einer bestimmten Risikoklasse der Kurs je Dollar erwarteten Gewinns gleich hoch sein muss oder, entsprechend, in jeder Klasse der Kurs jeder Aktie proportional zu ihrem erwarteten Ertrag sein muss."[166]

Diesen Proportionalitätsfaktor für jede Klasse k bezeichnen MM mit $1/\rho_k$, den Kurs einer Aktie mit ρ_j und den erwarteten Ertrag je Aktie der Unternehmung j mit $\bar{x}_j$. Damit ergibt sich folgende Formel:

$$(25) \quad \rho_j = \frac{1}{\rho_k} \cdot \bar{x}_j \quad \text{bzw.} \quad \rho_k = \frac{\bar{x}_j}{\rho_j}$$

Die Konstante ρ_k der jeweiligen Klasse k kann interpretiert werden als die erwartete Rendite der Aktien dieser Klasse oder als Marktkapitalisierungsrate für die Erwartungswerte der unsicheren zukünftigen Erträge bzw. „ist $1/\rho_k$ der Preis, den ein Investor für einen erwarteten Gewinn in Höhe eines Dollars in der Klasse k zu zahlen hat."[167]

Aus den für das Modell unterstellten Grundannahmen leiten MM folgende These ab: „Die durchschnittlichen Kapitalkosten irgendeines Unternehmens sind von seiner Kapitalstruktur vollkommen unabhängig und stimmen mit der Kapitalisierungsrate eines reinen Eigenkapitalstromes der Risikoklasse des Unternehmens überein."[168]

$$(26) \quad \rho_k = \frac{\bar{X}_j}{(S_j + D_j)} = \frac{\bar{X}_j}{V_j}$$

---

[166] Modigliani, Franco / Miller, Merton H.: The Cost of Capital, Corporation Finance and the Theory of Investment; deutsche Übersetzung: Kapitalkosten, Finanzierung von Aktiengesellschaften und Investitionstheorie, in: Hax, Herbert / Laux, Helmut: Die Finanzierung der Unternehmung, 1975, S. 86-119, hier S. 91.

[167] Modigliani, Franco / Miller, Merton H.: The Cost of Capital, Corporation Finance and the Theory of Investment; deutsche Übersetzung: Kapitalkosten, Finanzierung von Aktiengesellschaften und Investitionstheorie, in: Hax, Herbert / Laux, Helmut: Die Finanzierung der Unternehmung, 1975, S. 86-119, hier S. 91.

[168] Modigliani, Franco / Miller, Merton H.: The Cost of Capital, Corporation Finance and the Theory of Investment; deutsche Übersetzung: Kapitalkosten, Finanzierung von Aktiengesellschaften und Investitionstheorie, in: Hax, Herbert / Laux, Helmut: Die Finanzierung der Unternehmung, 1975, S. 86-119, hier S. 93.

Wobei $\overline{X}_j$ den erwarteten Ertrag der Aktien der Unternehmung j (Gewinn vor Abzug von Zinsen), D_j den Marktwert der Schulden dieser Gesellschaft und S_j den Marktwert der Stammaktien kennzeichnen. Der Unternehmensgesamtwert V_j ergibt sich aus der Summe von S_j und D_j.

3.2.2 Der Arbitragebeweis

MM beweisen ihre These, indem sie zeigen, dass, wenn Gleichung (26) für zwei beliebige Unternehmungen einer Risikoklasse nicht erfüllt ist, ein Arbitrageprozess dem Ungleichgewicht entgegenwirkt und Gleichheit wiederherstellt.[169] Zur Vereinfachung wird unterstellt, dass der erwartete Ertrag $\overline{X}$ für beide Unternehmen gleich ist. Das Marktungleichgewicht kann in Varianten auftreten. Entweder ist (B) höher bewertet als (A), oder (B) ist weniger wert als (A).[170]

<u>Beispiel:</u>[171]

Zwei Unternehmen erzielen je einen Bruttoertrag $\overline{X}$ pro Periode in Höhe von 10.000€. Während Unternehmen (A) vollkommen eigenfinanziert ist, hat Unternehmen (B) Fremdkapital D_B in Höhe von 30.000€ aufgenommen. Der Zinsfuß für risikolose Kredite (r) beträgt 5%. Damit fließen den Eigentümern von Unternehmen (A) bei angenommener Vollausschüttung der Erträge 10.000€ und den Eigentümern von Unternehmen (B) 8.500€ zu.[172]

Für den ersten Fall (I) wird unterstellt, dass Unternehmen (A) mit 100.000€ und Unternehmen (B) mit 110.000€ vom Markt bewertet wird. Wenn ein Aktionär (X) 50 Prozent der Aktien von (B) besitzt, kann er sie verkaufen, sich an (A) beteiligen und dabei Gewinne erzielen, ohne ein Risiko einzugehen.

---

169 Vgl. Modigliani, Franco / Miller, Merton H.: The Cost of Capital, Corporation Finance and the Theory of Investment; deutsche Übersetzung: Kapitalkosten, Finanzierung von Aktiengesellschaften und Investitionstheorie, in: Hax, Herbert / Laux, Helmut: Die Finanzierung der Unternehmung, 1975, S. 86-119, hier S. 93-95.

170 In den folgenden Ausführungen wird nicht der von MM auf Formelbasis erstellte Lösungsweg gezeigt. Zum leichteren Verständnis wird der Beweis mit einem Zahlenbeispiel geführt.

171 Leicht angelehnt an das Zahlenbeispiel in: Swoboda, Peter: Betriebliche Finanzierung, 1994, S. 95-96.

172 Während bei Unternehmen (A) die Gewinne voll ausgeschüttet werden können, muss Unternehmen (B) zuerst Fremdkapitalzinsen in Höhe von 1.500€ (D_B mal r) bezahlen.

	Unternehmen (A)	Unternehmen (B)	Aktionär (X)
Unternehmenswert	100.000	110.000	
Eigenkapital	100.000	80.000	40.000
Fremdkapital	0	30.000	
Fremdkapitalzins	0,05	0,05	
Zinslast	0	1.500	
Nettoertrag	10.000	8.500	**4.250**

Abbildung 18: Ausgangssituation Fall (I) für einen risikofreien Arbitragegewinn nach dem Modigliani-Miller-Theorem[173]

Das Unternehmen (B), an dem Aktionär (X) zu 50 Prozent beteiligt ist, finanziert sich mit Eigenkapital (EK) und Fremdkapital (FK) im Verhältnis 8:3. Damit kann (X) den durch den Verkauf seiner ursprünglichen Anteile erzielten Erlös von 40.000€ in Aktien von Unternehmen (A) anlegen. Zusätzlich kann (X) einen Privatkredit in Höhe von 15.000€ aufnehmenden, für den die Aktien der neuen Gesellschaft als Sicherheit dienen. Diese Summe kann er ebenfalls in Aktien von (A) investieren. Das Portfolio von (X) bildet somit das EK/FK- Verhältnis[174] von 8:3 des Unternehmens (B) mit Aktien von (A) und dem Privatkredit ab.

	Unternehmen (A)	Aktionär (X) (Anteil)
Unternehmenswert	100.000	55.000
Eigenkapital	100.000	40.000
Fremdkapital	0	15.000
Fremdkapitalzins	0,05	0,05
Zinslast	0	750
Nettoertrag	10.000	**4.750**

Abbildung 19: Zielstruktur Fall (I) für einen risikofreien Arbitragegewinn nach dem Modigliani-Miller-Theorem[175]

Der Nettoertrag von (X) ist nach der Umstrukturierung seines Portfolios um 500€ (4.750€ - 4.250€) pro Periode gestiegen, ohne dass sich seine Risikosituation verändert hat. Durch den Verkauf der Anteile von (B) sinken diese im Kurs, die Aktien von (A) steigen durch den Kauf, bis sich das Marktgleichgewicht eingestellt hat. Daraus

---

173 Quelle: Eigene Darstellung.
174 Im den weiteren Ausführungen wird das EK mit S und das FK mit D bezeichnet (S und D sind die Originalbezeichnungen von MM).
175 Quelle: Eigene Darstellung.

ist zu schließen, „dass verschuldete Unternehmen keine Prämie gegenüber unverschuldeten Unternehmen bieten können, da die Aktionäre die Möglichkeit haben, den äquivalenten Verschuldungsgrad direkt in ihr Portefeuille zu tragen, indem sie sich persönlich verschulden."[176]

Für den zweiten Fall (II) sei das Unternehmen (A) mit 100.000€ und Unternehmen (B) mit 80.000€ vom Markt bewertet. Aktionär (X) besitzt 50 Prozent der Aktien von (A).

	Unternehmen (A)	Unternehmen (B)	Aktionär (X)
Unternehmenswert	100.000	80.000	
Eigenkapital	100.000	50.000	50.000
Fremdkapital	0	30.000	
Fremdkapitalzins	0,05	0,05	
Zinslast	0	1.500	
Nettoertrag	10.000	8.500	**5.000**

Abbildung 20: Ausgangssituation Fall (II) für einen risikofreien Arbitragegewinn nach dem Modigliani-Miller-Theorem[177]

Das Unternehmen (A), an dem Aktionär (X) zu 50 Prozent beteiligt ist, finanziert sich mit 100 Prozent Eigenkapital. Damit kann (X) den durch den Verkauf seiner ursprünglichen Anteile erzielten Erlös von 50.000€ in Aktien von Unternehmen (B)[178] und Obligationen[179] anlegen.

---

176 Modigliani, Franco / Miller, Merton H.: The Cost of Capital, Corporation Finance and the Theory of Investment; deutsche Übersetzung: Kapitalkosten, Finanzierung von Aktiengesellschaften und Investitionstheorie, in: Hax, Herbert / Laux, Helmut: Die Finanzierung der Unternehmung, 1975, S. 86-119, hier S. 94.

177 Quelle: Eigene Darstellung.

178 Im Verhältnis von Eigenkapitalkapital zum Unternehmenswert (S_B / V_B = 50.000€ / 80.000€). Damit kann (X) für 31.250€ Aktien von (B) erwerben (50.000€ * 0,625).

179 Im Verhältnis von Fremdkapital zum Unternehmenswert (D_B / V_B = 30.000€ / 80.000€). Damit kann (X) für 18.750€ Obligationen von (B) erwerben (50.000€ * 0,375).

	Unternehmen (B)	Aktionär (X)	
Unternehmenswert	80.000	31.250	Anteil am Unternehmenswert
Eigenkapital	50.000	31.250	
Fremdkapital	30.000	18.750	Obligationen
Fremdkapitalzins	0,05	0,05	Fremdkapitalzins
Zinslast	1.500	937,50	Zinsertrag
Ertrag aus Aktien	8.500	5.312,50	Ertrag aus Aktien
Nettoertrag	8.500	**6.250**	Nettoertrag

Abbildung 21: Zielstruktur Fall (II) für einen risikofreien Arbitragegewinn nach dem Modigliani-Miller-Theorem[180]

Im Fall (II) steigt der Nettoertrag von (X) nach der Umstrukturierung des Portfolios um 1.250€ (6.250€ - 5.000€) pro Periode, ohne dass sich die Risikosituation verändert, da (X) im gleichen Verhältnis Obligationen besitzt wie Fremdkapitalanteile auf seine Aktien entfallen. Nutzen die Marktteilnehmer diese Möglichkeit eines risikofreien Arbitragegewinns, fällt der Aktienkurs von (A) während gleichzeitig der Kurs von (B) steigt, bis ein Gleichgewicht erreicht ist.

Durch den Tausch der Aktien von Unternehmen (A) in Anteile von (B) in Verbindung mit dem gleichzeitigen Erwerb von Obligationen im Verhältnis S_B/V_B bzw. D_B/V_B hebt (X) den so genannten Leverage-Effekt[181] auf. Aus diesem Grund „kann der Wert verschuldeter Unternehmen nicht ständig unter dem unverschuldeter liegen oder, allgemeiner ausgedrückt, können die durchschnittlichen Kapitalkosten $\overline{X}_j / V_j$ nicht systematisch für verschuldete Unternehmen höher sein als für unverschuldete der gleichen Klasse."[182]

Aus dem Beweis, dass bei Vorliegen eines vollkommenen Marktes der Wert eines verschuldeten Unternehmens nicht über, aber auch nicht unter dem des unverschuldeten Unternehmens liegen kann, leiten MM die These ab, dass die Rendite (i) der

---

180 Quelle: Eigene Darstellung.

181 Der Leverage-Effekt besagt, dass die Finanzierung einer Investition mit Fremdkapital die Eigenkapitalrendite erhöht, sofern die Investition eine über den zu zahlenden Fremdkapitalzinsen liegende Gesamtrendite erwirtschaftet.

182 Modigliani, Franco / Miller, Merton H.: The Cost of Capital, Corporation Finance and the Theory of Investment; deutsche Übersetzung: Kapitalkosten, Finanzierung von Aktiengesellschaften und Investitionstheorie, in: Hax, Herbert / Laux, Helmut: Die Finanzierung der Unternehmung, 1975, S. 86-119, hier S. 95.

Aktien irgendeines Unternehmens (j) der Klasse (k) eine lineare Funktion des Verschuldungsgrades ist.[183]

(27) $$i_j = \rho_k + (\rho_k - r)\frac{D_j}{S_j}$$ [184]

Für den Beweis müssen wir beachten, dass die erwartete Rendite (i) sich mit folgender Formel berechnet:

(28) $$i_j = \frac{\overline{X}j - r \cdot D_j}{S_j}$$

Aus Gleichung (26)[185] wissen wir:

$$\rho_k = \frac{\overline{X}_j}{(S_j + D_j)}$$

Daraus folgt:

(29) $$\overline{X}_j = \rho_k \cdot (S_j + D_j)$$

Setzt man die Gleichung (29) in die Formel (28) ein, erhält man nach dem Kürzen und Ausklammern den Beweis für die von MM aufgestellte These in Form von Gleichung (27).

$$\overline{X}_j = \rho_k \cdot (S_j + D_j) \quad \text{in} \quad i_j = \frac{\overline{X}j - r \cdot D_j}{S_j}$$

---

[183] Vgl. zu dieser und folgenden Ausführungen: Modigliani, Franco / Miller, Merton H.: The Cost of Capital, Corporation Finance and the Theory of Investment; deutsche Übersetzung: Kapitalkosten, Finanzierung von Aktiengesellschaften und Investitionstheorie, in: Hax, Herbert / Laux, Helmut: Die Finanzierung der Unternehmung, 1975, S. 86-119, hier S. 95-96.

[184] Zur Erinnerung, für den Fremdkapitalzins steht (r) und ρ_k bezeichnet die Rendite der Aktien in der Klasse (k).

[185] Siehe Kapitel 3.2.1Das Modigliani-Miller-Theorem.

$$i_j = \frac{\overline{X}j - r \cdot D_j}{S_j} = \frac{\rho_k \cdot (S_j + D_j) - r \cdot D_j}{S_j} =$$

$$= \frac{\rho_k \cdot S_j + \rho_k \cdot D_j - r \cdot D_j}{S_j} = \frac{\rho_k \cdot S_j + (\rho_k - r) \cdot D_j}{S_j} =$$

$$= (\rho_k - r) \cdot \frac{D_j}{S_j} + \rho_k$$

Da ρ_k für jede Klasse (k) und (r) konstant sind, gibt es in jeder Klasse genau eine Gerade, welche die Ordinate im Punkt ρ_k schneidet und die Steigung (ρ_k–r) besitzt. Damit wird jedem Verschuldungsgrad genau eine erwartete Rendite (i) zugeordnet.

3.2.3 Sind die Kapitalkosten von der Kapitalstruktur unabhängig?

Auf die Frage ob die Kapitalkosten von der Kapitalstruktur unabhängig sind, gibt es keine eindeutige Antwort. Legt man die Modellprämissen von Modigliani und Miller zugrunde, sind die Kapitalkosten abgekoppelt von der Kapitalstruktur und können auch durch die Dividendenpolitik bei gegebener Investitionspolitik nicht beeinflusst werden.[186] Erweitert man dieses Grundmodell, finden sich Punkte, die für eine möglicherweise doch vorhandene Relevanz der Kapitalstruktur sprechen.[187] Ein Argument, das für die Vorteilhaftigkeit der Fremdfinanzierung gegenüber der Finanzierung mit Eigenkapital spricht, ist die Tatsache, dass Zinszahlungen von der Steuer absetzbar sind. MM veröffentlichten dazu 1963 einen Aufsatz,[188] in dem sie ihre ursprüngliche in der Schrift von 1958[189] aufgestellte Behauptung zurücknahmen und bewiesen, dass die Finanzierung mit Fremdkapital die Kapitalkosten senken kann, wenn Zinszahlungen steuerlich absetzbar sind.[190] Dabei ist jedoch zu beachten, dass bei Exis-

186 Vgl. Miller, Merton H. / Modigliani, Franco: Dividend Policy, Growth, and the Valuation of Shares, in: The Journal of Business: 1961, Vol. XXXIV, No. 4, S. 411-433.

187 Vgl. Swoboda, Peter: Betriebliche Finanzierung, 1994, S. 92.

188 Modigliani, Franco / Miller, Merton H.: Corporate Income Taxes and the Cost of Capital: A Correction, in: The American Economic Review: 1963, Vol. 53, S. 433-443.

189 Modigliani, Franco / Miller, Merton H.: The Cost of Capital, Corporation Finance and the Theory of Investment, in: The American Economic Review: 1958, Vol. 48, S. 261-297.

190 Vgl. Modigliani, Franco / Miller, Merton H.: The Cost of Capital, Corporation Finance and the Theory of Investment; deutsche Übersetzung: Körperschaftsteuern und Kapitalkosten: Eine Berichtigung, in: Hax, Herbert / Laux, Helmut: Die Finanzierung der Unternehmung, 1975, S. 120-132, hier S. 126.

tenz von Körperschafts- und Einkommenssteuer und der Abzugsfähigkeit der Kreditzinsen von beiden Steuerarten die Irrelevanz der Kapitalstruktur erhalten bleibt.[191]

Den zweiten wichtigen Punkt[192] gegen das Irrelevanztheorem formuliert Baxter in seinem 1967 veröffentlichten Aufsatz[193] über Verschuldung, Konkursrisiko und Kapitalkosten. Er kommt dabei zu dem Ergebnis, dass das Konkursrisiko mit steigendem Verschuldungsgrad an Bedeutung gewinnt. Deshalb steigt der Zinssatz für Fremdkapital an, was sich direkt auf die Kapitalkosten auswirkt.[194] Zur Verteidigung von Modigliani und Miller ist zu sagen, dass kein Modell die Wirklichkeit genau abbilden und alle Besonderheiten berücksichtigen kann. Es ist jedoch bemerkenswert, dass der Originalaufsatz von 1958 einen neuen Denkansatz auf den Weg gebracht hat, welcher bis heute in der Literatur diskutiert wird. Im Laufe der Jahre hat sich herausgestellt, dass viele der ursprünglich sehr engen Modellannahmen von MM aufgeweicht werden können und das Irrelevanztheorem trotzdem seine Gültigkeit behält.[195] Die Frage nach der optimalen Kapitalstruktur für Unternehmen und die damit verbundenen optimalen Kapitalkosten bleibt für unvollkommene Märkte bei Informationsasymmetrie der Marktteilnehmer jedoch ungelöst.[196]

3.3 Zusammenfassung und Vergleich von Discounted-Cash-Flow- und Ertragswertmethode

Eine 1993 veröffentlichte empirische Untersuchung[197] zu den eingesetzten Verfahren der Unternehmensbewertung in Deutschland kam zu dem Ergebnis, „daß Investmentbanker und Unternehmensberater fast ausschließlich sogenannte DCF-

---

[191] Vgl. Miller, Merton H.: Dept and Taxes, in: The Journal of Finance: 1977, Vol. 32, No. 2, S. 261-275.

[192] Natürlich gibt es noch mehr Punkte, die eine Relevanz der Kapitalstruktur für die Kapitalkosten vermuten lassen. Details finden sich in der in Fußnote 195 angegebenen Spezialliteratur.

[193] Baxter, Nevins D.: Leverage, Risk of Ruin and the Cost of Capital, in: The Journal of Finance: 1967, Vol. 22, No. 3, S. 395-403.

[194] Vgl. Baxter, Nevins D.: Leverage, Risk of Ruin and the Cost of Capital; deutsche Übersetzung: Verschuldung, Konkursrisiko und Kapitalkosten, in: Hax, Herbert / Laux, Helmut: Die Finanzierung der Unternehmung, 1975, S. 167-177, hier S. 174-175.

[195] Die Originalaufsätze und die wichtigsten Stellungsnahmen in deutscher Übersetzung bis 1975 finden sich in: Hax, Herbert / Laux, Helmut: Die Finanzierung der Unternehmung, 1975. Die weitere Diskussion ist gut aufbereitet und ausführlich dargestellt bei: Swoboda, Peter: Betriebliche Finanzierung, 1994, S. 92-262. Zusammenfassend siehe: Miller, Merton H.: The Modigliani-Miller Propositions After Thirty Years, in: Journal Economic Perspectives: 1988, Vol. 2, No. 4, S. 99-120.

[196] Vgl. Swoboda, Peter: Betriebliche Finanzierung, 1994, S. 262.

[197] Peemöller, Volker / Bömelburg, Peter / Denkmann, Andreas: Unternehmensbewertung in Deutschland, in: Die Wirtschaftsprüfung: 1993, Jg. 47, Nr. 22, S. 741-749.

Methoden einsetzen, während Wirtschaftsprüfungsgesellschaften das Ertragswertverfahren bevorzugen."[198]

Sowohl die Ertragswertmethode als auch die DCF-Methoden haben ihren Ursprung in der Investitionstheorie und gehen davon aus, dass der Barwert der zukünftigen Einnahmeüberschüsse den Wert eines Unternehmens darstellt.[199] „Sie unterscheiden sich jedoch grundlegend in den Fragen, wie die Einnahmenüberschüsse aus Ertragsüberschussrechnungen abgeleitet werden, ob es an die Eigenkapitalgeber oder an die Eigen- und Fremdkapitalgeber ausschüttbare Überschüsse sind und wie diese Überschüsse kapitalisiert werden."[200]

Wie bereits in Kapitel 3.1.1 dargestellt, werden bei der Ertragswertmethode die an die Eigenkapitalgeber fließenden Zahlungsströme diskontiert. Dafür werden entweder die geschätzten Ertragsbandbreiten zu Sicherheitsäquivalenten zusammengefasst und anschließend mit einem (quasi-)sicheren Zinsfuß abgezinst, oder es wird für die abzuzinsenden Zahlungsreihen eine Wahrscheinlichkeitsverteilung erzeugt, mit deren Hilfe sich der Barwert und die dazugehörige Varianz bestimmen lassen. Im Gegensatz dazu gehen die DCF-Methoden den Umweg über die Wertermittlung des Fremdkapitals, welches vom vorher bestimmten Wert des Gesamtkapitals subtrahiert wird. Dies führt zu einer „höheren Transparenz des Weges hin zum Bewertungsergebnis und dem daraus resultierenden Zwang, die einzelnen Bewertungsparameter stichhaltiger zu begründen."[201] Dies zeigt sich besonders bei der Bestimmung des Diskontierungszinssatzes. Während bei der Ertragswertmethode mit nur schwer begründbaren Zu- und Abschlägen auf den risikofreien Basiszins gearbeitet wird um das allgemeine Unternehmerrisiko zu berücksichtigen, bestimmt sich der Diskontierungszinssatz bei den DCF-Methoden aus den durchschnittlichen Kapitalkosten des Unternehmens. Dabei wird für die Berechnung der Eigenkapitalkosten das Capital

---

[198] Drukarczyk, Jochen: DCF-Methoden und Ertragswertmethode – einige klärende Anmerkungen in: Die Wirtschaftsprüfung: 1995, Jg. 48, Nr. 10, S. 329-334, hier S. 329.

[199] Vgl. Jonas, Martin: Unternehmensbewertung: Zur Anwendung der Discounted-Cash-Flow-Methode in Deutschland, in: Betriebswirtschaftliche Forschung und Praxis (BFuP): 1995, Band 47, S. 83-98, hier S. 84.

[200] Jonas, Martin: Unternehmensbewertung: Zur Anwendung der Discounted-Cash-Flow-Methode in Deutschland, in: Betriebswirtschaftliche Forschung und Praxis (BFuP): 1995, Band 47, S. 83-98, hier S. 85.

[201] Jonas, Martin: Unternehmensbewertung: Zur Anwendung der Discounted-Cash-Flow-Methode in Deutschland, in: Betriebswirtschaftliche Forschung und Praxis (BFuP): 1995, Band 47, S. 83-98, hier S. 98.

Asset Pricing Model (CAPM) zugrunde gelegt. Aus diesem Grund erfolgt in Kapitel 4 die Darstellung, wie die Eigenkapitalkosten mit Hilfe des CAPM determiniert werden können.

Verwendet man Ertragswertmethode und DCF-Methoden konsistent und definiert man die so genannten freien Cashflows präzise, kommen beide Verfahren zu dem selben Ergebnis.[202] Insofern besteht kein Anlass zum Methodenstreit.[203] Auch die Verwendung des CAPM zur Ermittlung der Eigenkapitalkosten ist nicht auf die DCF-Methoden beschränkt.[204] Trotzdem sind wegen ihrer Transparenz und der internationalen Akzeptanz die DCF-Methoden auch unter dem Gesichtspunkt der zunehmenden Globalisierung zu bevorzugen.[205]

---

202 Vgl. Drukarczyk, Jochen: DCF-Methoden und Ertragswertmethode – einige klärende Anmerkungen In: Die Wirtschaftsprüfung: 1995, Jg. 48, Nr. 10, S. 329-334, hier S. 329 und 334.

203 Zu den trotzdem bestehenden „feinen" Unterschieden und den Schwierigkeiten der einzelnen Verfahren wird auf die in diesem Kapitel zitierte Literatur verwiesen.

204 Vgl. Ballwieser, Wolfgang: Unternehmensbewertung, Marktorientierung und Ertragswertverfahren, in: Wagner, Udo: Zum Erkenntnisstand der Betriebswirtschaftslehre am Beginn des 21. Jahrhunderts, 2001, S. 17-31, hier S. 29.

205 Ähnlich äußern sich auch: Jonas, Martin: Unternehmensbewertung: Zur Anwendung der Discounted-Cash-Flow-Methode in Deutschland, in: Betriebswirtschaftliche Forschung und Praxis (BFuP): 1995, Band 47, S. 83-98; Peemöller, Volker / Bömelburg, Peter / Denkmann, Andreas: Unternehmensbewertung in Deutschland, in: Die Wirtschaftsprüfung: 1993, Jg. 47, Nr. 22, S. 741-749 und Loderer, Claudio / Jörg, Petra / Pichler, Karl / Zgraggen, Pius: Handbuch der Bewertung, 2000.

4 Ermittlung der Eigenkapitalkosten mit Hilfe des Capital Asset Pricing Model

In Kapitel 3 wurde gezeigt, dass die Verfahren der Unternehmenswertermittlung bei konsistenter Anwendung und gleicher Kapitalstruktur zu dem selben Ergebnis kommen.[206] Entscheidend bei der Bewertung mit Hilfe der DCF-Methoden sind die Fremd- und Eigenkapitalkosten. „Sowohl Fremd- als auch Eigenkapitalgeber erwarten, dass sie für die Opportunitätskosten, die mit der Investition ihrer Mittel in ein bestimmtes Unternehmen verbunden sind (und somit für den Verzicht auf eine Investition in andere Anlagen mit gleichem Risiko), einen Ausgleich erhalten."[207]

Die Kosten des Fremdkapitals ergeben sich aus den Zinszahlungen und den Kosten für die Kapitalbeschaffung abzüglich des Steuervorteils, wenn diese beiden Kosten ganz oder teilweise gewinnmindernd angesetzt werden können. Dagegen lassen sich die Opportunitätskosten des Eigenkapitals „besonders schwer schätzen, weil sie nicht direkt am Kapitalmarkt zu beobachten sind."[208] In der Literatur wird zur Ermittlung der Eigenkapitalkosten die Anwendung des Capital Asset Pricing Model (CAPM) vorgeschlagen,[209] welches in den sechziger Jahren von William F. Sharpe[210], John Lintner[211] und Jan Mossin[212] aufbauend auf die Portfoliotheorie von Harry Markowitz[213] entwickelt wurde. Diese Arbeiten gelten heute als die Grundlagen der modernen Kapitalmarkttheorie. Mit dem CAPM gelang es, aus der normativen Portfoliotheorie Handlungsempfehlungen abzuleiten und als Erklärungsmodell für Anlegerverhalten zu deuten.[214]

---

206 Zusammenfassend siehe Kapitel 3.3.

207 Copeland, Tom / Koller, Tim / Murrin, Jack: Unternehmenswert, 2002, S. 250.

208 Copeland, Tom / Koller, Tim / Murrin, Jack: Unternehmenswert, 2002, S. 264.

209 Vgl. u.a. Copeland, Tom / Koller, Tim / Murrin, Jack: Unternehmenswert, 2002; Loderer, Claudio / Jörg, Petra / Pichler, Karl / Zgraggen, Pius: Handbuch der Bewertung, 2000 oder Perridon, Louis / Steiner, Manfred: Finanzwirtschaft der Unternehmung, 1997.

210 Sharpe, William F.: Capital Asset Prices: A Theory of Market Equilibrium under Conditions of Risk, in: The Journal of Finance: 1964, Vol. 19, No. 3, S. 425-442.

211 Lintner, John: The Valuation of Risk Assets and the Selection of Risky Investments in Stock Portfolios and Capital Budgets, in: Review of Economics and Statistics: 1965, Vol. 47, S. 13-37.

212 Mossin, Jan: Equilibrium in a Capital Asset Market, in: Econometrica: 1966, Vol. 34, No. 4, S. 768-783.

213 Markowitz, Harry: Portfolio Selection, in: The Journal of Finance: 1952, Vol. 7, No. 1, S. 77-91 und Markowitz, Harry: Portfolio Selection - Efficient Diversification of Investments, 1959.

214 Vgl. Perridon, Louis / Steiner, Manfred: Finanzwirtschaft der Unternehmung, 1997, S. 256-257.

4.1 Grundlagen der Portfoliotheorie

Die Portfoliotheorie versucht zwei grundsätzliche Fragen zu beantworten:[215]

a. Wie lässt sich das Verhalten von Anlegern erklären, die durch Aufnahme verschiedener Wertpapiere in ihr Portfolio das Risiko diversifizieren?

b. In welche und in wie viele Wertpapiere soll investiert werden, um das Risiko rational zu streuen?

H. Markowitz[216] behandelte erstmals „das Problem der Bestimmung von Wertpapier-Portefeuilles, die bei gegebenen finanziellen Mitteln und unter Berücksichtigung des Risikos mit Hilfe der Varianz den Erwartungswert des Ertrages maximieren."[217] „Die Handlungskonsequenzen beim Kauf eines Wertpapiers sind somit durch den Erwartungswert der Rendite (μ) und die Standardabweichung (σ) eindeutig festgelegt."[218]

Die Portfoliotheorie unterstellt den Anlegern risikoscheues Verhalten. Dies liegt vor, wenn der Investor zugunsten der Risikoreduzierung bereit ist, auf Ertragschancen zu verzichten. Somit gilt immer das Portfolio als effizient, welches bei vorgegebenem Ertrag (μ) das geringste Risiko (σ) aufweist. Weiterhin wird ein Planungszeitraum von einer Periode unterstellt, um Diskontierungs- und Wiederanlageprobleme zu vermeiden.[219] Verwendet man den Erwartungswert des Kapitalwertes, kann diese Annahme allerdings aufgehoben werden. Daneben müssen weitere Nebenbedingungen, wie z.B. die Teilbarkeit der Anlageformen, erfüllt sein.[220]

4.1.1 Ein Portfolio mit zwei Anlagen

Im einfachsten Fall stehen dem Investor nur zwei Anlagemöglichkeiten (Wertpapier A und Wertpapier B)[221] zur Verfügung und er muss sich entscheiden, ob er sein Geld-

---

[215] Vgl. Perridon, Louis / Steiner, Manfred: Finanzwirtschaft der Unternehmung, 1997, S. 249.
[216] Harry M. Markowitz erhielt im Jahr 1990 zusammen mit Merton H. Miller und William F. Sharpe den Nobelpreis der Wirtschaftswissenschaften für seine Arbeit auf dem Gebiet der Portfolio- und Finanztheorie.
[217] Blohm, Hans / Lüder, Klaus: Investition, 1995, S. 327.
[218] Perridon, Louis / Steiner, Manfred: Finanzwirtschaft der Unternehmung, 1997, S. 249.
[219] Vgl. Perridon, Louis / Steiner, Manfred: Finanzwirtschaft der Unternehmung, 1997, S. 249-250.
[220] Vgl. Schmidt, Reinhard H. / Terberger, Eva: Grundzüge der Investitions- und Finanzierungstheorie, 1997, S. 145.
[221] Unter dem Begriff Wertpapier werden hier alle möglichen Anlageformen (Aktien, Beteiligungen, Anleihen, Sachinvestitionen, ...) als Oberbegriff zusammengefasst.

vermögen vollständig in Anlage A oder B investiert oder ob er eine Mischung aus beiden wählt. Der Erwartungswert (μ) der Investition ergibt sich bei der vollständigen Anlage in A aus dem für A erwarteten Ertrag der Anlage (μ_A) bzw. bei der Anlage in B aus (μ_B). Wird eine Mischung aus beiden Investi-tionsalternativen gewählt, ergibt sich der Erwartungswert des Portfolios (μ_P) aus den anteilsmäßig gewichteten erwarteten Erträgen von A und B.[222]

(30) $\mu_P = \alpha\mu_A + (1-\alpha)\mu_B$

Die Varianz des Portfolios berechnet sich aus der Summe der gewichteten Einzelvarianzen plus der Kovarianz:

(31) $\sigma_P^2 = \underbrace{\alpha^2\sigma_A^2 + (1-\alpha)^2\sigma_B^2}_{\text{Varianzterm}} + \underbrace{2\alpha(1-\alpha)\mathrm{cov}_{AB}}_{\text{Korrelationsterm}}$ wobei gilt: $0 \leq \alpha \leq 1$

Zur Veranschaulichung kann die Kovarianz als Korrelationskoeffizient (k) dargestellt werden:

(32) $k_{AB} = \frac{\mathrm{cov}_{AB}}{\sigma_A\sigma_B}$ wobei gilt: $-1 \leq k_{AB} \leq 1$

„Der Korrelationsterm hat einen wesentlichen Einfluss auf das gesamte Risiko des Portfolios. Beträgt die Korrelation 1, so reduziert sich die Standardabweichung des Portfolios nicht, wenn man sie mit dem gewichteten Durchschnitt der Standardabweichungen der einzelnen Anlagen vergleicht.“[223] Dies bedeutet, dass man durch die Mischung der Wertpapiere keine Diversifikationseffekte (gleiche Rendite bei geringerem Risiko bzw. höhere Rendite bei gleichem Risiko) erzielen kann.

Ist der Korrelationskoeffizient kleiner als 1, fällt die Standardabweichung des Portfolios unter den Durchschnitt der Standardabweichungen der einzelnen Anlagen, wodurch eine Risikodiversifizierung ermöglicht wird.[224] Für einen Korrelationskoeffizien-

---

[222] Vgl. Perridon, Louis / Steiner, Manfred: Finanzwirtschaft der Unternehmung, 1997, S. 251.
[223] Loderer, Claudio / Jörg, Petra / Pichler, Karl / Zgraggen, Pius: Handbuch der Bewertung, 2000, S. 334.
[224] Vgl. zu dieser und den folgenden Aussagen: Loderer, Claudio / Jörg, Petra / Pichler, Karl / Zgraggen, Pius: Handbuch der Bewertung, 2000, S. 334-336.

ten von 0 fällt der Korrelationsterm vollständig weg und die Portfoliovarianz bestimmt sich nur aus dem Varianzterm der einzelnen Anlagen. Bei negativ korrelierten Renditen nimmt der Korrelationsterm einen negativen Wert an und reduziert das Portfoliorisiko. Im Idealfall vollständiger negativer Korrelation (k = -1) kann durch Mischung der Wertpapiere die Standardabweichung auf Null verringert werden, d.h. der Erwartungswert des Portfolios gilt als sicher, da das Risiko völlig wegdiversifiziert werden kann.

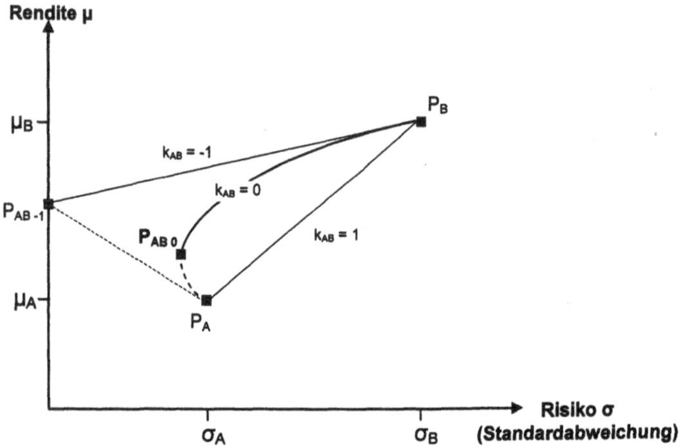

Abbildung 22: Zusammenhang zwischen Risiko und Rendite im Portfolio mit zwei Anlagen bei unterschiedlicher Korrelation der Renditen[225]

Als effizient im Sinne der Portfoliotheorie gelten nur die Portfolios, welche in Abbildung 22 auf einer der durchgezogenen Linien liegen. Für die gestrichelten Mischungsverhältnisse gibt es alternative Portfoliomischungen, welche bei gleichem oder geringerem Risiko eine höhere Rendite erzielen bzw. bei gleichem oder höherem Ertrag ein geringeres Risiko aufweisen.[226]

<u>Beispiel:</u>

Einem Anleger stehen zwei Investitionsmöglichkeiten (Wertpapier A und Wertpapier B) zur Verfügung und er möchte wissen, wie er sein Portfolio optimal zusammenstel-

---

[225] Quelle: In Anlehnung an Perridon, Louis / Steiner, Manfred: Finanzwirtschaft der Unternehmung, 1997, S. 252.

[226] Vgl. Sharpe, William F.: Portfolio Theory and Capital Markets, 2000, S. 48-49.

len muss, wenn er das geringste Risiko wünscht und der Korrelationskoeffizient der beiden Anlagen Null beträgt.

	Durchschnittliche Rendite (µ)	Standardabweichung / Risiko (σ)
Wertpapier A	7,5%	15%
Wertpapier B	20%	20%

Abbildung 23: Risiko-Rendite-Profil eines Portfolios[227]

Da der Korrelationskoeffizient gleich Null ist, vereinfacht sich die Formel (31) zur Berechnung der Varianz des Mischportfolios zu:

$$(33)\quad \sigma_P^2 = \alpha^2 \sigma_A^2 + (1-\alpha)^2 \sigma_B^2$$

Das vom Anleger gewünschte geringste Risiko (σ) des Portfolios folgt aus dem Minimum der Funktion (33). Eine Funktion (f) hat einen relativen Tiefpunkt, wenn gilt: $f'(x_0) = 0$ und $f''(x_0) > 0$. Damit ergibt sich durch Ableiten der Formel (33) nach α und dem Gleich-Null-Setzen der Ableitung:

$$0 = 2\alpha\sigma_A^2 + 2(1-\alpha)(-1)\sigma_B^2 = 2\alpha\sigma_A^2 - 2\sigma_B^2 + 2\alpha\sigma_B^2 = 2\alpha(\sigma_A^2 + \sigma_B^2) - 2\sigma_B^2$$

$$\alpha = \frac{\sigma_B^2}{\sigma_A^2 + \sigma_B^2}$$

Nach Einsetzen der Beispielzahlen ergibt sich:

$$\alpha = \frac{0{,}20^2}{0{,}15^2 + 0{,}20^2} = \frac{0{,}04}{0{,}0225 + 0{,}04} = \frac{0{,}04}{0{,}0625} = \underline{\underline{0{,}64}}$$

Das heißt, der Investor muss 64 Prozent seiner Mittel in Wertpapier A und 36 Prozent in Wertpapier B investieren, wenn er sein Portfoliorisiko minimieren will. Unter diesen Bedingungen beträgt der erwartete Portfolioertrag (µ) 12 Prozent und das Portfoliorisiko (σ) 12 Prozent.[228]

---

[227] Quelle: Eigene Darstellung.
[228] Die mathematische Berechnung ist für den interessierten Leser in Anlage 5 beigefügt.

4.1.2 Ein Portfolio mit mehreren Anlagen

Im Normalfall hat der Investor mehr als zwei Anlagealternativen zur Auswahl. Verallgemeinert man die Formeln aus Kapitel 4.1.1, definiert sich der Erwartungswert des Portfolios (μ_P) wie folgt:

$$(34) \quad \mu_P = \sum_{i=1}^{n} \alpha_i \mu_i$$

Dabei steht (n) für die Anzahl der zur Verfügung stehenden Wertpapiere und (α_i) für den Anteil des Wertpapiers (i) am Portfolio. Dabei gilt:[229]

$$(35) \quad \sum_{i=1}^{n} \alpha_i = 1 \qquad \text{und} \qquad \alpha_i \geq 1^{230}$$

Die Varianz eines Portfolios mit n-Anlagen berechnet sich mit:

$$(36) \quad \sigma_P^2 = \sum_{i=1}^{n} \alpha_i^2 \sigma_i^2 + \sum_{i=1}^{n} \sum_{\substack{j=1 \\ j \neq 1}}^{n} \alpha_i \alpha_j \operatorname{cov}_{ij} = \sum_{i=1}^{n} \sum_{j=1}^{n} \alpha_i \alpha_j \operatorname{cov}_{ij}$$

„Der Ausdruck für die Portfoliovarianz enthält insgesamt N Terme mit Varianzen und N x (N - 1) Terme mit Kovarianzen. Die Varianz eines Portfolios wird deshalb zum größten Teil von den Korrelationen der Komponenten des Portfolios bestimmt, wenn es aus vielen Titeln besteht. Je weniger stark die Titel des Portfolios miteinander korrelieren, desto kleiner ist die Varianz (bzw. die Standardabweichung) und damit das Risiko des ganzen Portfolios."[231]

Empirische Untersuchungen zeigen, dass mit steigender Anzahl von Titeln in einem Portfolio das Risiko in der Regel sinkt, es aber nicht ganz wegdiversifiziert werden kann.[232] Es gibt also zwei Arten von Risiko, das diversifizierbare und das nicht-diversifizierbare Risiko. Das nicht-diversifizierbare Risiko wird als systematisches

---

[229] Vgl. Perridon, Louis / Steiner, Manfred: Finanzwirtschaft der Unternehmung, 1997, S. 251.

[230] Durch die Nebenbedingung $\alpha_i \geq 0$ sind Leerverkäufe ausgeschlossen. Unter Leerverkäufen wird der Verkauf von Wertpapieren verstanden, die man (noch) nicht besitzt.

[231] Loderer, Claudio / Jörg, Petra / Pichler, Karl / Zgraggen, Pius: Handbuch der Bewertung, 2000, S. 337.

[232] Vgl. zu dieser und den folgenden Ausführungen: Loderer, Claudio / Jörg, Petra / Pichler, Karl / Zgraggen, Pius: Handbuch der Bewertung, 2000, S. 338-339.

oder allgemeines Marktrisiko bezeichnet. Daneben existiert das diversifizierbare, unternehmensabhängige unsystematische Risiko. Es entsteht durch unternehmensspezifische Faktoren (Gewinnsprung, Streik, ...), ist aber von der generellen Wirtschaftslage unabhängig. Werden im Portfolio Anlagen kombiniert, die nicht perfekt korreliert sind, kann das unsystematische Risiko wegdiversifiziert werden. Im Gegensatz dazu lässt sich das Marktrisiko niemals ausschließen.

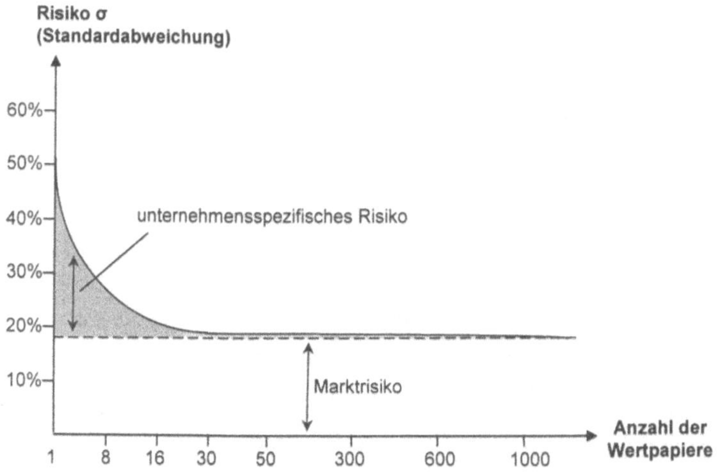

Abbildung 24: Marktrisiko und unternehmensspezifisches Risiko[233]

Werden in einem Portfolio mehrere Anlagen kombiniert, wird Rendite-Risiko-Beziehung komplexer. „Unter gewöhnlichen Umständen liegen die Rendite-Risiko-Positionen, die ein Investor erreichen kann, der Portfolios aus mehr als zwei Wertpapieren bildet, auf einer Fläche mit eierschalenförmiger Gestalt."[234] Jeder Punkt auf der Fläche bildet dabei eine mögliche Portfoliomischung ab. In der folgenden Abbildung 25 sind die Rendite-Risiko-Positionen eines Portfolios am Beispiel von vier Wertpapieren dargestellt. Die grau schattierte Fläche beschreibt alle möglichen Portfoliomischungen. Als effizient im Sinne der Portfoliotheorie gelten nur die Portfolios, welche in Abbildung 25 auf der durchgezogenen Linie, der so genannten Efficient Frontier liegen. Für alle anderen Mischungsverhältnisse gibt es alternative Portfolio-

---

[233] Quelle: In enger Anlehnung an Loderer, Claudio / Jörg, Petra / Pichler, Karl / Zgraggen, Pius: Handbuch der Bewertung, 2000, S. 339.
[234] Kruschwitz, Lutz: Finanzierung und Investition, 2002, S. 183.

mischungen, welche bei gleichem oder geringerem Risiko eine höhere Rendite erzielen bzw. bei gleichem oder höherem Ertrag ein geringeres Risiko aufweisen.[235]

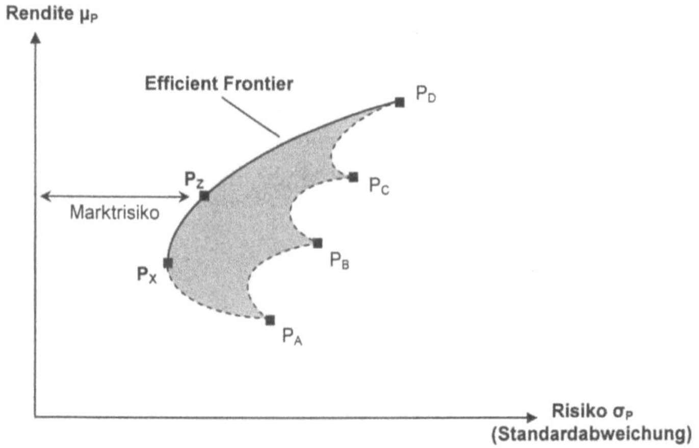

Abbildung 25: Zusammenhang zwischen Risiko und Rendite im Portfolio mit vier Anlagen bei unterschiedlicher Korrelation der Renditen[236]

Für welche Portfoliomischung sich der Anleger entscheidet, hängt von seiner Risikoneigung ab. Sehr risikoscheue Anleger werden das Portfolio (P_X) wählen, welches auf der Efficient Frontier ganz links liegt. Weniger risikoscheue Investoren bevorzugen dagegen Portfoliomischungen weiter rechts auf der Effizienzlinie (z.B. P_Z). Je weiter rechts der Anleger dabei seine Portfoliomischung auswählt, desto höher wird die zu erwartende Rendite, aber auch das Risiko.[237]

4.1.3 Indifferenzkurven und effiziente Portfolios

Die Portfoliotheorie unterstellt dem Investor risikoscheues Verhalten und dass er seine Entscheidung nach dem μ-σ Prinzip trifft.[238] Dies bedeutet, er wägt Chancen und Risiko gegeneinander ab. Dieses Abwägen kommt in der Präferenzfunktion[239] zum

---

[235] Vgl. Loderer, Claudio / Jörg, Petra / Pichler, Karl / Zgraggen, Pius: Handbuch der Bewertung, 2000, S. 343-344.
[236] Quelle: In Anlehnung an Kruschwitz, Lutz: Finanzierung und Investition, 2002, S. 184 und Loderer, Claudio / Jörg, Petra / Pichler, Karl / Zgraggen, Pius: Handbuch der Bewertung, 2000, S. 344.
[237] Vgl. Loderer, Claudio / Jörg, Petra / Pichler, Karl / Zgraggen, Pius: Handbuch der Bewertung, 2000, S. 343.
[238] Vgl. Kapitel 2.3.1.
[239] Ausführlich dazu siehe Abbildung 8 in Kapitel 2.3.1.

Ausdruck, welche die Abhängigkeit des Risikonutzens vom Erwartungswert des Gewinns und vom Risiko beschreibt.[240] Bei gegebener Präferenzfunktion wird die Portfoliomischung gewählt, bei der die Indifferenzlinie die Efficient Frontier tangiert, da kein anderes Portfolio auf einer höheren „Zufriedenheitskurve" liegt. Abbildung 26 zeigt diesen Zusammenhang graphisch.

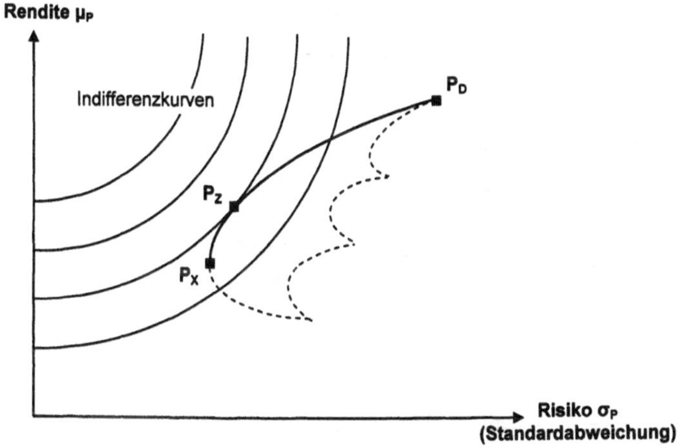

Abbildung 26: Efficient Frontier und Indifferenzkurven eines risikoscheuen Investors[241]

4.2 Das Capital Asset Pricing Model (CAPM)

William F. Sharpe[242], John Lintner und Jan Mossin entwickelten in den sechziger Jahren, aufbauend auf der Portfoliotheorie von Harry Markowitz, das Capital Asset Pricing Model (CAPM). Das Modell beschreibt den Zusammenhang zwischen dem Risiko einer Anlage und der vom Markt verlangten Prämie (Rendite) für die Übernahme des Risikos.

---

[240] Vgl. Perridon, Louis / Steiner, Manfred: Finanzwirtschaft der Unternehmung, 1997, S. 109-112.

[241] Quelle: In Anlehnung an Kruschwitz, Lutz: Finanzierung und Investition, 2002, S. 184 und Loderer, Claudio / Jörg, Petra / Pichler, Karl / Zgraggen, Pius: Handbuch der Bewertung, 2000, S. 344.

[242] William F. Sharpe erhielt im Jahr 1990 zusammen mit Merton H. Miller und Harry M. Markowitz den Nobelpreis der Wirtschaftswissenschaften für seine Arbeit auf dem Gebiet der Portfolio- und Finanztheorie.

4.2.1 Modellannahmen des CAPM

Das SLM-Modell[243] beruht auf den Prämissen der Portfoliotheorie, die als Erklärungsmodell für das tatsächliche Anlegerverhalten umgedeutet wird.[244] Darüber hinaus werden wichtige ergänzende Annahmen eingeführt:[245]

- Alle Investoren haben homogene Erwartungen in Bezug auf Erwartungswert, Standardabweichung und Kovarianzen aller Wertpapiere.
- Alle Anleger verhalten sich risikoscheu und wählen ihr Portfolio anhand der Parameter Erwartungswert und Standardabweichung der Rendite aus.
- Es besteht für alle Marktteilnehmer die Möglichkeit, zum gleichen risikolosen Zinssatz unbegrenzt Geld anzulegen oder sich zu verschulden.
- Die Menge der umlaufenden Wertpapiere ist vorgegeben. Sie werden auf vollkommenen Märkten gehandelt und sind beliebig teilbar.
- Der Planungszeitraum beträgt eine Periode.

4.2.2 Die Kapitalmarktlinie (Capital Market Line)

Existiert ein risikofreier Zinssatz, zu dem Kapital angelegt und aufgenommen werden kann, lässt sich anknüpfend an die Darstellungen im Rahmen der Portfoliotheorie die Menge effizienter Portfolios ableiten. Dabei wird unterstellt, dass alle Anleger ihr Portfolio aus risikobehafteten und risikofreien Wertpapieren bilden.[246] Als effizient gelten alle Wertpapiermischungen, die auf einer Geraden liegen, welche ihren Ursprung im risikolosen Zinssatz (R_f) hat und die Efficient Frontier tangiert.[247] Damit reduziert sich die Menge der optimalen Aktienportfolios auf eins, denn alle effizienten Mischungen enthalten nun das Marktportfolio (P_m). Der Anleger muss, um sein individuelles Portfolio zu bilden, nur noch den Erwartungswert und die Standardabwei-

---

[243] In der Literatur wird das CAPM auch als SLM-Modell zu Ehren der Entdecker Sharpe-Lintner-Mossin benannt.

[244] Vgl. Perridon, Louis / Steiner, Manfred: Finanzwirtschaft der Unternehmung, 1997, S. 258.

[245] Vgl. Perridon, Louis / Steiner, Manfred: Finanzwirtschaft der Unternehmung, 1997, S. 258-260; Schmidt, Reinhard H. / Terberger, Eva: Grundzüge der Investitions- und Finanzierungstheorie, 1997, S. 345-346 und Sharpe, William F.: Portfolio Theory and Capital Markets, 2000, S. 77-78.

[246] Vgl. Perridon, Louis / Steiner, Manfred: Finanzwirtschaft der Unternehmung, 1997, S. 261.

[247] Diese Linie ist nach ihrem Entdecker William F. Sharpe als Capital Market Line (Kapitalmarktlinie) benannt. Die Wertpapiermischung am Tangentialpunkt wird als Marktportfolio bezeichnet.

chung des Marktportfolios (P_m) kennen und dies in einem zweiten Schritt entsprechend seiner Risikoneigung mit der risikofreien Anlage (R_f) mischen.[248]

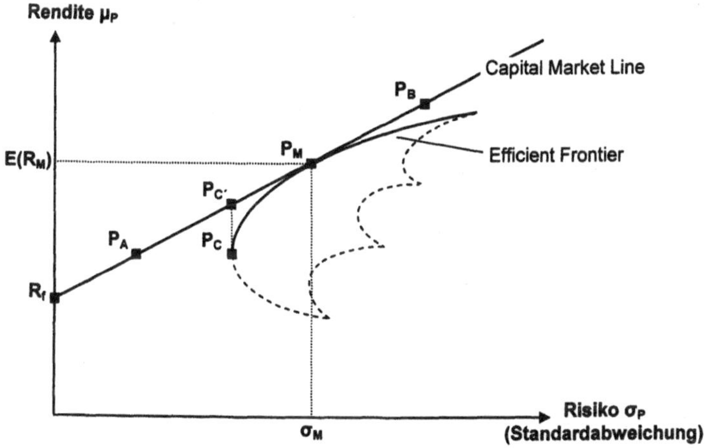

Abbildung 27: Effiziente Portfolios und die Capital Market Line[249]

Der vorsichtige Anleger wählt sein Portfolio (z.B. P_A) aus einer Mischung von Aktien und risikoloser Geldanlage. Je weiter nach links er sich auf der Capital Market Line bewegt, desto geringer wird sein Risiko (σ), aber auch der zu erwartende Ertrag (μ). Entscheidet er sich für die Mischung (P_M), besteht sein Portfolio ausschließlich aus risikobehafteten Anlageformen. Ist der Investor risikofreudig, wählt er eine Mischung (z.B. P_B), die grafisch rechts vom Marktportfolio (P_m) liegt. Dafür muss er sich zum risikolosen Zinssatz (R_f) verschulden und den Kredit zuzüglich seines Eigenkapitals in das risikobehaftete Marktportfolio investieren. Portfolios, die nicht auf der Kapitalmarktlinie liegen (z.B. P_C), gelten als nicht effizient, da es ein Mischungsverhältnis ($P_{C'}$) gibt, welches bei gleichem Risiko (σ) einen höheren Erwartungswert (μ) bietet.

---

[248] Vgl. Schmidt, Reinhard H. / Terberger, Eva: Grundzüge der Investitions- und Finanzierungstheorie, 1997, S. 336-337

[249] Quelle: In Anlehnung an Copeland, Tom / Weston, Fred / Shastri, Kuldeep: Financial Theory and Corporate Policy, 2005, S. 150 und Perridon, Louis / Steiner, Manfred: Finanzwirtschaft der Unternehmung, 1997, S. 261.

Wie in Abbildung 28 zu sehen, gilt für die Steigung der Capital Market Line:[250]

(37) $$\frac{E(R_M)-R_f}{\sigma_M}$$

Damit ergibt sich formal die Capital Market Line für ein beliebiges Portfolio (i) wie folgt:

(38) $$E(R_i)=E(R_f)+\frac{E(R_M)-R_f}{\sigma_M}\cdot\sigma_i$$

Wobei gilt:

$E(R_i)$ = Erwartungswert der Rendite des Portfolios (i)

$E(R_M)$ = Erwartungswert der Rendite des Marktportfolios (M)

R_f = Risikoloser Marktzinssatz

σ_M = Standardabweichung des Marktportfolios (M)

σ_i = Standardabweichung für das Portfolio (i)

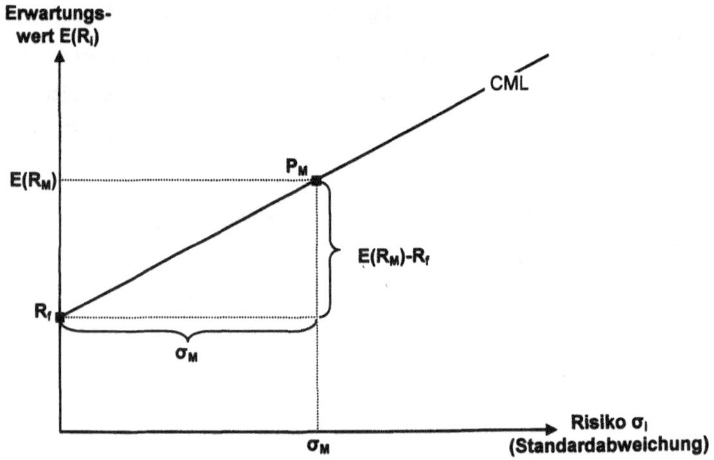

Abbildung 28: Capital Market Line (CML)[251]

---

[250] Vgl. zu dieser und den folgenden Ausführungen: Perridon, Louis / Steiner, Manfred: Finanzwirtschaft der Unternehmung, 1997, S. 262.

[251] Quelle: In enger Anlehnung an Perridon, Louis / Steiner, Manfred: Finanzwirtschaft der Unternehmung, 1997, S. 261.

4.2.3 Die Wertpapierlinie (Security Market Line)

Die Security Market Line (Wertpapierlinie) zählt zu den zentralen Aussagen der Kapitalmarkttheorie.[252] Im Gegensatz zur Capital Market Line, welche die Beziehung zwischen erwarteter Rendite (μ) und Risiko (σ) effizienter Portfolios ausdrückt, versucht das Modell der Wertpapierlinie, welches auch als Capital Asset Pricing Model (CAPM) bezeichnet wird, den Zusammenhang zwischen erwarteter Rendite eines einzelnen Wertpapiers und seines Risikobeitrags, ausgedrückt als Kovarianz, im Verhältnis zum Marktportfolio (P_M) darzustellen.[253] Möglich wird dies durch die Tatsache, dass jedes Wertpapier (i) Bestandteil des Marktportfolios (P_M) ist und sein Wert deshalb in Relation zu diesem ausgedrückt werden kann.

Ein Portfolio, welches zu α Prozent aus dem risikoreichen Wertpapier (i) und aus (1-α) Prozent aus dem Marktportfolio (P_M) besteht, besitzt folgenden Erwartungswert der Rendite $E(R_P)$ und folgende Standardabweichung (σ_P):[254]

(39) $$E(R_P) = \alpha \cdot E(R_i) + (1-\alpha) \cdot E(R_M)$$

(40) $$\sigma(R_P) = \left[\alpha^2 \sigma_i^2 + (1-\alpha)^2 \sigma_M^2 + 2\alpha(1-\alpha)\sigma_{iM}\right]^{\frac{1}{2}}$$

Wobei gilt:

σ_i^2 = Varianz des riskanten Wertpapiers (i)

σ_M^2 = Varianz des Marktportfolios (M)

σ_{iM}^2 = Kovarianz zwischen dem Wertpapier (i) und dem Marktportfolio (M)

Bildet man die partielle Ableitung nach α, kann die Abhängigkeit von Erwartungswert und Standardabweichung von marginalen Änderungen im Anteil α des Wertpapiers (i) am Portfolio (P_M) ermittelt werden.[255]

---

[252] Vgl. zu dieser und den folgenden Ausführungen: Weber, Martin / Schiereck, Dirk: Marktbezogene Bestimmung der Kapitalkosten, in: Gebhardt, Günther / Gerke, Wolfgang / Steiner, Manfred: Handbuch des Finanzmanagements, 1993, S. 131-150, hier S. 137.

[253] Vgl. zu dieser und der folgenden Ausführung: Perridon, Louis / Steiner, Manfred: Finanzwirtschaft der Unternehmung, 1997, S. 263.

[254] Vgl. zu dieser und den folgenden Ausführungen: Copeland, Tom / Weston, Fred / Shastri, Kuldeep: Financial Theory and Corporate Policy, 2005, S. 149-152. Sehr ähnlich in deutscher Sprache: Perridon, Louis / Steiner, Manfred: Finanzwirtschaft der Unternehmung, 1997, S. 263-265.

(41) $$\frac{\partial E(R_P)}{\partial a} = E(R_i) - E(R_M)$$

(42) $$\frac{\partial \sigma(R_P)}{\partial a} = \frac{1}{2}\left[\alpha^2\sigma_i^2 + (1-\alpha)^2\sigma_M^2 + 2\alpha(1-\alpha)\sigma_{iM}\right]^{-\frac{1}{2}} \cdot \left[2\alpha\sigma_i^2 - 2\sigma_M^2 + 2\alpha\sigma_{iM} + 2\sigma_{iM} - 4\alpha\sigma_{iM}\right]$$

William F. Sharpe erkannte, dass man mit den Gleichungen (41) und (42) den Preis für die Übernahme von Risiko im Marktgleichgewicht bestimmen kann und dass das Wertpapier (i) im Marktgleichgewicht schon mit einem bestimmten Anteil (α) im Marktportfolio enthalten ist. Deshalb ist das prozentuale α in den oben genannten Gleichungen der Nachfrageüberhang für ein beliebiges risikobehaftetes Wertpapier. Im Marktgleichgewicht werden jedoch Nachfrage- oder Angebotsüberhänge durch Preisanpassungen ausgeglichen. Deshalb ist im Gleichgewichtsmarkt α gleich Null. Setzt man α = 0 in die Formeln (41) und (42) ein, erhält man:

(43) $$\left.\frac{\partial E(R_P)}{\partial a}\right|_{\alpha=0} = E(R_i) - E(R_M)$$

(44) $$\left.\frac{\partial \sigma(R_P)}{\partial a}\right|_{\alpha=0} = \frac{1}{2}\left(\sigma_M^2\right)^{-\frac{1}{2}}\left(-2\sigma_M^2 + 2\sigma_{iM}\right) = \frac{\sigma_{iM} - \sigma_M^2}{\sigma_M}$$

Daraus folgt, dass für die Risiko-Ertragsbeziehung gilt:

(45) $$\left.\frac{\partial E(R_P)/\partial a}{\partial \sigma(R_P)/\partial a}\right|_{\alpha=0} = \frac{E(R_i) - E(R_M)}{\frac{\sigma_{iM} - \sigma_M^2}{\sigma_M}}$$

[255] Vgl. zu dieser und den folgenden Ausführungen: Copeland, Tom / Weston, Fred / Shastri, Kuldeep: Financial Theory and Corporate Policy, 2005, S. 149-152. Sehr ähnlich in deutscher Sprache: Perridon, Louis / Steiner, Manfred: Finanzwirtschaft der Unternehmung, 1997, S. 263-265.

Im Marktgleichgewicht ist diese Grenzrate der Substitution für alle Wertpapiere gleich und entspricht genau der Steigung der Capital Market Line. Aus Formel (37) wissen wir, dass für die Steigung der Kapitalmarktlinie gilt:[256]

$$\frac{E(R_M)-R_f}{\sigma_M}$$

Wenn also im Marktgleichgewicht die Rendite-Risiko-Substitution für alle Wertpapiere gleich ist, muss gelten:

$$(46) \quad \frac{E(R_M)-R_f}{\sigma_M}=\frac{E(R_i)-E(R_M)}{\frac{\sigma_{iM}-\sigma_M^2}{\sigma_M}}$$

Löst man diesen Ausdruck nach $E(R_i)$ auf, ergibt sich die Gleichung der Security Market Line, die auch unter dem Namen Capital Asset Pricing Model (CAPM bekannt ist.[257]

$$(47) \quad E(R_i)=R_f+\left(E(R_M)-R_f\right)\frac{\sigma_{iM}}{\sigma_M^2}$$

Die geforderte bzw. erwartete Rendite $E(R_i)$ für ein Wertpapier (i) entspricht der risikofreien Rendite (R_f) plus einer Risikoprämie, welche sich aus dem Marktpreis für die Risikoübernahme multipliziert mit der Risikohöhe ergibt. In der Terminologie des CAPM: Der Preis des Risikos ist die Steigung der Security Market Line, also die Differenz zwischen der erwarteten Rendite des Marktportfolios und dem risikofreien Zinssatz. Die Risikohöhe wird (oft) als β bezeichnet und bestimmt sich aus der Kovarianz der Erwartungswerte der Renditen des Wertpapiers $E(R_i)$ und des Marktportfolios $E(R_M)$, geteilt durch die Varianz der Renditeerwartung des Marktportfolios $\sigma^2 E(R_M)$.

---

[256] Vgl. zu dieser und den folgenden Ausführungen: Copeland, Tom / Weston, Fred / Shastri, Kuldeep: Financial Theory and Corporate Policy, 2005, S. 149-152. Sehr ähnlich in deutscher Sprache: Perridon, Louis / Steiner, Manfred: Finanzwirtschaft der Unternehmung, 1997, S. 263-265.

[257] Die mathematische Berechnung ist für den interessierten Leser in Anlage 6 beigefügt.

(48) $\beta_i = \frac{\sigma_{iM}}{\sigma_M^2} = \frac{\text{cov}(R_i, R_M)}{\text{var}(R_M)}$

Die risikolose Anlage besitzt ein Beta von null, da ihre Kovarianz mit dem Marktportfolio gleich Null ist. Das Marktportfolio hat ein Beta von eins, da die Kovarianz des Marktportfolios mit sich selbst der Varianz des Marktportfolios entspricht und somit gilt:[258]

(49) $\beta_M = \frac{\text{cov}(R_i, R_M)}{\text{var}(R_M)} = \frac{\text{var}(R_M)}{\text{var}(R_M)} = 1$

Zusammenfassend ist die Risiko-Ertragsbeziehung des CAPM in Form der Security Market Line (SML) in der folgenden Abbildung dargestellt.

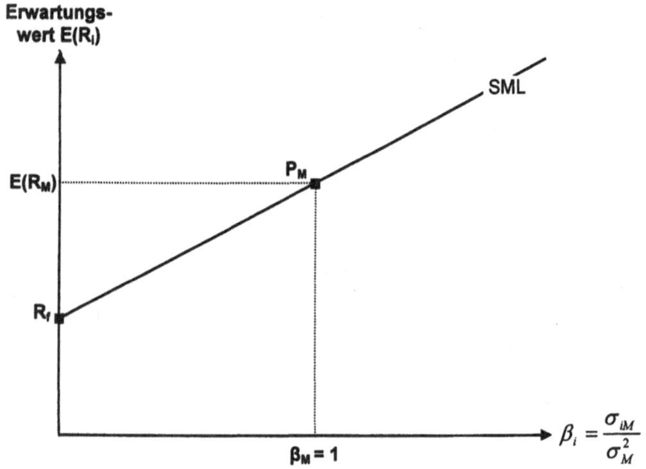

Abbildung 29: Security Market Line (SML)[259]

[258] Vgl. zu dieser und den folgenden Ausführungen: Copeland, Tom / Weston, Fred / Shastri, Kuldeep: Financial Theory and Corporate Policy, 2005, S. 149-152. Sehr ähnlich in deutscher Sprache: Perridon, Louis / Steiner, Manfred: Finanzwirtschaft der Unternehmung, 1997, S. 263-265.

[259] Quelle: In enger Anlehnung an Copeland, Tom / Weston, Fred / Shastri, Kuldeep: Financial Theory and Corporate Policy, 2005, S. 151.

4.3 Eigenkapitalkosten auf Basis des CAPM

Die Bewertung von Unternehmen mit Hilfe der DCF-Methoden setzt die Kenntnis der Kapitalkosten voraus.[260] Dabei „entspricht es der weltweit gängigen Praxis, die Eigenkapitalkosten anhand des CAPM zu ermitteln."[261] Das CAPM geht davon aus, dass Investoren nur für das so genannte systematische (unternehmensspezifische), nicht wegdiversifizierbare Risiko entlohnt werden.

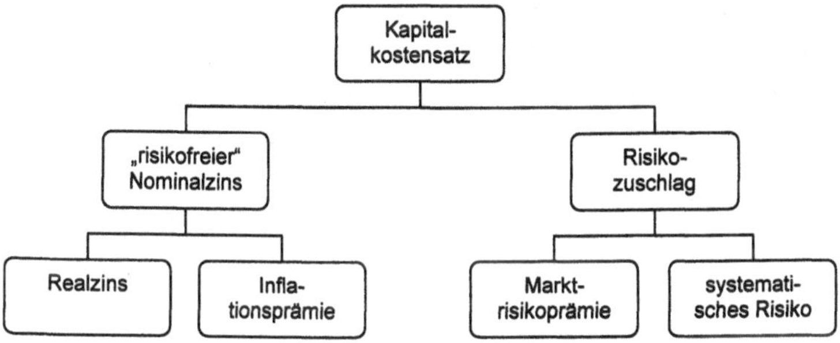

Abbildung 30: Zusammensetzung des Eigenkapitalkostensatzes[262]

Die Security Market Line gibt die erwartete Rendite eines Wertpapiers in Abhängigkeit vom systematischen Risiko an. „Dieser Zusammenhang kann zur Ermittlung der Eigenkapitalkosten einer Unternehmung (=Renditeforderung der Eigenkapitalgeber) verwandt werden."[263]

Eigenkapital-kosten | Risikofreie Rendite | Systematisches Risiko

$$E(R_i) = r_{EK} = R_f + \underbrace{\left(E(R_M) - R_f\right)}_{\text{Marktrisikoprämie}} \beta$$

Abbildung 31: Bestimmende Faktoren des CAPM[264]

---

[260] Zu den Verfahren der Unternehmensbewertung siehe Kapitel 3.1 und zusammenfassend Kapitel 3.3.

[261] Copeland, Tom / Koller, Tim / Murrin, Jack: Unternehmenswert, 2002, S. 435.

[262] Quelle: In enger Anlehnung an Weber, Bruno: Beurteilung von Akquisitionen auf der Grundlage des Shareholder Value, in: Betriebswirtschaftliche Forschung und Praxis (BFuP): 1991, Band 43, S. 221-232, hier S. 230.

[263] Perridon, Louis / Steiner, Manfred: Finanzwirtschaft der Unternehmung, 1997, S. 501.

[264] Quelle: In Anlehnung an Copeland, Tom / Koller, Tim / Murrin, Jack: Unternehmenswert, 2002, S. 265. (In der deutschen Version ist die Marktrisikoprämie als systematisches Risiko bezeichnet. Für

Um das CAPM anwenden zu können, müssen die bestimmenden Faktoren der Security Market Line ermittelt werden. In den nachfolgenden Kapiteln werden Ansätze zur Berechnung der risikofreien Rendite, der Marktrisikoprämie und des systematischen Risikos (β) vorgestellt.[265]

4.3.1 Ermittlung der risikofreien Rendite

In der Praxis existiert die Möglichkeit nicht, am Kapitalmarkt unbegrenzt Geld zum gleichen Zinssatz aufzunehmen und anzulegen. Auch gibt es keine völlig risikofreien Wertpapiere. Jegliche Form der (Geld-) Anlage unterliegt zumindest einem Zinsänderungs- oder Inflationsrisiko.[266] Aus diesem Grund erweiterte Black[267] das CAPM und zeigte, dass es unter der Bedingung der Zulässigkeit von Leerverkäufen möglich ist, ein Portfolio zusammenzustellen, dessen Rendite risikofrei und nicht mit dem Marktportfolio korreliert ist. [268] In diesem erweiterten Modell steht als risikofreie Anlage das risikofreie Portfolio (R_z). Der Erwartungswert der Rendite einer Anlage $E(R_k)$ ist dann wie folgt definiert:

(50) $$E(R_k) = E(R_z) + [E(R_M) - E(R_z)]\beta_k$$

„Doch aufgrund der hohen Kosten und Schwierigkeiten, die mit der Zusammenstellung solcher Portfolios verbunden sind, scheidet dieser Weg zur Bestimmung der risikofreien Renditen aus."[269] Es „müssen Näherungsgrößen für die sichere Anlage herangezogen werden."[270]

In fast allen Lehrbüchern wird die risikofreie Rendite mit Staatsanleihen bester Bonität approximiert. Copeland, Koller und Murrin empfehlen für den amerikanischen Markt Schatzanweisungen der US-Regierung (Treasury Bonds) und für Deutschland

---

die bessere Darstellung siehe im englischen Original: Copeland, Tom / Koller, Tim / Murrin, Jack: Valuation, 2000, S. 215.)

265 Vgl. Copeland, Tom / Koller, Tim / Murrin, Jack: Unternehmenswert, 2002, S. 265-266.

266 Vgl. Linnenbrink, Karin: Das CAPM mit zeitabhängigen Beta-Faktoren, 1998, S. 34.

267 Black, Fischer: Capital Market Equilibrium with Restricted Borrowing, in: The Journal of Business: 1972, Vol. 45, No. 3, S. 444-455.

268 Vgl. zu dieser und den folgenden Ausführungen: Black, Fischer: Capital Market Equilibrium with Restricted Borrowing, in: The Journal of Business: 1972, Vol. 45, No. 3, S. 444-455.

269 Copeland, Tom / Koller, Tim / Murrin, Jack: Unternehmenswert, 2002, S. 266.

270 Weber, Martin / Schiereck, Dirk: Marktbezogene Bestimmung der Kapitalkosten, in: Gebhardt, Günther / Gerke, Wolfgang / Steiner, Manfred: Handbuch des Finanzmanagements, 1993, S. 131-150, hier S. 141.

Bundesanleihen mit einer Laufzeit von zehn Jahren.[271] Begründet wird dies unter anderem mit folgenden Argumenten:[272]

- Die Laufzeit der Anleihen entspricht in etwa dem Zeitraum der zu berücksichtigenden Cashflows des zu bewertenden Unternehmens.
- Die Zehnjahresrendite reagiert weniger sensibel auf unerwartete Änderungen der Inflationsrate und die enthaltene Liquiditätsprämie kann unter denen von Anleihen mit bis zu dreißigjähriger Laufzeit liegen.

4.3.2 Ermittlung der Marktrisikoprämie

Die Marktrisikoprämie ergibt sich aus der Differenz der erwarteten Rendite des Marktportfolios und dem risikofreien Zins.[273] Theoretisch handelt es sich bei dem Marktportfolio um alle handelbaren risikobehafteten Anlagen wie z. B. Aktien, Immobilien, Rohstoffe oder Kunstgegenstände.[274] Im (theoretischen) Kapitalmarktgleichgewicht gibt es keine Über- bzw. Unterbewertungen, weil sich die Preise immer sofort in Richtung des Gleichgewichtspreises anpassen. Deshalb hält jeder (effiziente) Anleger prozentuale Anteile am gesamten Marktportfolio.

Wie aber bereits in Abbildung 24[275] dargestellt, haben empirische Untersuchungen gezeigt, dass man das Risiko ab einer bestimmten Zahl von gehaltenen Aktien nicht mehr signifikant durch Diversifikation senken kann. „Ab einer Zahl von etwa 30 Titeln ist keine wesentliche Risikosenkung mehr möglich."[276] Aus diesem Grund ist es vertretbar, das Marktportfolio durch einen Aktienindex zu modellieren, auch wenn die

---

271 Vgl. Copeland, Tom / Koller, Tim / Murrin, Jack: Unternehmenswert, 1993, S. 209-211 und S. 423.
272 Vgl. zu den folgenden Ausführungen: Copeland, Tom / Koller, Tim / Murrin, Jack: Unternehmenswert, 2002, S. 266 und S. 566.
273 Siehe Abbildung 31.
274 Vgl. Loderer, Claudio / Jörg, Petra / Pichler, Karl / Zgraggen, Pius: Handbuch der Bewertung, 2000, S. 359.
275 Siehe Kapitel 4.1.2.
276 Vgl. Loderer, Claudio / Jörg, Petra / Pichler, Karl / Zgraggen, Pius: Handbuch der Bewertung, 2000, S. 338.

am Aktienmarkt gehandelten Papiere nur eine Teilmenge aller riskanten Anlagemöglichkeiten repräsentieren.[277]

Weltweit gibt es sehr viele Indizes, die als Approximation für das Marktportfolio herangezogen werden können. In der Literatur wird z.B. der S&P 500 für die USA, der MSCI-IE (Morgan Stanley Capital International Index Europe Total Return) für Europa und der Index des Statistischen Bundesamtes[278] für Deutschland vorgeschlagen.[279] Untersuchungen haben gezeigt, dass es für eine Vielzahl marktgewichteter Börsenindizes keine nennenswerten Unterschiede in der Performancemessung gibt.[280] „Die relative Einschätzung des Marktrisikos einer Aktie ist damit praktisch unabhängig vom verwendeten Marktindex."[281] Aus Gründen der Plausibilität müssen jedoch nachvollziehbare Größen, am besten in gleicher Währung notierte Portfolios, angenommen werden. „Generell sollte die Wahl des Index vom zu bewertenden Unternehmen bzw. Investitionsprojekt abhängen."[282]

4.3.3 Ermittlung des systematischen Risikos (Beta)

Um das systematische Risiko β zu ermitteln, können historisch beobachtete Renditen herangezogen werden. Im von Sharpe vorgeschlagenen relativ einfachen Marktmodell wird ein linearer Zusammenhang zwischen der Rendite (R_i) eines Wertpapiers (i)

---

[277] Vgl. Weber, Martin / Schiereck, Dirk: Marktbezogene Bestimmung der Kapitalkosten, in: Gebhardt, Günther / Gerke, Wolfgang / Steiner, Manfred: Handbuch des Finanzmanagements, 1993, S. 131-150, hier S. 142.

[278] Enthält Werte von ausgewählten, an den deutschen Börsen zum amtlichen Handel oder im geregelten Freiverkehr zugelassenen Aktiengesellschaften mit Sitz in Deutschland.

[279] Vgl. dazu u. a.: Copeland, Tom / Koller, Tim / Murrin, Jack: Unternehmenswert, 1993; Loderer, Claudio / Jörg, Petra / Pichler, Karl / Zgraggen, Pius: Handbuch der Bewertung, 2000 und Weber, Martin / Schiereck, Dirk: Marktbezogene Bestimmung der Kapitalkosten, in: Gebhardt, Günther / Gerke, Wolfgang / Steiner, Manfred: Handbuch des Finanzmanagements, 1993, S. 131-150.

[280] Vgl. Weber, Martin / Schiereck, Dirk: Marktbezogene Bestimmung der Kapitalkosten, in: Gebhardt, Günther / Gerke, Wolfgang / Steiner, Manfred: Handbuch des Finanzmanagements, 1993, S. 131-150, hier S. 142.

[281] Frantzmann, Hans-Jörg: Zur Messung des Marktrisikos deutscher Aktien, in: Zeitschrift für betriebswirtschaftliche Forschung (ZfbF): 1990, Band 42, S. 67-83, hier S. 73.

[282] Loderer, Claudio / Jörg, Petra / Pichler, Karl / Zgraggen, Pius: Handbuch der Bewertung, 2000, S. 360.

und der Rendite des Marktportfolios (R_M) unterstellt.[283] Formal lautet die Funktion des Marktmodells wie folgt:[284]

$$(51) \quad R_i = a_i + b_i \cdot R_M$$

„Das a_i gibt den Teil der Unternehmensrendite an, der von der Marktrendite unabhängig ist, also auch bei einer Marktrendite von null bestehen bleibt."[285] Der Regressionskoeffizient $b_i = \beta$ wird mit Hilfe der Regressionsanalyse geschätzt und ergibt sich aus der Steigung der Regressionsgeraden (Characteristic Line).[286] Sie ermittelt sich z. B. durch periodische Regression der Risikoprämie[287] des zu bewertenden Unternehmens R_{it} auf die Marktrisikoprämie (R_{Mt} - R_{ft}).[288]

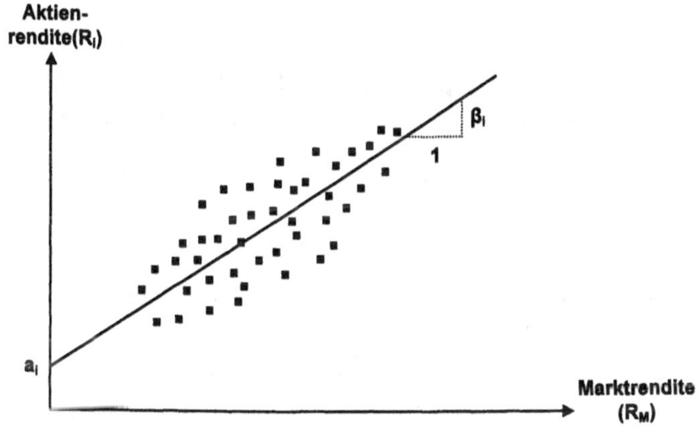

Abbildung 32: Characteristic Line[289]

Abbildung 32 zeigt, wie stark die Rendite der Aktie (i) im Durchschnitt der für möglich gehaltenen Realisationen von Wertepaaren für R_M und R_i von ihrem Erwartungswert

---

[283] Vgl. Baetge, Jörg / Krause, Clemens: Die Berücksichtigung des Risikos bei der Unternehmensbewertung, in: Betriebswirtschaftliche Forschung und Praxis (BFuP): 1994, Band 46, S. 433-456, hier S. 439.

[284] Vgl. Sharpe, William F.: Portfolio Theory and Capital Markets, 2000, S. 92.

[285] Baetge, Jörg / Krause, Clemens: Die Berücksichtigung des Risikos bei der Unternehmensbewertung, in: Betriebswirtschaftliche Forschung und Praxis (BFuP): 1994, Band 46, S. 433-456, hier S. 440.

[286] Vgl. Sharpe, William F.: Portfolio Theory and Capital Markets, 2000, S. 91-96.

[287] Für die Steigung der Geraden ist es unerheblich, ob die Wertepaare Aktienrendite und Marktrendite um den risikofreien Zins bereinigt werden.

[288] Vgl. Loderer, Claudio / Jörg, Petra / Pichler, Karl / Zgraggen, Pius: Handbuch der Bewertung, 2000, S. 362.

[289] Quelle: In Anlehnung an Schmidt, Reinhard H. / Terberger, Eva: Grundzüge der Investitions- und Finanzierungstheorie, 1997, S. 357.

(μ_i) abweicht, wenn die Rendite (R_m) des Marktes um eine Einheit von ihrem Erwartungswert (μ_M) abweicht:[290]

$$(52) \quad \beta_i = \frac{\textit{relative Abweichung der Aktienrendite}}{\textit{relative Abweichung der Marktrendite}}$$

Damit ist das Steigungsmaß der Characteristic Line (β) auch ein Maß für die Empfindlichkeit der Aktie gegenüber allgemeinen Marktschwankungen. Sie misst die „relative Volatilität" einer Aktie.[291] Mit anderen Worten ausgedrückt: „Der Bata-Faktor gibt an, um wie viel stärker oder schwächer die Rendite des Unternehmens im Vergleich zur Rendite des Marktportfolios schwankt."[292]

4.4 Zusammenfassung und Kritik am CAPM

Im vorhergehenden Kapitel wurde gezeigt, wie sich mit Hilfe des CAPM die Eigenkapitalkosten eines Unternehmens bestimmen lassen. Der so ermittelte Zinssatz kann bei unverschuldeten Unternehmen 1:1 und bei verschuldeten Unternehmen, bereinigt um den Fremdkapitalkostensatz und den Steuervorteil, als Diskontierungszins (z. B. mit Hilfe des WACC)[293] für die Bewertung zukünftiger Cashflows herangezogen werden.[294] Einige Autoren kritisieren, dass man mit dem CAPM keine genaueren Werte für den Risikozuschlag gegenüber der pauschalen Risikozuschlagsmethode erhalten kann.[295] Dem ist entgegenzuhalten, dass das CAPM eine wertvolle Hilfe bei der Plausibilisierung von pauschal geforderten Eigenkapitalrenditen oder Risikozuschlägen ist.[296] Auch für die Problematisierung der in der Praxis anzutreffenden Vorstellung, dass Eigenkapital gänzlich kostenfrei zur Verfügung stehe oder die Eigenkapi-

---

[290] Vgl. Schmidt, Reinhard H. / Terberger, Eva: Grundzüge der Investitions- und Finanzierungstheorie, 1997, S. 357.

[291] Vgl. Schmidt, Reinhard H. / Terberger, Eva: Grundzüge der Investitions- und Finanzierungstheorie, 1997, S. 357.

[292] Achleitner, Ann-Kristin / Nathusius, Eva: Venture Valuation, 2004, S. 48.

[293] Siehe Formel (18) Seite 40.

[294] Ausführlich zur Berücksichtigung des Steuervorteils und der Kapitalstruktur siehe: Richter, Frank / Simon-Keuenhof, Kai: Bestimmung durchschnittlicher Kapitalkostensätze deutscher Industrieunternehmungen, in: Betriebswirtschaftliche Forschung und Praxis (BFuP): 1996, Band 48, S. 698-708, hier S. 701-703.

[295] Z. B. Baetge, Jörg / Krause, Clemens: Die Berücksichtigung des Risikos bei der Unternehmensbewertung, in: Betriebswirtschaftliche Forschung und Praxis (BFuP): 1994, Band 46, S. 433-456

[296] Vgl. zu dieser und den folgenden Ausführungen: Richter, Frank / Simon-Keuenhof, Kai: Bestimmung durchschnittlicher Kapitalkostensätze deutscher Industrieunternehmungen, in: Betriebswirtschaftliche Forschung und Praxis (BFuP): 1996, Band 48, S. 698-708, hier S. 706.

talkosten durch die Dividendenrendite hinreichend abgebildet würden, liefert das CAPM mit seiner bestechenden Einfachheit wertvolle Argumentationshilfen.

4.4.1 Empirische Überprüfung des CAPM

Seit der Veröffentlichung des CAPM durch William F. Sharpe sind mittlerweile vierzig Jahre vergangen, und noch immer versuchen Wissenschaftler, das CAPM empirisch zu beweisen oder zu widerlegen. Dabei teilen sich die Forscher in zwei Lager und bisher ist es niemandem gelungen, den „endgültigen" Beweis oder Gegenbeweis zu finden und damit den Sieg für eine Seite zu erringen. Jeder Versuch, diese lange Zeit der wissenschaftlichen Auseinandersetzung in dem hier gebotenen Rahmen auch nur annähernd vollständig wiederzugeben, wäre von vornherein zum Scheitern verurteilt. Aus diesem Grund werden nachfolgend ausgewählte empirische Arbeiten angesprochen, außerdem wird auf die auftretenden Schwierigkeiten hingewiesen und auf weiterführende Literatur verwiesen.

Die ersten wichtigen und häufig zitierten empirischen Überprüfungen des CAPM stammen von Black, Jensen, Scholes[297] und von Fama, MacBeth.[298] Beide Tests sind zweistufig angelegt. Im ersten Schritt werden mit Hilfe von historischen Renditen die Betawerte von Wertpapieren mittels Längsschnittregression geschätzt. In der zweiten Stufe werden die durchschnittlichen Renditen mittels Querschnittsanalyse gegen die Betas regressiert.[299] Im Ergebnis kommen beide Studien zu dem Schluss, dass der Zusammenhang zwischen durchschnittlicher Rendite und Beta linear zu sein scheint. Allerdings ist die Steigung der Security Market Line etwas flacher als angenommen.[300] Die Ergebnisse der Untersuchungen legen nahe, dass das Zero-Beta-CAPM von Black[301] mit seinem höheren Ordinatenschnittpunkt (= höherer risikofreier Zins) eher zutrifft als das Grundmodell.[302]

---

297 Black, Fischer / Jensen, Michael / Scholes, Myron: The Capital Asset Pricing Model: Some Empirical tests, in: Jensen, Michael: Studies in the Theory of Capital Markets, 1972, S. 79-121.

298 Fama, Eugene / MacBeth, James: Risk, Return, and Equilibrium: Empirical Tests, in: The Journal of Political Economy: 1973, Vol. 81, No. 3, S. 607-636.

299 Vgl. Zimmermann, Peter: Schätzung und Prognose von Betawerten, 1997, S. 41-42.

300 Vgl. Kruschwitz, Lutz: Finanzierung und Investition, 2002, S. 206.

301 Black, Fischer: Capital Market Equilibrium with Restricted Borrowing, in: The Journal of Business: 1972, Vol. 45, No. 3, S. 444-455.

302 Vgl. Zimmermann, Peter: Schätzung und Prognose von Betawerten, 1997, S. 42.

Die Tatsache, dass das Marktportfolio nicht zu erfassen ist und deshalb, um das CAPM zu testen, approximiert werden muss, veranlasst Roll, die empirische Testbarkeit des CAPM generell in Frage zu stellen.[303] Er weißt darauf hin, dass sich aus jeder beliebigen Menge von Wertpapieren der effiziente Rand dieser Menge bilden lässt. Ex post existiert somit immer ein μ-σ-effizientes Portfolio, das eine lineare Beziehung zwischen den durchschnittlichen Renditen und den Betas dieser Titel wiedergibt."[304] Roll argumentiert weiter, dass damit zwar der Proxy μ-σ-effizient sein kann, das Marktportfolio jedoch nicht. Aber auch umgekehrt kann der Proxy ineffizient sein, das Marktportfolio aber schon. Daraus lässt sich schließen, dass das CAPM nur mit dem „wahren" Marktportfolio getestet werden kann.[305] Die Kritik von Roll veranlasste die Gemeinde der Wissenschaftler jedoch nicht, die Bemühungen das CAPM zu beweisen oder zu widerlegen einzustellen, vielmehr wurden (und werden) immer neue Modelle und Varianten entwickelt, um doch noch eine „Lösung" zu finden.

Zusammenfassend für die ersten zehn Jahre empirischer Testversuche schrieb Ross in seinem Aufsatz, in dem er auch auf seine Variante des CAPM, dem APT (Arbitrage Theory of Capital Asset Pricing)[306] hinweist: „It is not impossible to test the CAPM, but it is ironic that after more than a decade of study, no robust supposedly testable theory exists."[307]

4.4.2 Ist das Beta tot?

„Is Beta Dead?" So überschrieb Wallace im Jahr 1980 seinen Aufsatz zum CAPM.[308] Mit „Beta is Dead! Long Live Beta!" antwortete McQueen.[309] Unter diesem Motto fanden und finden sich seit Beginn der achtziger Jahre Wissenschaftler, die sich auf die eine oder andere Seite des CAPM-Lagers schlagen. Im Laufe der Zeit wurde eine

[303] Roll, Richard: A Critique of the Asset Pricing Theory's Tests, Part I: On Past and Potential Testability of the Theory, in: Journal of Financial Economics: 1977, Vol. 4, S. 129-176.
[304] Kruschwitz, Lutz: Finanzierung und Investition, 2002, S. 207.
[305] Eine gute Zusammenfassung der Argumentation von Roll findet sich bei: Kruschwitz, Lutz: Finanzierung und Investition, 2002, S. 206-209.
[306] Ross, Stephen: The Arbitrage Theory of Capital Asset Pricing, in: Journal of Economic Theory: 1976, Vol. 13, No. 1, S. 341-360.
[307] Ross, Stephen: The Current Status of the Capital Asset Pricing Model (CAPM), in: The Journal of Finances: 1978, Vol. 33, No. 3, S. 885-901, hier S. 898.
[308] Wallace, Anise: Is Beta Dead?, in: Institutional Investor: 1980, July, S. 23-30.
[309] McQueen, Jason: Beta Is Dead! Long Live Beta!, in: Stern Joel / Chew, Donald: The Revolution in Corporate Finance: 1986, Reprinted 1987, S. 52-57.

Reihe möglicher Faktoren entdeckt, z.B. Size-Effect, Price/Earnings Ratio, Book to Market Ratio, durch die Renditeunterschiede bei Aktien erklärt werden können.[310] Doch auch ein weiteres Jahrzehnt Forschung brachte keinen Beweis, durch den das CAPM „endgültig" abgelehnt oder bestätigt werden konnte.

Im Jahr 1990 kam den Urvätern der Portfoliotheorie und des CAPM mit der Verleihung des Nobelpreises die Anerkennung für ihre Pionierarbeit zu. Aber nur zwei Jahre später folgte der nächste schwere Angriff auf das CAPM. Fama/French veröffentlichten einen Artikel,[311] dessen Ergebnisse großes Aufsehen erregten: „Unsere Untersuchungen liefern keinerlei Beweis für die Grundaussage des Capital Asset Pricing Model, dass zwischen durchschnittlichen Aktienrenditen und Markt-Betas ein positiver Zusammenhang besteht."[312]

Mit diesem Artikel lösten Fama/French eine neue, sehr kontroverse Diskussion aus. Während einige schon vorschnell den endgültigen Todesstoß für das CAPM verkündeten, sahen andere[313] die Ergebnisse von Fama/French „in vollem Einklang mit dem SLB-Modell stehen, da auch sie eine positive Steigung der SML bestätigen."[314] Black folgerte weiter: „If beta had been dead, the French-Fama results would have revived it!"[315] Andere Wissenschaftler befassten sich mit der Studie von Fama/French und kritisierten die getroffenen Annahmen sowie die verwendete Kursdatenbank.[316]

Vor dem Hintergrund der bereits erwähnten Thesen von Roll[317] stellt sich erneut die Frage nach der Testbarkeit des CAPM und des dazu zu verwendenden Marktportfo-

---

[310] Ausführlich dazu mit umfassenden weiterführenden Quellen: Zimmermann, Peter: Schätzung und Prognose von Betawerten, 1997, S. 44-46.

[311] Fama, Eugene / French, Kenneth: The Cross-section of Expected Stock Returns, in: The Journal of Finance: 1992, Vol. 47, No. 2, S. 427-465.

[312] Copeland, Tom / Koller, Tim / Murrin, Jack: Unternehmenswert, 2002, S. 275. Originaltext: „In short, our tests do not support the central prediction of the SLB model, that average stock returns are positively related to market β." Fama, Eugene / French, Kenneth: The Cross-section of Expected Stock Returns, in: The Journal of Finance: 1992, Vol. 47, No. 2, S. 427-465, hier S. 449.

[313] Z. B. Black, Fischer: Beta and Return – Announcements of the "death" of beta seem premature, in: Journal of Portfolio Management: 1993, Vol. 20, No. 1, S. 8-18.

[314] Zimmermann, Peter: Schätzung und Prognose von Betawerten, 1997, S. 48.

[315] Black, Fischer: Estimating Expected Return, in: Financial Analysts Journal: 1993, Vol. 49, No. 5, S. 36-38, hier S. 38.

[316] Einen guten Überblick zu der Diskussion um Fama/French bietet: Wallmeier, Martin: Determinanten erwarteter Renditen am deutschen Kapitalmarkt, in: Zeitschrift für betriebswirtschaftliche Forschung (ZfbF): 2000, Band 52, S. 27-57.

[317] Roll, Richard: A Critique of the Asset Pricing Theory's Tests, Part I: On Past and Potential Testability of the Theory, in: Journal of Financial Economics: 1977, Vol. 4, S. 129-176.

lios.[318] „Allerdings erklärt die Indexverzerrung nicht, warum die Höhe der Abweichungen systematisch mit bestimmten Kennzahlen zusammenhängt.“[319] Die von vielen Wissenschaftlern betriebene Suche nach bestimmenden Determinanten von Aktienrenditen vergleicht Black mit einer Heerschar von Goldgräbern, die trotz harter Arbeit nur ein paar Nuggets finden.[320]

4.4.3 Kurzes Resümee

Der Kampf um das CAPM steht zumindest unentschieden[321] und Schneider spricht in diesem Zusammenhang von einem Glaubensdogma.[322] Noch ist das Modell, welches Markowitz, Sharpe und all die anderen widerlegt oder beweist, nicht gefunden. Bis dahin gilt: „Nur eine bessere Theorie kann eine vorhandene verdrängen – und bisher ist diese bessere Theorie nicht in Sicht.“[323] Akzeptiert man die Prämissen des CAPM, kann man wie in diesem Kapitel dargestellt mit dem Marktmodell[324] die historischen Betas des CAPM berechnen. Auch wenn, wie gezeigt, die Ergebnisse nicht gänzlich frei von Problemen sind, geben sie zumindest einen Hinweis auf die mit einem Wertpapier verbundenen Risiken.

In dieser Arbeit geht es nicht darum ein neues Modell für die Bestimmung der Eigenkapitalkosten zu entwickeln oder das CAPM um eine weitere Variante zu verfeinern. Vielmehr soll auf Basis der heutigen Forschung das CAPM in seiner Grundform mit dem Ziel angewendet werden, die Eigenkapitalkosten der holzverarbeitenden Industrie sowie der Druckmaschinen- und Papierindustrie konkret zu bestimmen.

---

318 Ausführlich zur Indexauswahl: Steiner, Manfred / Kleeberg, Jochen: Zum Problem der Indexauswahl im Rahmen der wissenschaftlich-empirischen Anwendung des Capital Asset Pricing Model, in: Die Betriebswirtschaft (DBW): 1991, Band 51, S. 171-182.

319 Wallmeier, Martin: Determinanten erwarteter Renditen am deutschen Kapitalmarkt, in: Zeitschrift für betriebswirtschaftliche Forschung (ZfbF): 2000, Band 52, S. 27-57, hier S. 34.

320 „This means that most so-called "anomalies" don't seem anomalous to me at all. They seem like nuggets from a gold mine, found by one of the thousands of miners all over the world.“ Black, Fischer: Estimating Expected Return, in: Financial Analysts Journal: 1993, Vol. 49, No. 5, S. 36-38, hier S. 37.

321 Nachdem das CAPM im angelsächsischen Raum weit verbreitet ist, gibt es aktuell Überlegungen, es auch in die deutschen Bewertungsstandards für Wirtschaftsprüfer einzufügen. Vgl.: Kames, Christian / Richter, Frank: Die Spekulation auf höhere Abfindungsangebote dürfte bald vorüber sein, in: Frankfurter Allgemeine Zeitung (FAZ) vom 18.11.2004, S. 25. (Druckfehler im Original: „Der Spekulation...“)

322 Vgl. Schneider, Dieter: Investition, Finanzierung und Besteuerung, 1992, S. 541.

323 Copeland, Tom / Koller, Tim / Murrin, Jack: Unternehmenswert, 2002, S. 276.

324 Siehe Kapitel 4.3.3.

5 Anwendung des Capital Asset Pricing Model zur Ermittlung der Betafaktoren ausgewählter Unternehmen

In Kapitel 4 wurde dargelegt, wie die einzelnen Bestandteile des CAPM – risikofreie Rendite, Marktrisikoprämie und das systematische Risiko Beta – bestimmt und daraus die Kapitalkosten ermittelt werden können.[325] Die so gewonnenen Informationen zu den Eigenkapitalkosten eines Unternehmens sind sowohl in der Unternehmensbewertung als auch für die Bewertung zukünftiger Investitionen einsetzbar.

Um die Erkenntnisse dieses Modells in Form von ex post Eigenkapitalkostensätzen für Entscheider nutzbar zu machen, werden in den folgenden Abschnitten die Betafaktoren ermittelt. Dazu werden nachfolgend 42 börsennotierte Unternehmen der Forstindustrie auf der Basis ihrer historischen Kursdaten der letzten 28 Jahre untersucht. Es wird das Beta der einzelnen Unternehmen und das anderer Branchen bestimmt, sowie die Stabilität der Betafaktoren im Zeitablauf geprüft.

5.1 Rahmenbedingungen und Modellannahmen

Betafaktoren wurden in der Vergangenheit von zahlreichen Autoren geschätzt und untersucht.[326] Auch Zeitungen oder Direktbanken veröffentlichen mittlerweile Betas auf Basis der letzten 250 Börsentage für verschiedene Unternehmen.[327]

Die Vorgehensweise, aus historischen Kursdaten mit Hilfe des Marktmodells von Sharpe Betafaktoren zu schätzen ist heute allgemein bekannt und in der Literatur ausführlich beschrieben.[328] Das Ergebnis der Schätzung der Betafaktoren hängt aber von den (variablen) Grundannahmen ab, welche in die Berechnung einfließen. Als wichtigste, die Schätzung beeinflussende Parameter können folgende Punkte genannt werden:

---

[325] Siehe Kapitel 4.3.1 bis 4.3.3.

[326] Siehe z.B. für den deutschen Aktienmarkt: Frantzmann, Hans-Jörg: Zur Messung des Marktrisikos deutscher Aktien, in: Zeitschrift für betriebswirtschaftliche Forschung (ZfbF): 1990, Band 42, S. 67-83 und sehr ausführlich: Zimmermann, Peter: Schätzung und Prognose von Betawerten, 1997 sowie die in beiden Schriften angegebene Literatur.

[327] Siehe z.B. Börsen-Zeitung oder www.cortalconsors.de.

[328] Siehe z.B. Sharpe, William F.: Portfolio Theory and Capital Markets, 2000 oder sehr konkret anhand eines Beispiels: Loderer, Claudio / Jörg, Petra / Pichler, Karl / Zgraggen, Pius: Handbuch der Bewertung, 2000, S. 359-363 und S. 473-475.

- Wahl der Berechnungsmethode für die Renditen
- Schätzverfahren für die Regression
- Proxys für risikofreie Verzinsung und Marktportfolio
- Länge der Schätzperiode
- Länge des Renditeintervalls

Allerdings hat sich noch kein Standardverfahren zur Schätzung von Betafaktoren herausgebildet.[329] Dies liegt vor allem an der fast unendlichen Zahl von Möglichkeiten, die Einflussfaktoren und angenommenen Approximationen zu kombinieren. Zimmermann stellt aber in seiner Untersuchung fest, dass „einige grundlegende Tendenzen hinsichtlich bevorzugter Verfahren feststellbar"[330] sind. Diese werden in den folgenden Abschnitten kurz aufgegriffen und erklärt. Wichtig ist dabei zu wissen, dass nicht überprüft werden kann, welchen Wert das tatsächliche Beta besitzt. Daher kann auch keine endgültige Aussage darüber getroffen werden, welcher Proxy oder welche Methode zu den genausten Schätzwerten für Beta führt.

5.1.1 Festlegung der mathematischen Einflussparameter

Neben dem Beobachtungszeitraum und den Marktdaten hat die Verwendung unterschiedlicher mathematischer Verfahren zur Datenaufbereitung bzw. zur Schätzung der Regression Einfluss auf das Ergebnis der Betaschätzung. Besonders hervorzuheben sind dabei die Wahl der Renditeberechnung und die Methode der Regressionsschätzung.

5.1.1.1 Wahl der Renditeberechnung

„Das mit einer Geldanlage über eine gewisse Zeitdauer hinweg erzielte Ergebnis in Relation zum anfänglich investierten Betrag wird als Rendite bezeichnet."[331] „Die für die Marktmodell-Regression benötigten Renditen werden aus den Kursen K_t der Aktien und des jeweiligen Aktienindex berechnet."[332] Dabei müssen die historischen

---

329 Vgl. Zimmermann, Peter: Schätzung und Prognose von Betawerten, 1997, S. 79.
330 Vgl. Zimmermann, Peter: Schätzung und Prognose von Betawerten, 1997, S. 79.
331 Spremann, Klaus: Portfoliomanagement, 2000, S. 28.
332 Zimmermann, Peter: Schätzung und Prognose von Betawerten, 1997, S. 54.

Kursreihen der Aktien zunächst um Kapitalveränderungen und Dividendenzahlungen bereinigt werden. Gleiches gilt für den Index. Hier wird auf die Performanceindices zurückgegriffen, welche im Gegensatz zu Kursindizes die Wiederanlage der Dividendenausschüttungen berücksichtigen.[333]

Bei der Art der Berechnungsmethode wird zwischen diskreter (proportionaler) Rendite und stetiger (kontinuierlicher) Rendite unterschieden. Die diskrete Rendite (r), auch Prozentrendite genannt, berechnet sich aus der Differenz des aktuellen Kurses einer Anlage (K_t) und dem Kurs der Vorperiode (K_{t-1}), geteilt durch den Kurs der Vorperiode.[334]

(53) $$r_d = \frac{K_t - K_{t-1}}{K_{t-1}}$$

Die zweite Möglichkeit Renditen zu berechnen, basiert auf der Funktion des natürlichen Logarithmus. Die logarithmierten, oder auch stetigen (= kontinuierliche) Renditen genannt, werden in kapitalmarkttheoretischen Arbeiten gerne verwendet, da sie am ehesten der oftmals angenommenen Normalverteilung der Renditen entsprechen.[335]

(54) $$r_s = \ln(K_t) - \ln(K_{t-1}) = \ln\left(\frac{K_t}{K_{t-1}}\right)$$

Stetige Renditen (r_s) sind bei identischen Kursen immer niedriger als diskrete Renditen (r_d), können aber ineinander umgerechnet werden:

(55) $$r_s = \ln(1 + r_d)$$

(56) $$r_d = e^{r_s} - 1$$

Fama spricht sich für die Verwendung der logarithmierten Renditen aus und nennt dafür drei Gründe:[336]

---

[333] Kapitalveränderungen werden auch beim so genannten Kurs- oder Preisindex berücksichtigt, um Verzerrungen zu vermeiden.
[334] Durch die Multiplikation der Bruchterms mit 100 erhält man den Prozentwert.
[335] Vgl. Steiner, Manfred / Bruns, Christoph: Wertpapiermanagement, 2000, S. 52-53.
[336] Vgl. Fama, Eugene: The Behavior of Stock-Market Prices, in: The Journal of Business: 1965, Vol. 38, No. 1, S. 34-105, hier S. 45-46.

- Da der Aktienkurs bei fortlaufendem Börsenhandel sich theoretisch in unendlich kurzen Zeiträumen ändern kann, entspricht dies eher der Annahme einer stetigen Verzinsung.
- Es kann gezeigt werden, dass die Anfälligkeit einer Aktie für Preisschwankungen mit deren Preisniveau wächst. Bei logarithmierten Renditen scheint sich aber der größte Teil dieser Preisniveauwirkungen zu neutralisieren.
- Untersuchungen zeigen, dass für Renditen von ±15 Prozent der Unterschied von stetigen zu diskreten Renditen nicht ins Gewicht fällt.

Für Fama spricht zudem die einfachere Handhabung eher für die Verwendung stetiger Renditen,[337] was im Computerzeitalter allerdings relativ zu sehen ist. Bei Ermittlung der Rendite über die gesamte Schätzperiode können die logarithmierten Renditen der Teilperioden einfach addiert werden.[338] Die durchschnittliche Rendite einer (beliebigen) Periode berechnet sich dann mit Hilfe des arithmetischen Mittels aus der Summe der entsprechenden Teilperioden. Bei diskreten Renditen hingegen berechnet sich die durchschnittliche Rendite einer größeren Periode aus dem geometrischen Mittel der Summe der Teilperioden.[339]

5.1.1.2 Schätzverfahren für die lineare Regression

Als Standardverfahren für die Berechnung der linearen Regression gilt die Methode der kleinsten Quadrate (OLS = Ordinary Least Squares).[340] Dazu werden für die ex post Betrachtung des Marktmodells als unabhängige Variable (x_i) die Rendite des Index zum Zeitpunkt t und als abhängige Variable (y_i) die Rendite der betrachteten Aktie in ein Koordinatensystem eingetragen. Durch die so entstehende Punktwolke wird eine Gerade nach der Methode der kleinsten Quadrate gelegt. Dies bedeutet: Eine Gerade passt sich dann einer Punktwolke am besten an, wenn die Summe der Quadrate der Abstände der Punkte zur Geraden ein Minimum erreicht.[341]

---

337 Vgl. Fama, Eugene: Foundations of Finance, 1976, S. 20 und 31.
338 Vgl. Uhlir, Helmut / Steiner, Peter: Wertpapieranalyse, 1994, S. 129-130.
339 Vgl. Spremann, Klaus: Portfoliomanagement, 2000, S. 52-53.
340 Vgl. Zimmermann, Peter: Schätzung und Prognose von Betawerten, 1997, S. 56.
341 Vgl. Erhard, Ulrich / Fischbach, Rainer / Kehrle, Karl / Weiler, Hans: Praktisches Lehrbuch Statistik, 1992, S. 185.

Zur Erinnerung: Die Formel des Marktmodells lautet:[342]

$$R_i = a_i + b_i \cdot R_M$$

R_M und R_i sind bekannt. Die Parameter a_i (α_i) und b_i (β_i) werden aus den historischen Renditen geschätzt.[343] Der Schätzwert für Alpha berechnet sich aus dem Schätzwert für Beta und den Mittelwerten von Aktien und Marktrendite.[344]

$$(57) \quad \alpha_i = \overline{R}_i + \beta_i \cdot \overline{R}_m$$

Für die Überlegungen in dieser Untersuchung spielt Alpha keine Rolle. Es geht ausschließlich um den Regressionskoeffizienten Beta, also der Steigung der Regressionsgeraden. Sie berechnet sich mit folgender Formel:[345]

$$(58) \quad \beta_i = \frac{\sum_{t=1}^{T}\left(R_{it} - \overline{R}_i\right)\cdot\left(R_{mt} - \overline{R}_m\right)}{\sum_{t=1}^{T}\left(R_{mt} - \overline{R}_m\right)^2}$$

Die lineare Regression wird von dem weit verbreiteten Tabellenkalkulationsprogramm Microsoft Excel beherrscht. Alle Regressionskoeffizienten und statistischen Parameter in dieser Arbeit sind mit Excel 2003 und dem Excel Add-In WinSTAT berechnet.[346]

5.1.1.3 Statistische Grundlagen

Neben den Betafaktoren werden im Kapitel 5.2 weitere Werte ermittelt und angegeben, um die Prognosegüte der Schätzung zu beurteilen. Nachfolgend sind deshalb die neben Beta angegebenen Größen kurz beschrieben und erklärt.

Standardfehler (Std.fehler): Der Standardfehler gibt die potentielle Streuung der Mittelwerte bei sehr häufiger Wiederholung der Stichprobeziehung an. Er ist damit

342 Siehe Kapitel 4.3.3.

343 Sharpe verwendet in seinen Arbeiten als Parametersymbole a_i und b_i. In neueren Arbeiten ist oft α_i und β_i zu lesen. Da in diese Arbeit immer von Beta gesprochen wird, werden im weiteren nur die griechischen Symbole verwendet.

344 Vgl. Fama, Eugene: Foundations of Finance, 1976, S. 80.

345 Vgl. Fama, Eugene: Foundations of Finance, 1976, S. 80.

346 Das Statistik Add-In für Microsoft Excel steht als kostenlose Demoversion zum Download unter www.winstat.de zur Verfügung.

ein Maß für die Fehler, die bei der Schätzung von y aus vorgegebenen x-Werten entstehen.[347] Daraus folgt: Die Schätzung des Regressionskoeffizienten ist umso zuverlässiger, je niedriger sein Standardfehler ist.

R-Quadrat: r^2, oder auch das Bestimmtheitsmaß, genannt gibt an, wie gut die Abhängigkeit zwischen den x-Werten und den y-Werten durch eine Gerade beschrieben wird. Es kann einen Wert zwischen null und eins annehmen. Je näher r^2 bei eins liegt, desto besser lässt sich die Abhängigkeit zwischen x und y durch die Gerade beschreiben.[348] Ein Wert in der Nähe von null deutet im Gegenzug darauf hin, dass die Regressionsgerade eher ungeeignet ist, einen y-Wert vorherzusagen.

F-Statistik: Mit dem F-Test kann die Signifikanz der Regression überprüft werden. Dabei lautet die Nullhypothese, dass das Bestimmtheitsmaß nicht von null verschieden ist (H_0: $R^2 = 0$).[349] Den Wert der F-Verteilung kann man mit Hilfe eines vorgegebenen Konfidenzniveaus, z.B. 95% oder 99%, der Freiheitsgrade aus F-Verteilungstabellen ermitteln.[350] Ist der berechnete Wert größer als der theoretische (tabellierte) Wert, kann die Nullhypothese mit der gewählten Fehlerwahrscheinlichkeit verworfen werden. Das heißt, das Bestimmtheitsmaß ist signifikant oder anders ausgedrückt, das Bestimmtheitsmaß ist mit der gegebenen Wahrscheinlichkeit von null verschieden.[351]

Freiheitsgrad (df): Die Anzahl der Freiheitsgrade einer Zufallsgröße ist definiert durch die Zahl frei verfügbarer Beobachtungen.[352] Dies bedeutet, df berechnet sich aus dem Stichprobenumfang (n) minus der Anzahl (x) aus der Stichprobe geschätzter Parameter. Bei der linearen Regression wird der y-Achsenabschnitt (α) und die Steigung der Geraden (β) geschätzt. Somit ergibt sich df aus dem Stichprobenumfang (n) minus zwei.

---

[347] Vgl. Sachs, Lothar: Angewandte Statistik, 1992, S. 526.
[348] Vgl. Sachs, Lothar: Angewandte Statistik, 1992, S. 497.
[349] Vgl. Zimmermann, Peter: Schätzung und Prognose von Betawerten, 1997, S. 68.
[350] Dabei gilt für die Berechnung der Freiheitsgrade des Zählers (v_1) und des Nenners (v_2): $v_1 = n - df - 1$ und $v_2 = df$.
[351] In Kapitel 5.2 liegt df immer zwischen 34 und 334. Bei einem Konfidenzniveau von 95% liegt der kritische (tabellierte) Wert bei ca. 4,15 bei 34 Freiheitsgraden und geht gegen 3,84 ab 120 Freiheitsgraden. Für ein Konfidenzniveau von 99% liegen die Werte bei ca. 7,5 bzw. 6,63.
[352] Vgl. zu dieser und der folgenden Ausführung: Sachs, Lothar: Angewandte Statistik, 1992, S. 209.

t-Wert: Der t-Test dient der Überprüfung, ob der geschätzte Regressionskoeffizient von einem in der Nullhypothese vorgegebenen Wert (von Null) signifikant abweicht. Ist der berechnete t-Wert größer als der theoretische (tabellierte) zweiseitige t-Wert bei entsprechenden Freiheitsgraden und vorgegebenem Konfidenzniveau, kann die Nullhypothese verworfen werden.[353] Der kritische Wert liegt für ein Konfidenzniveau von 95% und 34 Freiheitsgrade bei rund 2,03; für eine Irrtumswahrscheinlichkeit von 99% und 34 Freiheitsgrade bei rund 2,7.

5.1.2 Bestimmung der risikofreien Verzinsung

Wie bereits in Kapitel 4.3.3 angeschnitten, ist es für die Höhe von Beta irrelevant, ob die Regression mit der Überschuss- oder mit der Standardform des Marktmodells berechnet wird, wenn der risikofreie Zinssatz im Zeitablauf als konstant angenommen wird. Geht man von der realistischeren Annahme aus, dass sich (gerade bei langen Zeiträumen) der Zinssatz für risikofreie Anlagen verändert, ist die zweite Version des Marktmodells auf Basis von Überschussrenditen (excess returns) anzuwenden:[354]

(59) $$R_{jt} - R_{Fj} = \alpha_j + \beta_j \cdot (R_{Mt} - R_{Ft}) + \varepsilon_{jt}$$

Wobei R_{jt} die Aktienrendite, R_{Ft} die risikofreie Verzinsung und R_{Mt} die Marktrendite vom Zeitpunkt (t -1) bis zum Tag t darstellen. Alpha und Beta sind die Koeffizienten der Regression und Epsilon steht für einen Störterm, dessen Erwartungswert mit null angenommen wird.[355]

Zimmermann kommt allerdings zu dem Ergebnis, dass sich die Betawerte beider Marktmodellversionen nur geringfügig unterscheiden und verweist auf Studien mit ähnlichen Ergebnissen.[356] Unabhängig davon, ob Beta mit dem Überschuss- oder mit dem Standardmarktmodell berechnet wurde,[357] wird der risikofreie Zins zur Bestimmung der Eigenkapitalkosten benötigt. Um Währungsrisiken zu vermeiden, wird

---

353 Vgl. Zimmermann, Peter: Schätzung und Prognose von Betawerten, 1997, S. 70.

354 Vgl. Zimmermann, Peter: Schätzung und Prognose von Betawerten, 1997, S. 20-21.

355 Ausführlich zum Stör- bzw. Fehlerterm siehe: Spremann, Klaus: Portfoliomanagement, 2000, S. 289-290.

356 Vgl. Zimmermann, Peter: Schätzung und Prognose von Betawerten, 1997, S. 86-89 sowie die dort angegeben Literatur.

357 Aufgrund der Erkenntnisse von Zimmermann werden in dieser Arbeit die Betafaktoren mit dem Standardmarktmodell berechnet.

nachfolgend der risikofreie Zins für den US-Dollarraum, den Euroraum und Japan getrennt betrachtet.

5.1.2.1 Approximation risikofreier Marktrenditen für Europa

Den Vorschlägen in der Literatur folgend wird in dieser Arbeit der risikofreie Zins mit lang laufenden Anleihen bester Bonität approximiert.[358] Als „bester“ Schuldner wird die Bundesrepublik Deutschland angenommen. Dies wird zum einen damit begründet, dass durch die Einführung des Euros im Jahr 1999[359] die Wechselkursrisiken für 12 europäische Staaten weggefallen sind[360] und zum anderen damit, dass die Deutsche Mark den Ruf einer harten Währung besaß.

Bei den vorgeschlagenen Laufzeiten der Anleihen bestehen nur leichte Unterschiede zwischen den Aussagen verschiedener Autoren. Richter und Simon-Keuenhof weichen davon jedoch ab und berechnen die Rendite aus dem geometrischen Mittel der Renditen für Bundesanleihen mit einer Restlaufzeit zwischen sieben und zwölf Jahren.[361]

Abbildung 33 zeigt die Umlaufrenditen[362] inländischer Inhaberschuldverschreibungen/Anleihen der öffentlichen Hand mit einer mittleren Restlaufzeit von 1-2, 5-6 und 9-10 Jahren von 1977 bis 2004.[363] Als Anleihen der öffentlichen Hand werden unter anderem Kassenobligationen, Landesobligationen, Schatzanweisungen und Schuld-

---

[358] Siehe u.a.: Copeland, Tom / Koller, Tim / Murrin, Jack: Unternehmenswert, 2002, S. 266; Richter, Frank / Simon-Keuenhof, Kai: Bestimmung durchschnittlicher Kapitalkostensätze deutscher Industrieunternehmungen, in: Betriebswirtschaftliche Forschung und Praxis (BFuP): 1996, Band 48, S. 698-708, hier S. 700-701 oder Baetge, Jörg / Krause, Clemens: Die Berücksichtigung des Risikos bei der Unternehmensbewertung, in: Betriebswirtschaftliche Forschung und Praxis (BFuP): 1994, Band 46, S. 433-456, hier S. 453.

[359] Der Euro wurde 1999 zuerst als Giralgeld eingeführt. Banknoten und Münzen wurden zum 01.01.2002 ausgegeben.

[360] Durch die Einführung der europäischen Währungsunion in einem Großteil Europas kann jeder Investor frei von Währungsrisiken grenzüberschreitend investieren.

[361] Vgl. Richter, Frank / Simon-Keuenhof, Kai: Bestimmung durchschnittlicher Kapitalkostensätze deutscher Industrieunternehmungen, in: Betriebswirtschaftliche Forschung und Praxis (BFuP): 1996, Band 48, S. 698-708, hier S. 701

[362] Für die Berechnungsmethodik der Renditen siehe: Deutsche Bundesbank: Kapitalmarktstatistik: Statistisches Beiheft zum Monatsbericht 2, Januar 2005, S.66. (www.bundesbank.de)

[363] Die dem Chart zugrunde liegenden Datentabellen (Monatskurse) stammen aus der öffentlich zugänglichen Zeitreihendatenbank der Deutschen Bundesbank unter www.bundesbank.de.

buchforderungen mit Wertpapiercharakter von Bund, Post, Fonds „Deutsche Einheit", Ländern, Gemeinden sowie Bundesschatzbriefe und Bundesobligationen erfasst.[364]

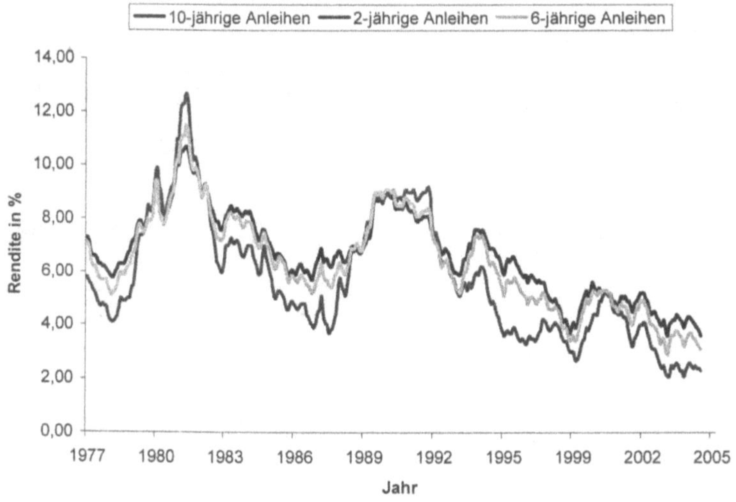

Abbildung 33: Renditevergleich deutscher Staatsanleihen mit unterschiedlichen Restlaufzeiten[365]

Der Startzeitpunkt Januar 1977 wurde gewählt, weil von März 1976 bis Ende 1976 keine 10-jährigen Renditen in der Zeitreihendatenbank der Bundesbank ausgewiesen sind.[366] Es ist deutlich zu erkennen, dass seit Anfang der achtziger Jahre die Renditen fallen. Während sich die Chartlinie der 6-jährigen Bonds fast synchron (meist knapp unterhalb) zur Rendite der 10-jährigen Anleihen bewegt, sind für die kurz laufenden 2-jährigen Anleihen deutliche Renditeschwankungen zu erkennen. Dies unterstreicht die Annahme, dass der langfristig erzielbare risikofreie Zins am ehesten durch die 10-jährigen Bonds beschrieben wird.

---

[364] Für die vollständige Definition siehe: Deutsche Bundesbank: Kapitalmarktstatistik: Statistisches Beiheft zum Monatsbericht 2, Januar 2005, S.64. (www.bundesbank.de)

[365] Quelle: Eigene Darstellung.

[366] Die Bundesbank stellt auf ihrer Homepage die Monatsrenditen ab April 1973 zur Verfügung. „Im Zeitraum März 1976 bis einschließlich Dezember 1976 weist die Zeitreihe keine Werte auf, da in diesem Zeitraum keine entsprechenden Anleihen im Umlauf waren. Der Bund und seine ehemaligen Sondervermögen Deutsche Bundesbahn und Deutsche Bundespost als bedeutendste Emittenten der öffentlichen Hand haben Anfang der siebziger Jahre vor allem Anleihen mit Ursprungslaufzeiten zwischen 5 und 8 Jahren emittiert." Emailantwort der Deutschen Bundesbank auf die Frage, warum keine Renditen für den entsprechenden Zeitraum in der Datenbank ausgewiesen werden.

In Abbildung 34 sind die arithmetischen und geometrischen Durchschnittsrenditen 10-jähriger deutscher Bonds für unterschiedliche Zeiträume berechnet. Dabei zeigt sich, wie Abbildung 33 bereits vermuten lässt, dass die Durchschnittsrenditen in den letzten Jahren stark gefallen sind.

Mittelwert / Periode	1977-2004	1980-2004	1985-2004	1990-2004	1995-2004	2000-2004
arithmetisch	6,65	6,64	6,12	5,97	5,10	4,62
geometrisch	6,46	6,43	5,96	5,77	5,02	4,58
Renditeintervall	3,60-10,70	3,60-10,70	3,60-9,10	3,60-9,10	3,60-7,60	3,60-5,60

Abbildung 34: Historische Durchschnittsrenditen deutscher Staatsanleihen mit einer Restlaufzeit zwischen neun und zehn Jahren[367]

Auf die ausführliche Diskussion in der Fachliteratur, ob für die Bestimmung der Eigenkapitalkosten der arithmetische oder der geometrische Durchschnitt der Renditen in die Berechnung eingeht, wird hier nicht tiefer eingegangen.[368] In dieser Arbeit werden sowohl die arithmetischen als auch die geometrischen Durchschnittsrenditen angegeben.

5.1.2.2 Approximation risikofreier Marktrenditen für die USA

Analog zur risikofreien Verzinsung für Europa wird die risikofreie Marktrendite ebenfalls mit lang laufenden Anleihen bester Bonität approximiert. Größter Emittent von Anleihen in US-Dollar ist die Regierung der USA. Deshalb werden in dieser Arbeit die so genannten „US-Treasury-Bills“ als Proxy für risikofreie Verzinsung verwendet. Abbildung 35 zeigt die Renditeentwicklung der amerikanischen Staatsanleihen im Vergleich zu 10-jährigen deutschen Bonds von 1977-2004.[369] Auffallend ist, dass sich die Renditen der 30-jährigen US-Bonds[370] fast identisch zu den 10-jährigen US-

[367] Quelle: Eigene Darstellung.

[368] Zur Diskussion, ob geometrisches oder arithmetisches Mittel siehe u. a.: Copeland, Tom / Koller, Tim / Murrin, Jack: Unternehmenswert, 2002, S. 269-270.

[369] Die für den Chart notwendigen Zeitreihen für 10-jährige US-Treasurys wurden freundlicherweise von der Deutsche Bundesbank, Zentralbereich Märkte aus dem Bloombergsystem zur Verfügung gestellt.

[370] Die Zeitreihen für die 30-jährigen US-Bonds stammen aus dem Datastreamsystem und beginnen am 31.01.1980.

Anleihen entwickelt haben. Erst in jüngster Zeit konnten sie sich abkoppeln und werfen eine geringfügig höhere Rendite ab.[371]

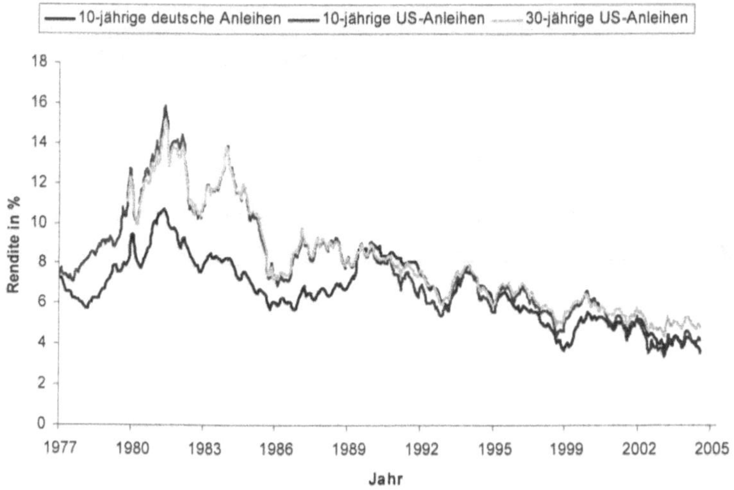

Abbildung 35: US-Treasury-Bills mit unterschiedlichen Restlaufzeiten im Vergleich zu 10-jährigen deutschen Staatsanleihen[372]

Interessant ist dabei der Vergleich mit den deutschen Anleihen. Seit Mitte des Jahres 1989 haben sich die Renditen stark angenähert und laufen in einem Schwankungsintervall von ca. ±1,6 Prozentpunkten nahezu parallel. Abbildung 36 zeigt die arithmetischen und geometrischen Durchschnittsrenditen 10-jähriger US-Bonds für die auch bei den deutschen Anleihen verwendeten Zeiträume.[373] Ebenso wie für die deutschen Bonds zeigt sich auch hier ein Rückgang der Durchschnittsrenditen für US-Treasury-Bills in den letzten Jahren.

---

[371] Im Mittel lagen die 30-jährigen 0,25 über den 10-jährigen Anleihen. Die absolute Schwankungsbreite lag dabei im Intervall von -0,73 im Juli 1981 bis 1,1 im Oktober 2002.

[372] Quelle: Bloomberg, Datastream und Zeitreihendatenbank der Deutsche Bundesbank; Eigene Darstellung.

[373] Siehe Kapitel 5.1.2.1.

Mittelwert / Periode	1977-2004	1980-2004	1985-2004	1990-2004	1995-2004	2000-2004
arithmetisch	7,91	7,84	6,69	6,01	5,38	4,74
geometrisch	7,46	7,35	6,46	5,86	5,29	4,67
Renditeintervall	3,37-15,84	3,37-15,84	3,37-11,89	3,37-9,02	3,37-7,58	3,37-6,67

Abbildung 36: Historische Durchschnittsrenditen amerikanischer Staatsanleihen mit einer Restlaufzeit von zehn Jahren[374]

5.1.2.3 Approximation risikofreier Marktrenditen für Japan

Konsistent zur Ermittlung der risikofreien Verzinsung für Europa und den USA wird die risikofreie Marktrendite für Japan mit japanischen Staatsanleihen näherungsweise angenommen.[375]

Abbildung 37: Renditevergleich japanischer, deutscher und amerikanischer Staatsanleihen[376]

Abbildung 37 zeigt, dass in den letzten Jahren die Renditekurve der japanischen Bonds ebenfalls nach unten zeigt. Seit Ende der achtziger Jahre verläuft die Chartlinie deutlich unterhalb, aber dennoch fast parallel zu ihrem deutschen Pendant. Was

---

374 Quelle: Eigene Darstellung.

375 Die Renditen für 10-jährige japanische Staatsanleihen standen ab Januar 1984 in Datastream zur Verfügung.

376 Quelle: Bloomberg, Datastream und Zeitreihendatenbank der Deutsche Bundesbank; Eigene Darstellung.

die seit Ende 1999 begebenen 30-jährigen japanischen Bonds anbelangt, ist der Betrachtungszeitraum für Trendaussagen nicht ausreichend. Jedoch lässt sich bereits feststellen, dass die Rendite in der noch jungen Vergangenheit stets höher als die der 10-jährigen Anleihen war.[377]

Abbildung 38 zeigt die arithmetischen und geometrischen Durchschnittsrenditen 10-jähriger japanischer Bonds für die bereits verwendeten Zeiträume.[378]

Mittelwert / Periode	1977-2004	1980-2004	1985-2004	1990-2004	1995-2004	2000-2004
arithmetisch	n.a.	n.a.	3,62	3,03	1,87	1,36
geometrisch	n.a.	n.a.	3,01	2,49	1,71	1,31
Renditeintervall	n.a.	n.a.	0,53-7,90	0,53-7,90	0,53-4,61	0,53-1,94

Abbildung 38: Historische Durchschnittsrenditen japanischer Staatsanleihen mit einer Restlaufzeit von zehn Jahren[379]

5.1.3 Bestimmung des Marktportfolios

Das Marktportfolio kann für empirische Untersuchungen durch einen Aktienindex approximiert werden.[380] Dabei ist jedoch zu beachten, dass der gewählte Index relativ weit gefasst ist und möglichst viele Aktien beinhaltet.

5.1.3.1 Indizes als Approximation des Marktportfolios

In der Literatur wird vereinzelt vorgeschlagen, für deutsche Aktien als Proxy des Marktportfolios den DAX heranzuziehen.[381] Dieser Vorschlag ist jedoch kritisch zu sehen. Setzt man den DAX als Marktportfolio in das CAPM ein, ist die Gefahr eines Zirkelschlusses unter Umständen sehr hoch.

---

377 Im Mittel lag die Verzinsung der deutschen Anleihen seit Mitte 1989 2,9 Prozentpunkte über der Verzinsung für japanische Anleihen. Die Schwankungsgrenzen betrug rund 4,1 im Juni 1995 (Maximum) bis 1,2 im September 1990 (Minimum).

378 Siehe Kapitel 5.1.2.1 und Kapitel 5.1.2.2.

379 Quelle: Eigene Darstellung.

380 Siehe Kapitel 4.3.2

381 Siehe z.B.: Timmreck, Christian: β-Faktoren – Anwendungsprobleme und Lösungsansätze, in: Finanz Betrieb: 2002, Heft 5, S. 300-307, hier S. 302 oder Steiner, Manfred / Kleeberg, Jochen: Zum Problem der Indexauswahl im Rahmen der wissenschaftlich-empirischen Anwendung des Capital Asset Pricing Model , in: Die Betriebswirtschaft (DBW): 1991, Band 51, S. 171-182, hier S. 180.

Der Blick auf nachfolgende Abbildung 39 zeigt, dass einzelne DAX-Unternehmen mit über 10% Anteil im Index gewichtet sind.[382] Wird das relative Risiko, z.B. der E.ON-Aktien im Verhältnis zum Aktienindex DAX gemessen, ist das Ergebnis verfälscht, da die Renditeveränderungen des DAX von der E.ON-Aktie durch ihre Gewichtung von 10,02 Prozent teilweise mit beeinflusst wird.

ADIDAS-SALOMON AG	1,09%	FRESEN.MED.CARE AG	0,50%
ALLIANZ AG	7,09%	HENKEL KGAA	0,86%
ALTANA AG	0,70%	INFINEON TECH.AG	1,03%
BASF AG	6,56%	LINDE AG	0,92%
BAY.HYPO-VEREINSBANK	2,41%	LUFTHANSA	0,99%
BAY.MOTOREN WERKE AG	2,29%	MAN AG	0,74%
BAYER AG	4,11%	METRO AG	1,31%
COMMERZBANK AG	1,75%	MUENCH.RUECKVERS..	3,70%
CONTINENTAL AG	1,80%	RWE AG	4,24%
DAIMLERCHRYSLER AG	6,20%	SAP AG ST	5,16%
DEUTSCHE BANK AG	7,71%	SCHERING AG	2,05%
DEUTSCHE BOERSE	1,34%	SIEMENS AG	10,79%
DEUTSCHE POST AG	1,91%	THYSSENKRUPP AG	1,55%
DT.TELEKOM AG	8,76%	TUI AG	0,66%
E.ON AG	10,02%	VOLKSWAGEN AG.	1,76%

Abbildung 39: Prozentuale Gewichtung der Unternehmen im DAX[383]

Um die Gefahr eines solchen Zirkelschlusses zu minimieren, wird in dieser Arbeit auf die viel breiter angelegte Indexfamilie von Morgan Stanley Capital International (MSCI) zurückgegriffen.

5.1.3.2 Indizes von Morgan Stanley Capital International

MSCI gilt als einer der größten Produzenten von Benchmarkindizes weltweit. Als Datengrundlage für die Berechnung von Branchen- und Länderindizes werden ca. 99 Prozent des weltweiten Aktienkapitals im so genannten „MSCI universe“ beobachtet und klassifiziert.[384] Insgesamt umfasst der MSCI Global Industry Classification Stan-

[382] Die Gewichtung der einzelnen Unternehmen im DAX ändert sich börsentäglich. Die in Abbildung 39 angegebenen Werte sind Stand 01.03.2005.
[383] Quelle: Eigene Darstellung. Die aktuelle Gewichtung der einzelnen Unternehmen im DAX wird börsentäglich auf der Homepage der Deutschen Börse (http://deutsche-boerse.com) veröffentlicht.
[384] Vgl. MSCI Standard Methodology Book, August 2004, S. 5.

dard (GICS) 10 Bereiche mit 24 Industriegruppen, 62 Industrien und 132 Subindustrien.[385] Dabei wird jedes Unternehmen nur einer Subindustrie aufgrund von mindestes 60 Prozent seines Umsatzes oder des Hauptteils seiner Einnahmen zugeordnet.[386]

Bei der Berechnung von Indizes unterscheidet MSCI nach dem Herkunftsland der einzelnen Unternehmen und separiert zwischen den so genannten „Emerging Markets" und den „Developed Markets".[387] In dieser Untersuchung werden nur die Developed Markets Indizes[388] verwendet, da alle anderen Indizes aufgrund von Marktineffizienzen, kürzeren Zeitreiher und eventueller Handelsbeschränkungen zu Verzerrungen führen könnten.

Die Berechnung der MSCI Indizes erfolgt mit Hilfe der Laspeyre-Formel, welche auf den gewichteten arithmetischen Durchschnitt aufsetzt.[389]

(60) $$Index_t = Index_{t-1} \cdot \frac{\sum_{i=1}^{n} Preis(i)_t \cdot Menge\ der\ Aktien(i)_{t-1} \cdot ADJ(i)_t}{\sum_{i=1}^{n} Preis(i)_t \cdot Menge\ der\ Aktien(i)_{t-1}}$$

Wobei (t) den Zeitpunkt der Berechnung und (n) die Anzahl der einzelnen Aktien des Wertpapiers (i) im Index zum Zeitpunk (t) darstellt. ADJ berechnet sich aus dem Aktienkurs vor „Corporate Action" geteilt durch den theoretischen Preis nach der „Corporate Action".

Alle Indizes werden als Price-Index oder als Total-Return-Index berechnet. Der Unterschied besteht in der Behandlung der ausgeschütteten Dividenden. Im Gegensatz zum Price-Index werden beim Total-Return-Index die Dividenden in der Aktie wieder

---

385 Für eine komplette Übersicht mit den genauen Zuordnungen siehe: Morgan Stanley Capital International: MSCI Standard Methodology Book, August 2004, S. 37-38.

386 Morgan Stanley Capital International: MSCI Standard Methodology Book, August 2004, S. 9.

387 Für eine komplette Übersicht mit den genauen Zuordnungen siehe: Morgan Stanley Capital International: Methodology & Index Policy, 1998, S. 64. Die in dieser Übersicht noch als Developed Markets eingeordneten Länder Luxemburg und Malaysia gehören aktuell nicht mehr zu selbigen. Luxemburg wird aufgrund der kleinen Größe nicht mehr einzeln betrachtet, Malaysia ist den Emerging Markets zugeordnet. Telefonische Auskunft von: Thorsten Coers, Analyst, MSCIBarra, Frankfurt am Main, 14.03.2005.

388 Developed Markets beinhaltet folgende Länder: Österreich, Australien, Belgien, Kanada, Dänemark, Finnland, Frankreich, Deutschland, Hongkong, Irland, Italien, Japan, Niederlande, Neuseeland, Norwegen, Portugal, Singapur, Spanien; Schweden, Schweiz, Großbritannien, USA.

389 Vgl. Morgan Stanley Capital International: Methodology & Index Policy, 1998, S. 42.

angelegt. Dabei wird noch in Net- und Brutto-Total-Return-Index unterschieden.[390] In dieser Arbeit finden nur die Brutto-Total-Return-Indizes oder Brutto-Total-Return-Index (gross indices)[391] Anwendung, da die verwendeten Aktienkurse ausnahmslos Brutto-Total-Return-Kurse sind.

Nachfolgende Abbildung 40 zeigt alle für diese Arbeit in Frage kommenden Approximationen für das Marktportfolio mit den jeweils vorliegenden Währungen und Beobachtungsintervallen. Die Feldmarkierung mit einem x bedeutet, dass der dazugehörige Index mindestens seit dem Jahr 1976 zur Verfügung steht.

Indexbezeichnung	Index in USD	Index in EURO	Index in JPY	Wochenkurse	Monatskurse
MSCI-World	x	ab 1999	n.a.	ab 2001	x
MSCI-USA	x	n.a.	n.a.	ab 2001	x
MSCI-Europe	x	ab 1999	n.a.	ab 2001	x
MSCI-Japan	x	ab 1999	x	ab 2001	x

Abbildung 40: Verfügbare MSCI Indizes als Approximationen für das Marktportfolio[392]

5.1.3.3 Vergleich der Benchmarkindizes

Bevor schließlich das Risiko der einzelnen Unternehmen untersucht wird, soll die Entwicklung der Benchmarkindizes untereinander verglichen werden. In Abbildung 41 ist die Entwicklung der Indizes MSCI-USA, MSCI-Japan sowie MSCI-Europe graphisch dargestellt.[393] Dazu wurden die gross indices zum Startzeitpunkt 31.12.1976 auf 100 Punkte normiert und die jeweiligen Zeitreihen durch den jeweiligen Normierungsfaktor geteilt.[394] Der MSCI-Europe in Euro, der erst seit 1999 berechnet wird,

390 Der Net-Total-Return-Index rechnet zusätzlich Steuereffekte mit ein, welche für einen Investor aufgrund der weltweit unterschiedlichen steuerlichen Behandlung von Dividenden entstehen.
391 Gross Index (GI) ist die Bezeichnung für Brutto-Total-Return-Index bei MSCI.
392 Quelle: Eigene Darstellung.
393 Alle in dieser Arbeit verwendeten Indexzeitreihen von MSCI wurden freundlicherweise von MSCI-Barra kostenfrei für diese Forschungsarbeit zur Verfügung gestellt.
394 100 Punkte wurde anstatt der oft üblichen 0 Punkte gewählt, weil die Indexentwicklung mancher Indizes in den ersten Monaten negativ war und ein Unterschreiten der Nulllinie aus optischen Gründen vermieden werden sollte.

wurde zum 31.12.1998 auf den Wert des MSCI-Europe in US-Dollar umgerechnet und die weitere Zeitreihe mit dem entsprechenden Faktor multipliziert.[395]

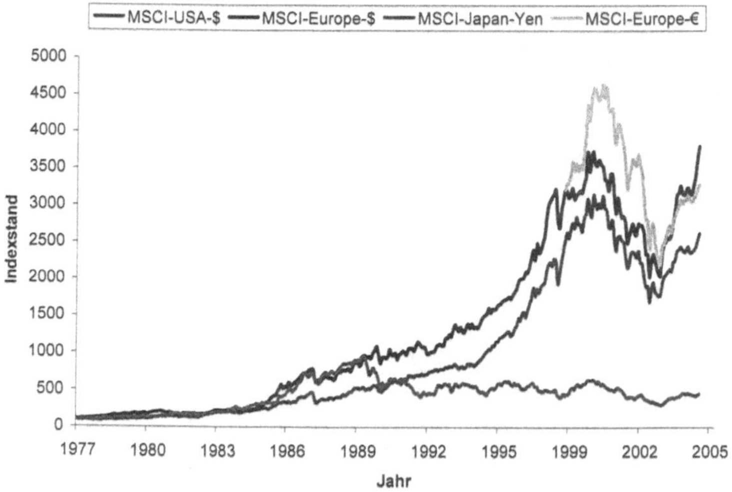

Abbildung 41: Entwicklung der MSCI-Indizes USA, Europa und Japan[396]

Der MSCI-Europe in Euro entwickelte sich ab Ende 1999 deutlich besser als sein Pendant in US-Dollar, was sich aber Mitte 2003 wieder ausgeglichen hat und sich aktuell durch die Schwäche des US-Dollar sogar umkehrt. Auffällig ist zu erkennen, dass sich MSCI-Europe und MSCI-USA, jeweils in US-Dollar, fast parallel zueinander entwickelt haben, wobei der Kurschart des MSCI-Europe seit 1986 deutlich konstant über dem der USA liegt. Während beide Indizes einen signifikanten Anstieg zu verzeichnen haben, ist die Kursentwicklung des japanischen Marktes (in Yen) seitwärts verlaufen.

Ein ganz anderes Bild ergibt sich dagegen, wenn man den MSCI-Japan in US-Dollar betrachtet. Abbildung 42 zeigt die Kurscharts von Japan im Vergleich zum MSCI-World und MSCI-USA. Es ist klar zu erkennen, dass der MSCI-Japan in US-Dollar, bedingt durch die Wechselkursentwicklung des Yen zum US-Dollar, ab 1985 ein ganz anderes Bild als sein Pedant in Yen zeichnet. Zwar läuft der Kurschart des auf

[395] Morgan Stanley legte den Wert des MSCI-Europe in Euro zum 31.12.1998 auf 100 Punkte fest. Da dieser Wert kleiner als der Punktwert der MSCI-Europe in Dollar zum Vergleichszeitpunkt ist, erfolgt eine Multiplikation der Zeitreihe anstatt wie bei der anfänglichen Normierung eine Division.

[396] Quelle: Eigene Darstellung.

US-Dollarbasis berechneten MSCI-Japan für die letzten 20 Jahre ebenfalls seitwärts, jedoch volatiler und in einem wesentlich breiteren Trendkanal.

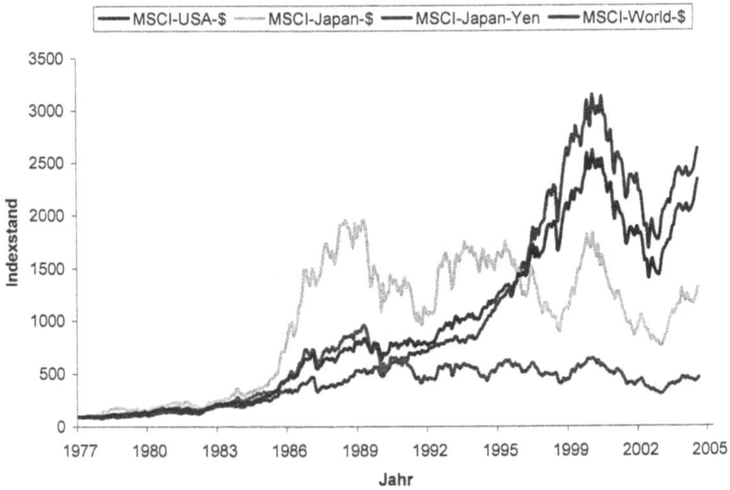

Abbildung 42: Entwicklung des MSCI-Japan in Yen und US-Dollar im Vergleich zu MSCI-World und MSCI-USA[397]

Abbildung 43 zeigt die historischen Renditen der MSCI-Indizes für die schon bei der risikofreien Verzinsung angewendeten Zeiträume.[398] Auf eine Umrechnung in durchschnittliche Jahresrenditen wurde hier noch bewusst verzichtet, da mit einer solchen Darstellung oft der Eindruck erweckt wird, dass im Durchschnitt in den letzten Jahren eine Rendite von x-Prozent erzielt wurde.[399]

397 Quelle: Eigene Darstellung.

398 Alle Renditen sind als so genannte Prozentrenditen nach Formel (53) multipliziert mit 100 berechnet.

399 Solche angeblich in der Vergangenheit erzielte Durchschnittsrenditen lassen sich durch die Wahl der Intervallgrenzen oft stark beeinflussen. Die so ermittelte jährliche Rendite sagt aber nichts über die tatsächliche Renditeentwicklung der einzelnen Jahre aus. Für eine Darstellung inklusive des Zinseszinseffekts siehe Kapitel 6.1.2.

Index	1977-2004	1980-2004	1985-2004	1990-2004	1995-2004	2000-2004
MSCI-World-$	2.232,81	1.617,06	858,20	179,05	126,70	-9,84
MSCI-USA-$	2.655,19	2.255,42	1.096,09	384,53	212,60	-14,99
MSCI-Europe-$	3.708,80	2.056,36	1.505,25	295,40	182,15	2,12
MSCI-Japan-Yen	359,15	258,19	55,48	-52,02	-17,63	-27,73
MSCI-Japan-$	1.212,33	737,02	281,00	-32,65	-19,80	-27,81

Abbildung 43: Historische Prozentrenditen verschiedener MSCI-Indizes[400]

Für den Zeitraum 2000-2004 fällt auf, dass der MSCI-Europe in US-Dollar der einzige Index ist, der ein positives Ergebnis erzielt. Berechnet man für diesen Zeitraum jedoch die Rendite des MSCI-Europe auf Eurobasis, relativiert sich dieses Bild. Auf Eurobasis ergibt sich für diesen Zeitraum ein Verlust von 24,69 Prozent, so dass klar wird, dass die 2,12 Prozent Rendite nur aufgrund der Wechselkursentwicklung zustande gekommen sind.

5.2 Schätzung der Betafaktoren

Im folgenden Abschnitt werden die Betafaktoren für ausgewählte Unternehmen anhand von historischen Börsenkursen ermittelt. Dafür sind die Unternehmen in die Branchen Papierindustrie, Druckmaschinenindustrie und holzverarbeitende Industrie unterteilt. Einzelne Unternehmen sind nicht eindeutig einem Sektor zuzuordnen und sind deshalb in zwei Klassen aufgeführt. Für nicht börsennotierte Unternehmen, die zu einem börsennotierten Konzernverbund gehören, wird Beta für den Konzern berechnet. Dies wird damit begründet, dass es aus normativer Sicht für einen Konzern nicht sinnvoll ist, ein Unternehmen im Konzern zu halten, welches nicht wenigstens den Durchschnitt der Kapitalkosten des Konzerns verdient.[401]

Als Marktportfolio werden, wie bereits beschrieben, Indizes von MSCI verwendet.[402] Zur Bestimmung, welcher Index als Marktportfolio verwendet wird, werden die zu untersuchenden Unternehmen in die drei Regionen Europa, Asien, Nord- und Südamerika unterteilt.[403] Als Marktportfolio für Europa wird der MSCI-Europe in US-Dollar, für

400 Quelle: Eigene Darstellung.
401 Bei Tochterunternehmen, die sich schlecht entwickeln, wird in der Regel versucht, sie durch Sanierungs- und Restrukturierungsmaßnahmen profitabler zu machen. Gelingt dies nicht, droht Veräußerung oder Schließung des Teilbereiches.
402 Siehe Kapitel 5.1.3.2.
403 Australien und Süd-Afrika werden Amerika zugeordnet.

Amerika der MSCI-USA in US-Dollar und für Asien der MSCI-Japan in Yen angenommen. Die für die Regression notwendigen Renditen des Marktportfolios und der Unternehmen sind als logarithmierte Werte berechnet.[404]

Die Börsenkurse der Aktien werden bewusst nicht in die Währung des jeweiligen Marktportfolios umgerechnet, sondern immer in der so genannten „local currency" des Unternehmens belassen. Begründet wird dies mit folgenden Punkten:

- Entschließt sich ein Investor aus strategischen Gründen, in ein Land bzw. in einen Währungsraum langfristig zu investieren, sind für ihn kurzfristige Wechselkursschwankungen unerheblich, da der Währungseffekt für einen globalen Investor erst bei Desinvestition aus der jeweiligen Währung auftritt.
- Die Wechselkursentwicklung ist unabhängig von der einzelnen Unternehmensleistung und sollte deshalb getrennt beachtet werden.

5.2.1 Betafaktoren der holzverarbeitenden Industrie

Die weltweit größten Unternehmen der holzbe- und holzverarbeitenden Industrie zu bestimmen, ist äußerst schwierig, da sie an der Börse nicht als eigenständiger Industriesektor geführt werden.[405]

Die nachfolgende Abbildung 44 zeigt zehn große Unternehmen dieses Sektors sortiert nach Konzernumsatz im Geschäftsjahr 2003. Basis dieser Aufstellung ist eine Untersuchung der Pfleiderer AG über die größten Holzwerkstoffhersteller (nach Kapazität) weltweit, welche auszugsweise auf Anfrage für diese Arbeit zur Verfügung gestellt wurde. Für die in der Studie der Pfleiderer AG enthaltenen Unternehmen wurde versucht, den jeweiligen Konzernumsatz zu ermitteln. Die nicht börsennotierten Unternehmen machen aber nur vereinzelt Angaben zum Umsatz. Deshalb ist vielleicht das ein oder andere große Unternehmen nicht in Abbildung 44 enthalten.[406] Die Firma Kaindl wurde aufgrund ihrer allgemein bekannten Größe mit aufgenommen. Allerdings sind die nicht in der Rechtsform einer AG geführt Unternehmen in den weiteren Untersuchungen nicht mehr aufgeführt.

---

[404] Siehe Kapitel 5.1.1.1.
[405] Leider war auch keine geeignete Übersicht beim entsprechenden Branchenverband zu bekommen.
[406] Die Liste der Pfleiderer AG enthält 17 Unternehmen.

Rang	Firmenname[407]	Land	Umsatz	Währung	ISIN	Kurse ab
1	Georgia-Pacific	USA	20.255	USD	US3732981085	12.1976
2	Weyerhaeuser	USA	19.873	USD	US9621661043	12.1976
3	Sonae SGPS	Portugal	7.675	EURO	PTSON0AE0001	08.1988
4	Louisiana Pacific	USA	2.300	USD	US5463471053	12.1976
5	Egger	Österreich	1.600	EURO.	n.a.	n.a.
6	Norbord Inc.	USA	1.064	USD	US62874N6076	05.1998
7	Pfleiderer AG	Deutschland	1.021	EURO	DE0006764749	09.1988
8	Kunz Group	Deutschland	650	EURO	n.a.	n.a.
9	Constantia	Österreich	594	EURO	AT0000943352	05.1995
10	Kaindl	Österreich	n.a.	n.a.	n.a.	n.a.

Abbildung 44: Unternehmen der holzverarbeitenden Industrie[408]

Der Aufbau der Unternehmensübersicht ist in den Kapiteln 5.2.1 bis 5.2.3 jeweils identisch. Die Tabellenbeschreibung erfolgt deshalb hier nur einmalig:

- Die Spalte *Land* bezieht sich auf den Staat, in dem das Unternehmen seinen Stammsitz hat.
- Der *Umsatz* ist, wenn nicht anders angegeben, der Konzernumsatz.
- Die Spalte *Währung* bezieht sich auf den (Konzern-) Umsatz und auf die verwendete Währungsnotierung der Aktien.
- Die *ISIN* (International Securities Identification Number) ist das internationale Pedant bzw. der zukünftige Nachfolger der deutsche WKN (Wertpapierkennnummer). Sie besteht aus einer zwölfstelligen Buchstaben-Zahlen-Kombination und stellt eine weltweit eindeutige Identifikation für ein Wertpapier dar.
- In der Spalte *Kurse ab*, ist angegeben, ab welchem Monat Aktienkurse im Datastream zur Verfügung stehen.[409]

[407] Die beiden amerikanischen Unternehmen Georgia-Pacific und Weyerhaeuser sind auch große Papierhersteller und werden deshalb in Kapitel 5.2.4 bei den Papierherstellern nochmals aufgeführt.

[408] Quelle: Eigene Darstellung. Die Umsätze sind in Millionen angegeben, die Währungsspalte bezieht sich auf den Umsatz und die Währungsnotierung der Aktie.

[409] Das Datastreamsystem der Firma Thomson-Financial ist eine der weltweit größten Datenbanken für historische Wertpapierkurse. Natürlich kann es sein, dass auch Zeitreihen vor Dezember 1976 im System vorhanden sind, diese werden aber für diese Arbeit nicht benötigt da der Untersuchungszeitraum auf die letzten 28 Jahre begrenzt wurde.

Abbildung 45 bis Abbildung 51 zeigen den jeweiligen durch lineare Regression ermittelten Betawert für die börsennotierten Unternehmen der holzverarbeitenden Industrie für die bereits aus den vorherigen Kapiteln bekannten Zeiträume.[410] Als Marktindex wurde, wie in Kapitel 5.1.3.2 bereits beschrieben, für die europäischen Aktien der MSCI-Europe in US-Dollar und für die amerikanischen Unternehmen der MSCI-USA in US-Dollar gewählt. Zusätzlich sind die in Kapitel 5.1.1.3 erklärten statistischen Parameter mit angegeben. Die P-Werte sind mit Hilfe der t-Verteilung für einen zweiseitigen t-Test berechnet und ergeben sich aus dem absoluten t-Wert und den Freiheitsgraden der Regression. Der P-Wert gibt die Irrtumswahrscheinlichkeit für die Annahme an, Beta ist signifikant von null verschieden.

Firmenname	Beta	Std.fehler	r-Quadrat	F-Statistik	df	t-Wert	P-Wert
Georgia Pacific	1,35	0,10	0,36	191,85	334	13,85	0,00%
Weyerhaeuser	1,24	0,07	0,47	292,74	334	17,11	0,00%
Sonae SGPS	n.a.	n.a.	n.a.	n.a.	n.a.	n.a.	n.a.
Louisiana Pacific	1,37	0,10	0,34	172,30	334	13,13	0,00%
Norbord	n.a.	n.a.	n.a.	n.a.	n.a.	n.a.	n.a.
Pfleiderer	n.a.	n.a.	n.a.	n.a.	n.a.	n.a.	n.a.
Constantia	n.a.	n.a.	n.a.	n.a.	n.a.	n.a.	n.a.

Abbildung 45: Betafaktoren der holzverarbeitenden Industrie für den Zeitraum 1977-2004[411]

Firmenname	Beta	Std.fehler	r-Quadrat	F-Statistik	df	t-Wert	P-Wert
Georgia Pacific	1,33	0,11	0,35	157,98	298	12,57	0,00%
Weyerhaeuser	1,19	0,08	0,45	246,74	298	15,71	0,00%
Sonae SGPS	n.a.	n.a.	n.a.	n.a.	n.a.	n.a.	n.a.
Louisiana Pacific	1,36	0,11	0,33	145,86	298	12,08	0,00%
Norbord	n.a.	n.a.	n.a.	n.a.	n.a.	n.a.	n.a.
Pfleiderer	n.a.	n.a.	n.a.	n.a.	n.a.	n.a.	n.a.
Constantia	n.a.	n.a.	n.a.	n.a.	n.a.	n.a.	n.a.

Abbildung 46: Betafaktoren der holzverarbeitenden Industrie für den Zeitraum 1980-2004[412]

---

[410] Auf die Ausweisung des Achsenabschnitts Alpha wurde verzichtet, da die geschätzten Werte für Alpha kaum von null abweichen. Das bedeutet, es existiert kein Teil der Unternehmensrendite, welcher von der Marktrendite vollkommen unabhängig ist, also auch bei einer Marktrendite von null bestehen bleibt.

[411] Quelle: Eigene Darstellung.

[412] Quelle: Eigene Darstellung.

Firmenname	Beta	Std.fehler	r-Quadrat	F-Statistik	df	t-Wert	P-Wert
Georgia Pacific	1,36	0,12	0,35	126,90	238	11,26	0,00%
Weyerhaeuser	1,18	0,08	0,45	194,27	238	13,94	0,00%
Sonae SGPS	n.a.	n.a.	n.a.	n.a.	n.a.	n.a.	n.a.
Louisiana Pacific	1,32	0,13	0,30	103,34	238	10,17	0,00%
Norbord	n.a.	n.a.	n.a.	n.a.	n.a.	n.a.	n.a.
Pfleiderer	n.a.	n.a.	n.a.	n.a.	n.a.	n.a.	n.a.
Constantia	n.a.	n.a.	n.a.	n.a.	n.a.	n.a.	n.a.

Abbildung 47: Betafaktoren der holzverarbeitenden Industrie für den Zeitraum 1985-2004[413]

Firmenname	Beta	Std.fehler	r-Quadrat	F-Statistik	df	t-Wert	P-Wert
Georgia Pacific	1,43	0,16	0,31	79,73	178	8,93	0,00%
Weyerhaeuser	1,10	0,11	0,36	98,23	178	9,91	0,00%
Sonae SGPS	1,43	0,18	0,27	65,79	178	8,11	0,00%
Louisiana Pacific	1,31	0,18	0,24	55,19	178	7,43	0,00%
Norbord	n.a.	n.a.	n.a.	n.a.	n.a.	n.a.	n.a.
Pfleiderer	0,92	0,17	0,14	28,88	178	5,37	0,00%
Constantia	n.a.	n.a.	n.a.	n.a.	n.a.	n.a.	n.a.

Abbildung 48: Betafaktoren der holzverarbeitenden Industrie für den Zeitraum 1990-2004[414]

Firmenname	Beta	Std.fehler	r-Quadrat	F-Statistik	df	t-Wert	P-Wert
Georgia Pacific	1,47	0,20	0,32	54,85	118	7,41	0,00%
Weyerhaeuser	1,03	0,13	0,34	60,82	118	7,80	0,00%
Sonae SGPS	1,49	0,20	0,32	54,89	118	7,41	0,00%
Louisiana Pacific	1,20	0,21	0,22	32,61	118	5,71	0,00%
Norbord	n.a.	n.a.	n.a.	n.a.	n.a.	n.a.	n.a.
Pfleiderer	1,20	0,22	0,21	30,67	118	5,54	0,00%
Constantia	n.a.	n.a.	n.a.	n.a.	n.a.	n.a.	n.a.

Abbildung 49: Betafaktoren der holzverarbeitenden Industrie für den Zeitraum 1995-2004[415]

---

413 Quelle: Eigene Darstellung.
414 Quelle: Eigene Darstellung.
415 Quelle: Eigene Darstellung.

Firmenname	Beta	Std.fehler	r-Quadrat	F-Statistik	df	t-Wert	P-Wert
Georgia Pacific	1,79	0,31	0,37	34,42	58	5,87	0,00%
Weyerhaeuser	1,03	0,18	0,36	32,11	58	5,67	0,00%
Sonae SGPS	1,28	0,26	0,29	23,53	58	4,85	0,00%
Louisiana Pacific	1,77	0,31	0,36	32,19	58	5,67	0,00%
Norbord	-0,10	0,06	0,04	2,67	58	-1,63	10,79%
Pfleiderer	1,37	0,32	0,24	17,98	58	4,24	0,01%
Constantia	0,07	0,20	0,00	0,11	58	0,33	74,23%

Abbildung 50: Betafaktoren der holzverarbeitenden Industrie für den Zeitraum 2000-2004[416]

Firmenname	Beta	Std.fehler	r-Quadrat	F-Statistik	df	t-Wert	P-Wert
Georgia Pacific	2,25	0,42	0,46	28,54	34	5,34	0,00%
Weyerhaeuser	1,01	0,20	0,42	24,35	34	4,93	0,00%
Sonae SGPS	1,14	0,31	0,28	13,35	34	3,65	0,09%
Louisiana Pacific	1,43	0,40	0,27	12,83	34	3,58	0,11%
Norbord	-0,09	0,06	0,06	2,13	34	-1,46	15,35%
Pfleiderer	1,82	0,44	0,33	16,90	34	4,11	0,02%
Constantia	0,23	0,26	0,02	0,79	34	0,89	38,07%

Abbildung 51: Betafaktoren der holzverarbeitenden Industrie für den Zeitraum 2002-2004[417]

Um die Veränderungen bei den Betafaktoren leichter erkennen zu können, sind diese nochmals zusammengefasst in Abbildung 52 dargestellt.

Firmenname	Beta 28	Beta 25	Beta 20	Beta 15	Beta 10	Beta 5	Beta 3
Georgia Pacific	1,35	1,33	1,36	1,43	1,47	1,79	2,25
Weyerhaeuser	1,24	1,19	1,18	1,10	1,03	1,03	1,01
Sonae SGPS	n.a.	n.a.	n.a.	1,43	1,49	1,28	1,14
Louisiana Pacific	1,37	1,36	1,32	1,31	1,20	1,77	1,43
Norbord	n.a.	n.a.	n.a.	n.a.	n.a.	-0,10	-0,09
Pfleiderer	n.a.	n.a.	n.a.	0,92	1,20	1,37	1,82
Constantia	n.a.	n.a.	n.a.	n.a.	n.a.	0,07	0,23

Abbildung 52: Betafaktoren der holzverarbeitenden Industrie für verschiedene Beobachtungszeiträume[418]

---

416 Quelle: Eigene Darstellung.
417 Quelle: Eigene Darstellung.
418 Quelle: Eigene Darstellung. Beta 28 steht für den Untersuchungszeitraum 1977-2004 also der letzten 28 Jahre. Entsprechendes gilt für die anderen Spalten.

Wie zu erkennen ist, ergibt sich kein einheitliches Bild für die Höhe der einzelnen Betawerte. Zwar sind die Werte für Georgia Pacific und Louisiana Pacific im langfristigen Bereich sehr ähnlich, am kurzen Ende weichen sie aber erheblich voneinander ab. Es ist auch kein Trend für die Entwicklung der Betafaktoren zu erkennen. Während Weyerhaeuser und Sonae im kurzfristigen Bereich niedrigere Betas als im langfristigen Bereich aufweisen, ist es für Georgia Pacific und Pfleiderer genau umgekehrt. Die Betas von Louisiana Pacific sind nach Schwankungen im mittelfristigen Bereich am kurzen Ende ungefähr gleich mit den langfristigen Werten.

Abbildung 53 zeigt die Breite der Schwankungsintervalle für Beta, den Standardfehler, das Bestimmtheitsmaß und die P-Werte. Gut zu sehen ist dabei der Zusammenhang von Bestimmtheitsmaß und Beta. Ein hohes Beta tritt in Verbindung mit einem relativ hohen r^2 auf, während ein niedriges Beta mit einem geringen Bestimmtheitsmaß einhergeht. Dies ist allerdings ein rechentechnischer Effekt mit wenig Aussagekraft für die Güte der Schätzung.[419]

Bei niedrigen Betas steigen die Werte der t-Verteilung und damit auch die P-Werte an. Im Fall von Constantia führt dies dazu, dass eine relativ hohe Wahrscheinlichkeit angeben wird, dass bei Annahme eines von null abweichenden Betas ein Irrtum begangen wird.

Firmenname	Betawerte		Std.fehler		r-Quadrat		P-Wert	
	min	max	min	max	min	max	min	max
Georgia Pacific	1,33	2,25	0,10	0,42	0,31	0,48	0,00	0,00
Weyerhaeuser	1,01	1,24	0,07	0,20	0,34	0,47	0,00	0,00
Sonae SGPS	1,14	1,49	0,18	0,31	0,27	0,32	0,00	0,00
Louisiana Pacific	1,20	1,77	0,10	0,40	0,22	0,36	0,00	0,00
Norbord	-0,10	-0,09	0,06	0,06	0,04	0,06	0,11	0,15
Pfleiderer	0,92	1,82	0,17	0,44	0,14	0,33	0,00	0,00
Constantia	0,07	0,23	0,20	0,26	0,00	0,02	0,38	0,74

Abbildung 53: Intervallgrenzen ausgewählter Größen der Regressionsanalyse für die Unternehmen der holzverarbeitenden Industrie[420]

[419] Zum Einfluss der Steigung der Regressionslinie auf das Bestimmtheitsmaß siehe: Hradetzky, Joachim: Das Bestimmtheitsmaß, in: Forstwissenschaftliches Centralblatt: 1978, Jahrgang 97, S. 168-181.

[420] Quelle: Eigene Darstellung.

Die statistischen Analysen der Regressionen für die Unternehmen der holzverarbeitenden Industrie sind im Anhang unter den Nummern 9-41 zu finden.[421] Zum leichteren Verständnis wird nachfolgend der Anhang am Beispiel der Anlage 9 ausführlich erklärt.

Als erstes ist in der Tabelle der Kolmogorov-Smirnov-Test (siehe Abbildung 55) dargestellt, welcher überprüft, ob die Residuen der Regressionsschätzung normalverteilt sind. Der Kolmogorov-Smirnov-Test misst den größten Abstand zwischen der kumulierten Häufigkeitskurve und der Kurve der Normalverteilung und berechnet die Signifikanz des gemessenen Abstands. Dabei gibt (N) die Anzahl der Datenpunkte und (D) die maximale Distanz zur Normalverteilung in relativen Einheiten an. Der P-Wert zeigt an, wie wahrscheinlich die vorgefundene Abweichung unter Annahme einer normalverteilten Grundgesamtheit ist. Ist der Wert von P nicht zu klein, kann eine Normalverteilung angenommen werden. Ab einer Größe des Stichprobenumfangs von n > 35 wir der Prüfquotient anhand der folgenden kritischen Werte beurteilt:

Schranken für D	Signifikanzniveau α
1,224/√n	0,10
1,358/√n	0,05
1,628/√n	0,01

Abbildung 54: Kritische Schranken für D beim Kolmogorov-Smirnov-Test[422]

Abbildung 55 zeigt die Ergebnisse des Kolmogorov-Smirnov-Tests für Georgia Pacific im Zeitraum 1977-2004. Für ein Signifikanzniveau (α) von 0,01 und einem Stichprobenumfang (N) von 336 ergibt sich ein ungefährer kritischer Wert von 0,0888 für D. Da das D von Georgia Pacific mit 0,0525 kleiner als der kritische Wert von 0.0888 ist, kann die Nullhypothese (H_0: Die beobachteten Zufallszahlen entstammen einer normalverteilten Grundgesamtheit und sind somit selbst normalverteilt) auf Basis des Signifikanzniveaus nicht verworfen werden. Man kann also davon ausgehen, dass die Zufallszahlen normalverteilt sind.

---

[421] Der Anhang wurde aus Platzgründen aus diesem Buch gestrichen. Sie finden ihn im Internet als pdf-Datei unter www.fwl.wi.tum.de im Bereich Forschung – Projekte.

[422] Vgl. Sachs, Lothar: Angewandte Statistik, 1992, S. 427.

Kolmogorov-Smirnov-Test	N	D	P
Residuen	336	0,0525	0,3117

Abbildung 55: Kolmogorov-Smirnov-Test (Georgia Pacific 1977-2004)[423]

Anschließend ist die Regressionsgerade durch die Datenpunkte dargestellt. Zur Orientierung sind als Hilfslinien der 95-prozentige Vertrauensbereich der Regressionsgeraden und der Datenpunkte eingezeichnet.

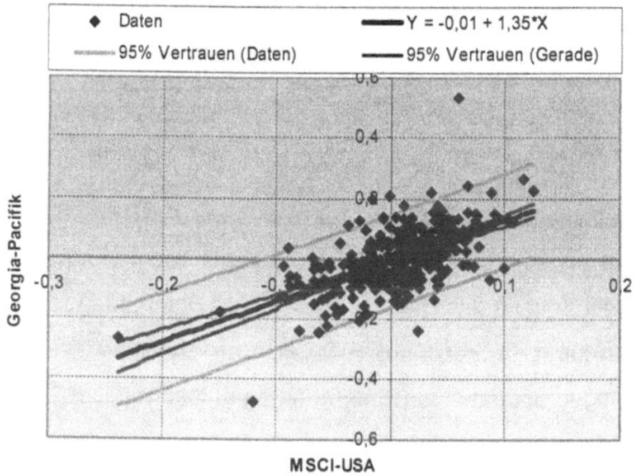

Abbildung 56: Regressionsgerade der Betaschätzung von Georgia Pacific für den Zeitraum 1977-2004[424]

Die dritte und vierte Grafik beziehen sich auf die Residuen der Regressionsschätzung. Zuerst ist, wie in Abbildung 57 zu sehen, die Höhe der standardisierten Residuen im Zeitverlauf dargestellt.

[423] Quelle: Eigene Darstellung.
[424] Quelle: Eigene Darstellung.

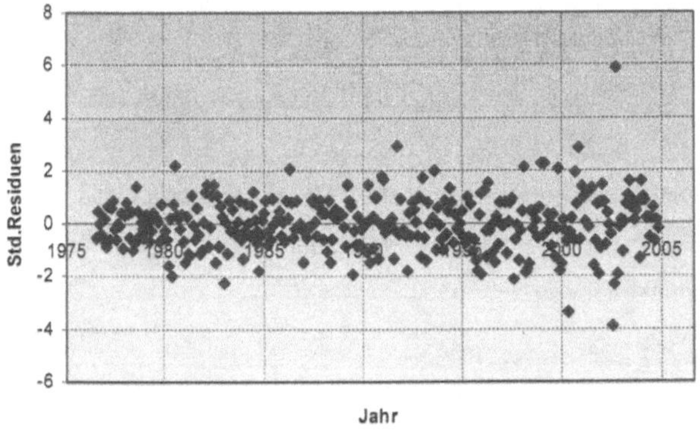

Abbildung 57: Residuenplot der Betaschätzung von Georgia Pacific für den Zeitraum 1977-2004[425]

Deutlich zu erkennen ist im vorliegenden Beispiel eine leichte Zunahme der Streuung der Residuen zum Ende der Laufzeit. Durch die etwas geöffnete Trichterform ist eine Extrapolation der Werte in die Zukunft unsicher, da eine höhere Standardabweichung der Werte vermutet werden kann. Im kurzfristigen Bereich der Betaschätzung (drei und fünf Jahre) sind bei einigen untersuchten Unternehmen autokorrelative Tendenzen sichtbar.

Die in Abbildung 57 in der Zeitspanne von 2000 bis 2004 auftretenden Extrempunkte sind häufig auch bei den anderen Unternehmen im gleichen Zeitraum zu beobachten. Sie sind auf die großen Marktverwerfungen der turbulenten Börsenphase nach dem „vorläufigen Ende" der so genannten „New Economy" zurückzuführen. Teilweise lassen sie sich aber auch, wie im Fall Xerox, konkreten Ereignissen zuordnen.[426] In etwas geringerer Ausprägung treten diese Extrempunkte auch in der Zeit des Börsencrashs von 1987 auf.

Die vierte und letzte Grafik (siehe Abbildung 58) zeigt als Datenpunkte die standardisierten Residuen über den mit Hilfe der Regression geschätzten Werten. Wird eine Normalverteilung der Residuen angenommen, sollten etwa 95% der normierten Werte zwischen ± 2 liegen. Hier kann vorweggenommen werden, dass nahezu aus-

[425] Quelle: Eigene Darstellung.

[426] Dem Unternehmen Xerox wurde Bilanzfälschung nachgewiesen, was zu erheblichen Kursschwankungen an der Börse geführt hat.

nahmslos alle Grafiken eine ausreichende Varianzenhomogenität (Homoskedastizität) erkennen lassen und somit die Zulässigkeit der linearen Regressionsschätzung anzeigen.[427] Wie im vorliegenden Beispiel ist bei fast allen Unternehmen kein Trend erkennbar und es gibt nur wenige Ausreißer.

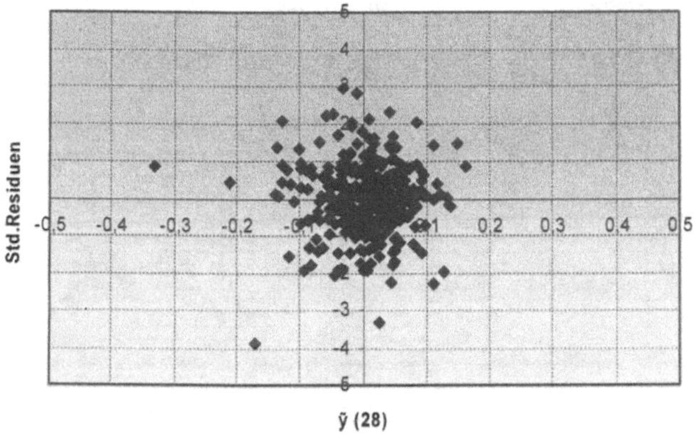

Abbildung 58 Plot der standardisierten Residuen über die geschätzten Werte für Georgia Pacific (1977-2004)[428]

---

[427] Abzulehnen wäre diese These, wenn z.B. eine trichter- oder trompetenförmige Gestalt entstehen würde.
[428] Quelle: Eigene Darstellung.

5.2.2 Betafaktoren der Druckmaschinenindustrie

Wie die holzverarbeitende Industrie wird auch die Druckmaschinenindustrie nicht als eigener Industriesektor an der Börse notiert. Nachfolgende Abbildung 59 basiert auf einer von der Heidelberger Druckmaschinen AG für diese Arbeit auszugsweise zur Verfügung gestellten Präsentation „The competitive environment of Heidelberg".[429] Die Sortierung erfolgte auf Basis der aktualisierten Konzernumsätze 2003.[430]

Rang	Firmenname	Land	Umsatz	Währung	ISIN	Börsenkurse
1	Hewlett-Packard	USA	79.900	USD	US4282361033	12.1976
2	Canon	Japan	*23.722	JPY	JP3242800005	12.1976
3	Mitsubishi Heavy Ind.	Japan	22.457	JPY	JP3900000005	12.1976
4	Fuji	Japan	*19.850	JPY	JP3814000000	12.1976
5	Xerox	USA	15.700	USD	US9841211033	12.1976
6	MAN	Deutschland	15.021	EURO	DE0005937007	12.1976
7	Eastman Kodak	USA	13.317	USD	US2774611097	12.1976
8	Ricoh	Japan	*13.194	EURO	JP3973400009	12.1976
9	AGFA-Gevaert	Belgien	4.215	EURO	BE0003755692	05.1999
10	Heidelberger Druck.	Deutschland	3.661	EURO	DE0007314007	12.1997
11	Oce	Niederlande	2.769	EURO	NL0000354934	12.1976
12	König & Bauer AG	Deutschland	1.232	EURO	DE0007193500	09.1988
13	Bobst Group	Schweiz	911	CHF	CH0012684657	06.1985
14	Komori Corp.	Japan	*769	JPY	JP3305800009	08.1987
15	Creo	Kanada	**636	C$	CA2256061029	07.1999

Abbildung 59: Unternehmen der Druckmaschinenindustrie[431]

Die Umsätze in Abbildung 59 sind in Millionen angegeben, die Währungsspalte bezieht sich auf den Umsatz und die Notierung der Aktie. Um die Unternehmen leichter nach Größe ordnen zu können, sind die Umsatzzahlen der japanischen Firmen in Euro bzw. die des kanadischen Unternehmens in US-Dollar angegeben.

[429] Vielen Dank an Patrick Lawall, Heidelberger Druckmaschinen AG, Heidelberg für die Bereitstellung der Daten.

[430] Die Umsätze von Heidelberger Druckmaschinen AG und Ricoh stammen aus dem Jahr 2004. Auf eine Sortierung nach den Umätzen im Druckbereich wurde bewusst verzichtet, da die Aktienkurse sich auf das Gesamtunternehmen beziehen.

[431] Quelle: Eigene Darstellung. Die mit einem Stern gekennzeichneten Umsätze sind in Euro, die mit zwei Sternen versehenen Umsätze sind in US-Dollar angegeben.

Mitsubishi Heavy Industries und MAN sind keine reinen Unternehmen der Druckmaschinenindustrie. MAN betreibt sein Druckmaschinengeschäft unter der Marke MAN-Roland und weist den Umsatz in ungefährer Höhe von 1.600 Mio. Euro in der Bilanz aus.[432] Über den Umsatzanteil der Drucksparte bei Mitsubishi Heavy Industries gibt es keine öffentlichen Quellen. Heidelberger Druckmaschinen schätzt aufgrund der eigenen Marktkenntnis den Umsatzanteil des Drucksektors bei Mitsubishi Heavy Ind. auf 500 Mio. Euro.[433]

Nachfolgend zeigen Abbildung 60 bis Abbildung 67 die durch lineare Regression ermittelten Betawerte für die börsennotierten Unternehmen der Druckmaschinenindustrie.

Firmenname	Beta	Std.fehler	R-Quadrat	F-Statistik	df	t-Wert	P-Wert
Hewlett-Packard	1,49	0,10	0,40	224,63	334	14,99	0,00%
Canon	0,81	0,08	0,24	103,33	334	10,17	0,00%
Mitsubishi Heavy Ind.	1,14	0,07	0,42	244,24	334	15,63	0,00%
Fuji	0,71	0,08	0,19	78,54	334	8,86	0,00%
Xerox	1,35	0,11	0,31	147,32	334	12,14	0,00%
MAN	0,82	0,09	0,20	84,45	334	9,19	0,00%
Eastman Kodak	0,81	0,09	0,21	90,07	334	9,49	0,00%
Ricoh	0,85	0,08	0,25	111,48	334	10,56	0,00%
AGFA-Gevaert	n.a.	n.a.	n.a.	n.a.	n.a.	n.a.	n.a.
Heidelberger Druck	n.a.	n.a.	n.a.	n.a.	n.a.	n.a.	n.a.
Oce	0,85	0,10	0,17	69,00	334	8,31	0,00%
König & Bauer AG	n.a.	n.a.	n.a.	n.a.	n.a.	n.a.	n.a.
Bobst Group	n.a.	n.a.	n.a.	n.a.	n.a.	n.a.	n.a.
Komori Corp.	n.a.	n.a.	n.a.	n.a.	n.a.	n.a.	n.a.
Creo	n.a.	n.a.	n.a.	n.a.	n.a.	n.a.	n.a.

Abbildung 60: Betafaktoren der Druckmaschinenindustrie für den Zeitraum 1977-2004[434]

[432] Die Umsätze der MAN-Tochterunternehmen sind auf der Webseite www.man.de veröffentlicht.
[433] Die Zahl von 500 Mio. Euro geht aus der eingangs erwähnten Präsentation „The competitive environment of Heidelberg" hervor und wurde mit Patrick Lawall, Heidelberger Druckmaschinen AG, Heidelberg nochmals telefonisch validiert.
[434] Quelle: Eigene Darstellung.

Firmenname	Beta	Std.fehler	R-Quadrat	F-Statistik	df	t-Wert	P-Wert
Hewlett-Packard	1,49	0,11	0,39	189,53	298	13,77	0,00%
Canon	0,79	0,08	0,23	91,52	298	9,57	0,00%
Mitsubishi Heavy Ind.	1,12	0,08	0,43	222,73	298	14,92	0,00%
Fuji	0,67	0,08	0,19	69,85	298	8,36	0,00%
Xerox	1,36	0,12	0,29	123,58	298	11,12	0,00%
MAN	0,84	0,10	0,21	78,05	298	8,83	0,00%
Eastman Kodak	0,75	0,09	0,19	67,86	298	8,24	0,00%
Ricoh	0,83	0,08	0,25	100,28	298	10,01	0,00%
AGFA-Gevaert	n.a.	n.a.	n.a.	n.a.	n.a.	n.a.	n.a.
Heidelberger Druck	n.a.	n.a.	n.a.	n.a.	n.a.	n.a.	n.a.
Oce	0,90	0,11	0,18	67,42	298	8,21	0,00%
König & Bauer AG	n.a.	n.a.	n.a.	n.a.	n.a.	n.a.	n.a.
Bobst Group	n.a.	n.a.	n.a.	n.a.	n.a.	n.a.	n.a.
Komori Corp.	n.a.	n.a.	n.a.	n.a.	n.a.	n.a.	n.a.
Creo	n.a.	n.a.	n.a.	n.a.	n.a.	n.a.	n.a.

Abbildung 61: Betafaktoren der Druckmaschinenindustrie für den Zeitraum 1980-2004[435]

Firmenname	Beta	Std.fehler	R-Quadrat	F-Statistik	df	t-Wert	P-Wert
Hewlett-Packard	1,52	0,12	0,39	152,21	238	12,34	0,00%
Canon	0,69	0,08	0,22	66,54	238	8,16	0,00%
Mitsubishi Heavy Ind.	1,08	0,08	0,42	172,80	238	13,15	0,00%
Fuji	0,57	0,08	0,18	51,14	238	7,15	0,00%
Xerox	1,43	0,14	0,29	97,26	238	9,86	0,00%
MAN	0,93	0,11	0,23	69,81	238	8,35	0,00%
Eastman Kodak	0,81	0,10	0,20	60,10	238	7,75	0,00%
Ricoh	0,76	0,09	0,23	69,11	238	8,31	0,00%
AGFA-Gevaert	n.a.	n.a.	n.a.	n.a.	n.a.	n.a.	n.a.
Heidelberger Druck	n.a.	n.a.	n.a.	n.a.	n.a.	n.a.	n.a.
Oce	1,05	0,12	0,25	77,26	238	8,79	0,00%
König & Bauer AG	n.a.	n.a.	n.a.	n.a.	n.a.	n.a.	n.a.
Bobst Group	n.a.	n.a.	n.a.	n.a.	n.a.	n.a.	n.a.
Komori Corp.	n.a.	n.a.	n.a.	n.a.	n.a.	n.a.	n.a.
Creo	n.a.	n.a.	n.a.	n.a.	n.a.	n.a.	n.a.

Abbildung 62: Betafaktoren der Druckmaschinenindustrie für den Zeitraum 1985-2004[436]

---

[435] Quelle: Eigene Darstellung.
[436] Quelle: Eigene Darstellung.

Firmenname	Beta	Std.fehler	R-Quadrat	F-Statistik	df	t-Wert	P-Wert
Hewlett-Packard	1,63	0,16	0,36	101,61	178	10,08	0,00%
Canon	0,81	0,08	0,36	100,02	178	10,00	0,00%
Mitsubishi Heavy Ind.	0,99	0,08	0,43	136,74	178	11,69	0,00%
Fuji	0,64	0,08	0,28	69,87	178	8,36	0,00%
Xerox	1,57	0,20	0,26	62,16	178	7,88	0,00%
MAN	1,03	0,13	0,25	58,79	178	7,67	0,00%
Eastman Kodak	0,72	0,14	0,13	26,92	178	5,19	0,00%
Ricoh	0,96	0,09	0,39	112,53	178	10,61	0,00%
AGFA-Gevaert	n.a.	n.a.	n.a.	n.a.	n.a.	n.a.	n.a.
Heidelberger Druck	n.a.	n.a.	n.a.	n.a.	n.a.	n.a.	n.a.
Oce	1,09	0,14	0,24	56,30	178	7,50	0,00%
König & Bauer AG	0,64	0,17	0,07	14,36	178	3,79	0,02%
Bobst Group	0,66	0,10	0,19	41,37	178	6,43	0,00%
Komori Corp.	0,91	0,11	0,30	75,44	178	8,69	0,00%
Creo	n.a.	n.a.	n.a.	n.a.	n.a.	n.a.	n.a.

Abbildung 63: Betafaktoren der Druckmaschinenindustrie für den Zeitraum 1990-2004[437]

Firmenname	Beta	Std.fehler	R-Quadrat	F-Statistik	df	t-Wert	P-Wert
Hewlett-Packard	1,58	0,20	0,34	61,21	118	7,82	0,00%
Canon	1,05	0,12	0,38	71,34	118	8,45	0,00%
Mitsubishi Heavy Ind.	0,91	0,14	0,25	39,83	118	6,31	0,00%
Fuji	0,71	0,12	0,22	33,72	118	5,81	0,00%
Xerox	1,66	0,26	0,25	40,30	118	6,35	0,00%
MAN	1,14	0,18	0,26	41,26	118	6,42	0,00%
Eastman Kodak	0,77	0,17	0,14	19,50	118	4,42	0,00%
Ricoh	0,95	0,14	0,27	43,21	118	6,57	0,00%
AGFA-Gevaert	n.a.	n.a.	n.a.	n.a.	n.a.	n.a.	n.a.
Heidelberger Druck	n.a.	n.a.	n.a.	n.a.	n.a.	n.a.	n.a.
Oce	1,25	0,18	0,29	47,28	118	6,88	0,00%
König & Bauer AG	0,74	0,20	0,10	13,16	118	3,63	0,04%
Bobst Group	0,61	0,13	0,16	22,06	118	4,70	0,00%
Komori Corp.	0,73	0,15	0,17	23,75	118	4,87	0,00%
Creo	n.a.	n.a.	n.a.	n.a.	n.a.	n.a.	n.a.

Abbildung 64: Betafaktoren der Druckmaschinenindustrie für den Zeitraum 1995-2004[438]

---

[437] Quelle: Eigene Darstellung.
[438] Quelle: Eigene Darstellung.

Firmenname	Beta	Std.fehler	R-Quadrat	F-Statistik	df	t-Wert	P-Wert
Hewlett-Packard	1,81	0,29	0,40	39,07	58	6,25	0,00%
Canon	0,91	0,19	0,29	23,85	58	4,88	0,00%
Mitsubishi Heavy Ind.	1,12	0,26	0,24	18,00	58	4,24	0,01%
Fuji	0,67	0,20	0,16	11,43	58	3,38	0,13%
Xerox	2,27	0,42	0,33	29,13	58	5,40	0,00%
MAN	1,15	0,25	0,27	20,95	58	4,58	0,00%
Eastman Kodak	1,14	0,28	0,22	16,72	58	4,09	0,01%
Ricoh	0,89	0,20	0,25	19,68	58	4,44	0,00%
AGFA-Gevaert	0,62	0,21	0,13	9,00	58	3,00	0,40%
Heidelberger Druck	0,55	0,23	0,09	5,77	58	2,40	1,95%
Oce	1,37	0,26	0,33	28,65	58	5,35	0,00%
König & Bauer AG	0,82	0,27	0,14	9,17	58	3,03	0,37%
Bobst Group	0,47	0,17	0,12	7,57	58	2,75	0,79%
Komori Corp.	0,42	0,28	0,04	2,27	58	1,51	13,72%
Creo	1,93	0,39	0,29	24,19	58	4,92	0,00%

Abbildung 65: Betafaktoren der Druckmaschinenindustrie für den Zeitraum 2000-2004[439]

Firmenname	Beta	Std.fehler	R-Quadrat	F-Statistik	df	t-Wert	P-Wert
Hewlett-Packard	1,68	0,29	0,49	33,19	34	5,76	0,00%
Canon	0,54	0,21	0,17	6,76	34	2,60	1,37%
Mitsubishi Heavy Ind.	1,42	0,30	0,40	22,87	34	4,78	0,00%
Fuji	0,56	0,22	0,16	6,39	34	2,53	1,63%
Xerox	2,26	0,28	0,66	66,82	34	8,17	0,00%
MAN	1,07	0,35	0,22	9,61	34	3,10	0,39%
Eastman Kodak	1,05	0,31	0,25	11,36	34	3,37	0,19%
Ricoh	0,77	0,20	0,30	14,25	34	3,78	0,06%
AGFA-Gevaert	0,59	0,22	0,17	7,06	34	2,66	1,19%
Heidelberger Druck	0,78	0,32	0,14	5,72	34	2,39	2,25%
Oce	1,38	0,30	0,00	20,65	34	4,54	0,01%
König & Bauer AG	1,28	0,32	0,32	15,92	34	3,99	0,03%
Bobst Group	0,43	0,19	0,13	5,18	34	2,28	2,93%
Komori Corp.	0,67	0,26	0,16	6,50	34	2,55	1,54%
Creo	1,78	0,53	0,25	11,40	34	3,38	0,19%

Abbildung 66: Betafaktoren der Druckmaschinenindustrie für den Zeitraum 2002-2004[440]

---

[439] Quelle: Eigene Darstellung.
[440] Quelle: Eigene Darstellung.

Nachstehende Abbildung 67 zeigt zusammenfassend die Betafaktoren der Druckmaschinenindustrie im Zeitablauf. Ähnlich wie bei den Unternehmen der holzverarbeitenden Industrie ergibt sich auch für die Druckmaschinenindustrie kein einheitliches Bild, was die Höhe der einzelnen Betawerte betrifft. Allerdings zeichnet sich ab, dass die Betas niedriger sind als die der holzverarbeitenden Industrie. Im langfristigen Bereich haben sechs von neun Firmen ein Beta, dessen Wert kleiner als eins ist. Auch im mittelfristigen Bereich sind die meisten Unternehmensbetas kleiner oder nahe eins. Zusätzlich lässt sich in diesem Zusammenhang beobachten, dass die langfristigen Betas (z.B. Beta 20) höher oder zumindest ähnlich hoch wie die kurzfristigen sind. Im angesprochenen Vergleich der Betas 20 mit den Betas 3 liegt nur ein Fall vor, bei dem das kurzfristige Beta niedriger ist.

Firmenname	Beta 28	Beta 25	Beta 20	Beta 15	Beta 10	Beta 5	Beta 3
Hewlett-Packard	1,49	1,49	1,52	1,63	1,58	1,81	1,68
Canon	0,81	0,79	0,69	0,81	1,05	0,91	0,54
Mitsubishi Heavy Ind.	1,14	1,12	1,08	0,99	0,91	1,12	1,42
Fuji	0,71	0,67	0,57	0,64	0,71	0,67	0,56
Xerox	1,35	1,36	1,43	1,57	1,66	2,27	2,26
MAN	0,82	0,84	0,93	1,03	1,14	1,15	1,07
Eastman Kodak	0,81	0,75	0,81	0,72	0,77	1,14	1,05
Ricoh	0,85	0,83	0,76	0,96	0,95	0,89	0,77
AGFA-Gevaert	n.a.	n.a.	n.a.	n.a.	n.a.	0,62	0,59
Heidelberger Druck	n.a.	n.a.	n.a.	n.a.	n.a.	0,55	0,78
Oce	0,85	0,90	1,05	1,09	1,25	1,37	1,38
König & Bauer AG	n.a.	n.a.	n.a.	0,64	0,74	0,82	1,28
Bobst Group	n.a.	n.a.	n.a.	0,66	0,61	0,47	0,43
Komori Corp.	n.a.	n.a.	n.a.	0,91	0,73	0,42	0,67
Creo	n.a.	n.a.	n.a.	n.a.	n.a.	1,93	1,78

Abbildung 67: Betafaktoren der Druckmaschinenindustrie für verschiedene Beobachtungszeiträume[441]

Ein hohes unternehmensspezifisches Risiko mit einem Beta von über zwei weist nur das von einem Bilanzskandal erschütterte Unternehmen Xerox aus.[442] Die durch den Bilanzskandal ausgelösten Kursschwankungen an der Börse zeigen sich deutlich im

[441] Quelle: Eigene Darstellung.

[442] Xerox musste seine Bilanzen für die Jahre 1997 bis 2001 um mehrere Mrd. US-Dollar nachträglich nach unten korrigieren.

Residuenplot[443] von Xerox.[444] Nach einem relativ konstanten Risikoverlauf ist das Vertrauen in Xerox seit dem Jahr 2000 stark erschüttert. In jüngster Zeit scheinen die Kursschwankungen und damit die Schwankungsbreite der Residuen aber wieder abzuflachen.[445]

Abbildung 68 zeigt die Breite der Schwankungsintervalle für die schon aus Kapitel 5.2.1 bekannten Größen. Es ist sofort erkennbar, dass kein Unternehmen ein negatives Beta ausweist. Trotz der teilweise sehr niedrigen Bestimmtheitsmaße liegt das niedrigste Beta bei 0,42. Dass kein Beta den Wert null besitzt, wird durch die P-Werte belegt, die nur einmal eine 14-prozentige Irrtumswahrscheinlichkeit für die These angeben, Beta sei von null verschieden.

Firmenname	Betawerte		Std.fehler		r-Quadrat		P-Wert	
	min	max	min	max	min	max	min	max
Hewlett-Packard	1,49	1,81	0,10	0,29	0,34	0,49	0,00	0,00
Canon	0,54	1,05	0,08	0,21	0,17	0,38	0,00	0,01
Mitsubishi Heavy Ind.	0,91	1,42	0,07	0,30	0,24	0,43	0,00	0,00
Fuji	0,56	0,71	0,08	0,22	0,16	0,28	0,00	0,02
Xerox	1,35	2,27	0,11	0,42	0,25	0,66	0,00	0,00
MAN	0,82	1,15	0,09	0,35	0,20	0,27	0,00	0,00
Eastman Kodak	0,72	1,14	0,09	0,31	0,13	0,25	0,00	0,00
Ricoh	0,76	0,96	0,08	0,20	0,23	0,39	0,00	0,00
AGFA-Gevaert	0,59	0,62	0,21	0,22	0,13	0,17	0,00	0,01
Heidelberger Druck	0,55	0,78	0,23	0,32	0,09	0,14	0,02	0,02
Oce	0,85	1,38	0,10	0,30	0,17	0,38	0,00	0,00
König & Bauer AG	0,64	1,28	0,17	0,32	0,07	0,32	0,00	0,00
Bobst Group	0,43	0,66	0,10	0,19	0,12	0,19	0,00	0,03
Komori Corp.	0,42	0,91	0,11	0,28	0,04	0,30	0,00	0,14
Creo	1,78	1,93	0,39	0,53	0,25	0,29	0,00	0,00

Abbildung 68: Intervallgrenzen ausgewählter Größen der Regressionsanalyse für die Unternehmen der Druckmaschinenindustrie[446]

---

[443] Der Anhang wurde aus Platzgründen aus diesem Buch gestrichen. Sie finden ihn im Internet als pdf-Datei unter www.fwl.wi.tum.de im Bereich Forschung – Projekte.
[444] Siehe Anhang 70 – 76.
[445] Siehe Anhang 76.
[446] Quelle: Eigene Darstellung.

5.2.3 Betafaktoren der Papierindustrie

Der Papiersektor ist im Gegensatz zum Holz- und Druckmaschinensektor auf Verbandsebene gut organisiert. Zwar wird auch er nicht als eigenständiger Zweig an der Deutschen Börse geführt, dafür gibt es viele Informationen auf Verbandsebene.

Rang	Firmenname	Land	Umsatz	Währung	ISIN	Börsenkurse
1	International Paper	USA	21.503	USD	US4601461035	12.1976
2	Stora Enso	Finnland	11.582	EURO	FI0009005961	03.1988
3	Georgia-Pacific	USA	11.563	USD	US3732981085	12.1976
4	Svenska Cellulosa	Schweden	10.558	SK	SE0000112724	01.1982
5	Procter & Gamble	USA	9.933	USD	US7427181091	12.1976
6	UPM-Kymmene	Finnland	9.337	EURO	FI0009005987	01.1991
7	Kimberly-Clark	USA	9.243	USD	US4943681035	12.1976
8	Oji Paper	Japan	8.968	JPY	JP3174410005	12.1976
9	Nippon Paper Group	Japan	8.794	JPY	JP3754300006	03.2001
10	Weyerhaeuser	USA	8.184	USD	US9621661043	12.1976
11	Smurfit-Stone Cont.	USA	7.722	USD	US8327271016	05.1994
12	MeadWestvaco	USA	7.191	USD	US5833341077	12.1976
13	M-real	Finnland	6.826	EURO	FI0009000665	08.1989
14	Mondi Int.	UK	5.628	n.a.	n.a.	n.a.
15	Smurfit Group	Irland	5.361	n.a.	n.a.	n.a.
16	Worms & Cie	Frankreich	4.919	EURO	FR0000063364	05.1998
17	Amcor	Australien	4.370	A$	AU000000AMC4	12.1976
18	Sappi	Süd Afrika	4.245	USD	US8030692029	10.1994
19	Norske Skog.	Norwegen	3.324	NK	NO0004135633	05.1990
20	Asia Pulp & Paper	Singapur	3.305	n.a.	n.a.	n.a.
21	Kappa Packaging	Niederlande	3.210	n.a.	n.a.	n.a.
22	Domtar	Kanada	3.166	C$	CA2575611009	12.1976
23	Abitibi Consolidated	Kanada	2.999	C$	CA0039241074	12.1976
24	Daio Paper	Japan	2.770	JPY	JP3440400004	08.1988
25	Bowater Incorp.	USA	2.721	USD	US1021831003	05.1984

Abbildung 69: Unternehmen der Papierindustrie sortiert nach dem Umsatz im Papierbereich[447]

[447] Quelle: Eigene Darstellung. Unternehmensnamen und Umsatzdaten stammen aus einem Artikel über die Top 100 der Papierindustrie in der Zeitschrift: PPI Pulp & Paper International: September 2004 S. 13-19, hier S. 16-17. Freundlicherweise zur Verfügung gestellt von: Ulrike Czermak, UPM-Kymmene, Augsburg. Alle Umsätze sind aus dem Jahr 2003 und in US-Dollar. Die Spalte Währung bezieht sich auf die Aktiennotierung.

Abbildung 69 zeigt die größten 25 Unternehmen der Papierindustrie gemessen am Umsatz in Papiersektor. Da sich die Berechnung der Betafaktoren auf das Gesamtunternehmen bezieht, sind die Konzerne in Abbildung 70 nochmals nach Konzernumsatz sortiert dargestellt. Die beiden Unternehmen Georgia Pacific und Weyerhaeuser wurden schon in Kapitel 5.2.1 untersucht. Aus Gründen der Vollständigkeit werden die Ergebnisse hier erneut dargestellt, auf den doppelten Anhang wurde verzichtet.

Rang	Firmenname	Land	Umsatz	Währung	ISIN	Börsenkurse
1	Procter & Gamble	USA	43.377	USD	US7427181091	12.1976
2	International Paper	USA	25.179	USD	US4601461035	12.1976
3	Georgia-Pacific	USA	20.255	USD	US3732981085	12.1976
4	Weyerhaeuser	USA	19.873	USD	US9621661043	12.1976
5	Kimberly-Clark	USA	14.348	USD	US4943681035	12.1976
6	Stora Enso	Finnland	13.747	EURO	FI0009005961	03.1988
7	UPM-Kymmene	Finnland	11.236	EURO	FI0009005987	01.1991
8	Svenska Cellulosa	Schweden	10.558	SK	SE0000112724	01.1982
9	Nippon Paper Group	Japan	10.283	JPY	JP3754300006	03.2001
10	Oji Paper	Japan	10.178	JPY	JP3174410005	12.1976
11	Smurfit-Stone Cont.	USA	7.722	USD	US8327271016	05.1994
12	MeadWestvaco	USA	7.553	USD	US5833341077	12.1976
13	Amcor	Australien	6.946	A$	AU000000AMC4	12.1976
14	M-real	Finnland	6.826	EURO	FI0009000665	08.1989
15	Anglo American	UK	5.628	GBP	GB0004901517	12.1990
16	Smurfit Group	Irland	5.361	EURO	n.a.	n.a.
17	Worms & Cie	Frankreich	4.759	EURO	FR0000063364	05.1998
18	Sappi	Süd Afrika	4.299	USD	US8030692029	10.1994
19	Abitibi Consolidated	Kanada	3.416	C$	CA0039241074	12.1976
20	Domtar	Kanada	3.410	C$	CA2575611009	12.1976
21	Norske Skog	Norwegen	3.400	NK	NO0004135633	05.1990
22	Daio Paper	Japan	3.375	JPY	JP3440400004	08.1988
23	Asia Pulp & Paper	Singapur	3.305	n.a.	n.a.	n.a.
24	Kappa Packaging	Niederlande	3.210	n.a.	n.a.	n.a.
25	Bowater Incorp.	USA	2.721	USD	US1021831003	05.1984

Abbildung 70: Unternehmen der Papierindustrie sortiert nach dem Konzernumsatz[448]

[448] Quelle: Eigene Darstellung.

Die Nummer 14 in Abbildung 69, Mondi International, ist nicht selbst an der Börse notiert, sondern gehört zum Konzern Anglo American und fließt deshalb unter diesem Namen in die Untersuchung ein. Von Asia Pulp & Paper existiert zwar eine ISIN (US04516V1008), das Unternehmen befindet sich jedoch seit einer Insolvenz in Investorenhand und die Aktien gelten als so genannter Penny Stock. Aus diesem Grund wurde auf die Untersuchung von Asia Pulp & Paper verzichtet.

Nachfolgend zeigen Abbildung 71 bis Abbildung 77 die Ergebnisse der Betaschätzungen für die Unternehmen der Papierindustrie.

Firmenname	Beta	Std.fehler	R-Quadrat	F-Statistik	df	t-Wert	P-Wert
Procter & Gamble	0,58	0,07	0,17	67,30	334	8,20	0,00%
International Paper	1,16	0,08	0,40	220,33	334	14,84	0,00%
Georgia-Pacific	1,35	0,10	0,36	191,85	334	13,85	0,00%
Weyerhaeuser	1,24	0,07	0,47	292,74	334	17,11	0,00%
Kimberly-Clark	0,66	0,07	0,21	89,63	334	9,47	0,00%
Stora Enso	n.a.	n.a.	n.a.	n.a.	n.a.	n.a.	n.a.
UPM-Kymmene	n.a.	n.a.	n.a.	n.a.	n.a.	n.a.	n.a.
Svenska Cellulosa	n.a.	n.a.	n.a.	n.a.	n.a.	n.a.	n.a.
Nippon Paper Group	n.a.	n.a.	n.a.	n.a.	n.a.	n.a.	n.a.
Oji Paper	0,76	0,07	0,27	123,33	334	11,11	0,00%
Smurfit-Stone Cont.	n.a.	n.a.	n.a.	n.a.	n.a.	n.a.	n.a.
MeadWestvaco	1,26	0,09	0,36	189,80	334	13,78	0,00%
Amcor	0,59	0,07	0,16	63,41	334	7,96	0,00%
M-real	n.a.	n.a.	n.a.	n.a.	n.a.	n.a.	n.a.
Anglo American	n.a.	n.a.	n.a.	n.a.	n.a.	n.a.	n.a.
Worms & Cie	n.a.	n.a.	n.a.	n.a.	n.a.	n.a.	n.a.
Sappi	n.a.	n.a.	n.a.	n.a.	n.a.	n.a.	n.a.
Abitibi Consolidated	0,88	0,10	0,18	74,58	334	8,64	0,00%
Domtar	0,93	0,09	0,23	100,73	334	10,04	0,00%
Norske Skog.	n.a.	n.a.	n.a.	n.a.	n.a.	n.a.	n.a.
Daio Paper	n.a.	n.a.	n.a.	n.a.	n.a.	n.a.	n.a.
Bowater Incorp.	n.a.	n.a.	n.a.	n.a.	n.a.	n.a.	n.a.

Abbildung 71: Betafaktoren der Papierindustrie für den Zeitraum 1977-2004[449]

[449] Quelle: Eigene Darstellung.

Firmenname	Beta	Std.fehler	R-Quadrat	F-Statistik	df	t-Wert	P-Wert
Procter & Gamble	0,56	0,08	0,15	54,44	298	7,38	0,00%
International Paper	1,12	0,08	0,37	177,93	298	13,34	0,00%
Georgia-Pacific	1,33	0,11	0,35	157,98	298	12,57	0,00%
Weyerhaeuser	1,19	0,08	0,45	246,74	298	15,71	0,00%
Kimberly-Clark	0,65	0,07	0,21	77,85	298	8,82	0,00%
Stora Enso	n.a.	n.a.	n.a.	n.a.	n.a.	n.a.	n.a.
UPM-Kymmene	n.a.	n.a.	n.a.	n.a.	n.a.	n.a.	n.a.
Svenska Cellulosa	n.a.	n.a.	n.a.	n.a.	n.a.	n.a.	n.a.
Nippon Paper Group	n.a.	n.a.	n.a.	n.a.	n.a.	n.a.	n.a.
Oji Paper	0,76	0,07	0,27	111,89	298	10,58	0,00%
Smurfit-Stone Cont.	n.a.	n.a.	n.a.	n.a.	n.a.	n.a.	n.a.
MeadWestvaco	1,20	0,09	0,35	162,22	298	12,74	0,00%
Amcor	0,62	0,08	0,17	62,43	298	7,90	0,00%
M-real	n.a.	n.a.	n.a.	n.a.	n.a.	n.a.	n.a.
Anglo American	n.a.	n.a.	n.a.	n.a.	n.a.	n.a.	n.a.
Worms & Cie	n.a.	n.a.	n.a.	n.a.	n.a.	n.a.	n.a.
Sappi	n.a.	n.a.	n.a.	n.a.	n.a.	n.a.	n.a.
Abitibi Consolidated	0,89	0,11	0,19	68,57	298	8,28	0,00%
Domtar	0,94	0,10	0,24	92,77	298	9,63	0,00%
Norske Skog.	n.a.	n.a.	n.a.	n.a.	n.a.	n.a.	n.a.
Daio Paper	n.a.	n.a.	n.a.	n.a.	n.a.	n.a.	n.a.
Bowater Incorp.	n.a.	n.a.	n.a.	n.a.	n.a.	n.a.	n.a.

Abbildung 72: Betafaktoren der Papierindustrie für den Zeitraum 1980-2004[450]

Firmenname	Beta	Std.fehler	R-Quadrat	F-Statistik	df	t-Wert	P-Wert
Procter & Gamble	0,55	0,09	0,14	40,08	238	6,33	0,00%
International Paper	1,04	0,09	0,34	123,02	238	11,09	0,00%
Georgia-Pacific	1,36	0,12	0,35	126,90	238	11,26	0,00%
Weyerhaeuser	1,18	0,08	0,45	194,27	238	13,94	0,00%
Kimberly-Clark	0,63	0,08	0,20	60,21	238	7,76	0,00%
Stora Enso	n.a.	n.a.	n.a.	n.a.	n.a.	n.a.	n.a.
UPM-Kymmene	n.a.	n.a.	n.a.	n.a.	n.a.	n.a.	n.a.
Svenska Cellulosa	0,60	0,10	0,12	33,77	238	5,81	0,00%
Nippon Paper Group	n.a.	n.a.	n.a.	n.a.	n.a.	n.a.	n.a.
Oji Paper	0,78	0,08	0,30	99,94	238	10,00	0,00%
Smurfit-Stone Cont.	n.a.	n.a.	n.a.	n.a.	n.a.	n.a.	n.a.

450 Quelle: Eigene Darstellung.

MeadWestvaco	1,21	0,10	0,37	139,14	238	11,80	0,00%
Amcor	0,59	0,09	0,17	48,72	238	6,98	0,00%
M-real	n.a.	n.a.	n.a.	n.a.	n.a.	n.a.	n.a.
Anglo American	n.a.	n.a.	n.a.	n.a.	n.a.	n.a.	n.a.
Worms & Cie	n.a.	n.a.	n.a.	n.a.	n.a.	n.a.	n.a.
Sappi	n.a.	n.a.	n.a.	n.a.	n.a.	n.a.	n.a.
Abitibi Consolidated	0,87	0,12	0,17	49,84	238	7,06	0,00%
Domtar	0,88	0,11	0,21	64,10	238	8,01	0,00%
Norske Skog.	n.a.	n.a.	n.a.	n.a.	n.a.	n.a.	n.a.
Daio Paper	n.a.	n.a.	n.a.	n.a.	n.a.	n.a.	n.a.
Bowater Incorp.	1,11	0,10	0,32	114,57	238	10,70	0,00%

Abbildung 73: Betafaktoren der Papierindustrie für den Zeitraum 1985-2004[451]

Firmenname	Beta	Std.fehler	R-Quadrat	F-Statistik	df	t-Wert	P-Wert
Procter & Gamble	0,42	0,12	0,07	13,58	178	3,68	0,03%
International Paper	0,96	0,12	0,27	64,56	178	8,03	0,00%
Georgia-Pacific	1,43	0,16	0,31	79,73	178	8,93	0,00%
Weyerhaeuser	1,10	0,11	0,36	98,23	178	9,91	0,00%
Kimberly-Clark	0,54	0,10	0,13	27,67	178	5,26	0,00%
Stora Enso	0,87	0,16	0,14	29,78	178	5,46	0,00%
UPM-Kymmene	n.a.	n.a.	n.a.	n.a.	n.a.	n.a.	n.a.
Svenska Cellulosa	0,59	0,13	0,11	22,37	178	4,73	0,00%
Nippon Paper Group	n.a.	n.a.	n.a.	n.a.	n.a.	n.a.	n.a.
Oji Paper	0,75	0,09	0,28	67,58	178	8,22	0,00%
Smurfit-Stone Cont.	n.a.	n.a.	n.a.	n.a.	n.a.	n.a.	n.a.
MeadWestvaco	1,14	0,13	0,30	74,71	178	8,64	0,00%
Amcor	0,50	0,10	0,13	27,30	178	5,23	0,00%
M-real	0,91	0,18	0,13	26,91	178	5,19	0,00%
Anglo American	n.a.	n.a.	n.a.	n.a.	n.a.	n.a.	n.a.
Worms & Cie	n.a.	n.a.	n.a.	n.a.	n.a.	n.a.	n.a.
Sappi	n.a.	n.a.	n.a.	n.a.	n.a.	n.a.	n.a.
Abitibi Consolidated	0,86	0,15	0,17	35,52	178	5,96	0,00%
Domtar	0,64	0,14	0,10	19,98	178	4,47	0,00%
Norske Skog.	n.a.	n.a.	n.a.	n.a.	n.a.	n.a.	n.a.
Daio Paper	0,63	0,11	0,16	33,87	178	5,82	0,00%
Bowater Incorp.	0,99	0,13	0,24	55,03	178	7,42	0,00%

Abbildung 74: Betafaktoren der Papierindustrie für den Zeitraum 1990-2004[452]

[451] Quelle: Eigene Darstellung.
[452] Quelle: Eigene Darstellung.

Firmenname	Beta	Std.fehler	R-Quadrat	F-Statistik	df	t-Wert	P-Wert
Procter & Gamble	0,22	0,14	0,02	2,52	118	1,59	11,54%
International Paper	0,94	0,15	0,24	37,49	118	6,12	0,00%
Georgia-Pacific	1,47	0,20	0,32	54,85	118	7,41	0,00%
Weyerhaeuser	1,03	0,13	0,34	60,82	118	7,80	0,00%
Kimberly-Clark	0,45	0,13	0,10	12,45	118	3,53	0,06%
Stora Enso	0,88	0,18	0,17	23,33	118	4,83	0,00%
UPM-Kymmene	0,93	0,16	0,22	33,69	118	5,80	0,00%
Svenska Cellulosa	0,66	0,13	0,18	25,18	118	5,02	0,00%
Nippon Paper Group	n.a.	n.a.	n.a.	n.a.	n.a.	n.a.	n.a.
Oji Paper	0,55	0,14	0,11	14,63	118	3,83	0,02%
Smurfit-Stone Cont.	1,08	0,22	0,17	24,88	118	4,99	0,00%
MeadWestvaco	1,05	0,16	0,26	41,41	118	6,43	0,00%
Amcor	0,39	0,12	0,09	11,24	118	3,35	0,11%
M-real	0,90	0,20	0,15	20,65	118	4,54	0,00%
Anglo American	0,82	0,22	0,11	14,56	118	3,82	0,02%
Worms & Cie	n.a.	n.a.	n.a.	n.a.	n.a.	n.a.	n.a.
Sappi	0,67	0,23	0,07	8,39	118	2,90	0,45%
Abitibi Consolidated	1,00	0,18	0,21	30,81	118	5,55	0,00%
Domtar	0,70	0,16	0,14	19,45	118	4,41	0,00%
Norske Skog.	1,06	0,15	0,29	49,34	118	7,02	0,00%
Daio Paper	0,47	0,16	0,07	8,80	118	2,97	0,36%
Bowater Incorp.	0,85	0,16	0,20	29,69	118	5,45	0,00%

Abbildung 75: Betafaktoren der Papierindustrie für den Zeitraum 1995-2004[453]

Firmenname	Beta	Std.fehler	R-Quadrat	F-Statistik	df	t-Wert	P-Wert
Procter & Gamble	-0,26	0,21	0,02	1,48	58	-1,22	22,92%
International Paper	0,94	0,22	0,24	18,68	58	4,32	0,01%
Georgia-Pacific	1,79	0,31	0,37	34,42	58	5,87	0,00%
Weyerhaeuser	1,03	0,18	0,36	32,11	58	5,67	0,00%
Kimberly-Clark	0,13	0,17	0,01	0,63	58	0,79	43,10%
Stora Enso	0,64	0,26	0,10	6,09	58	2,47	1,66%
UPM-Kymmene	0,72	0,21	0,17	11,79	58	3,43	0,11%
Svenska Cellulosa	0,40	0,16	0,10	6,26	58	2,50	1,52%
Nippon Paper Group	n.a.	n.a.	n.a.	n.a.	n.a.	n.a.	n.a.
Oji Paper	0,43	0,26	0,04	2,71	58	1,65	10,53%
Smurfit-Stone Cont.	1,17	0,23	0,30	24,90	58	4,99	0,00%

453 Quelle: Eigene Darstellung.

MeadWestvaco	1,20	0,24	0,31	25,98	58	5,10	0,00%
Amcor	0,39	0,16	0,10	6,20	58	2,49	1,56%
M-real	0,80	0,27	0,13	8,66	58	2,94	0,47%
Anglo American	0,63	0,23	0,12	7,63	58	2,76	0,77%
Worms & Cie	0,54	0,15	0,19	13,32	58	3,65	0,06%
Sappi	0,56	0,20	0,12	7,75	58	2,78	0,72%
Abitibi Consolidated	0,61	0,26	0,09	5,73	58	2,39	2,00%
Domtar	0,44	0,20	0,08	4,76	58	2,18	3,31%
Norske Skog.	1,06	0,20	0,33	27,96	58	5,29	0,00%
Daio Paper	0,57	0,25	0,08	5,15	58	2,27	2,70%
Bowater Incorp.	0,71	0,19	0,20	14,29	58	3,78	0,04%

Abbildung 76: Betafaktoren der Papierindustrie für den Zeitraum 2000-2004[454]

Firmenname	Beta	Std.fehler	R-Quadrat	F-Statistik	df	t-Wert	P-Wert
Procter & Gamble	0,07	0,13	0,01	0,30	34	0,55	58,83%
International Paper	0,87	0,18	0,40	22,28	34	4,72	0,00%
Georgia-Pacific	2,25	0,42	0,46	28,54	34	5,34	0,00%
Weyerhaeuser	1,01	0,20	0,42	24,35	34	4,93	0,00%
Kimberly-Clark	0,36	0,17	0,12	4,63	34	2,15	3,86%
Stora Enso	0,87	0,25	0,26	12,14	34	3,48	0,14%
UPM-Kymmene	0,91	0,24	0,29	14,07	34	3,75	0,07%
Svenska Cellulosa	0,35	0,15	0,13	5,03	34	2,24	3,16%
Nippon Paper Group	0,86	0,24	0,27	12,29	34	3,51	0,13%
Oji Paper	0,63	0,26	0,15	5,84	34	2,42	2,12%
Smurfit-Stone Cont.	0,88	0,23	0,31	15,24	34	3,90	0,04%
MeadWestvaco	1,13	0,27	0,34	17,47	34	4,18	0,02%
Amcor	0,23	0,22	0,03	1,09	34	1,05	30,30%
M-real	0,70	0,25	0,19	7,91	34	2,81	0,81%
Anglo American	0,57	0,28	0,11	4,26	34	2,06	4,67%
Worms & Cie	0,59	0,17	0,25	11,41	34	3,38	0,18%
Sappi	0,50	0,23	0,12	4,62	34	2,15	3,88%
Abitibi Consolidated	0,44	0,30	0,06	2,18	34	1,48	14,94%
Domtar	0,66	0,21	0,23	9,98	34	3,16	0,33%
Norske Skog.	1,24	0,24	0,45	27,27	34	5,22	0,00%
Daio Paper	0,57	0,25	0,13	4,92	34	2,22	3,34%
Bowater Incorp.	0,91	0,27	0,25	11,37	34	3,37	0,19%

Abbildung 77: Betafaktoren der Papierindustrie für den Zeitraum 2002-2004[455]

---

[454] Quelle: Eigene Darstellung.
[455] Quelle: Eigene Darstellung.

Für die in Abbildung 78 zusammenfassend dargestellten Betafaktoren ergeben sich im Gegensatz zum Holz- und Papiersektor klare Trends. Im Bereich der Fünfjahresbetas liegen nur fünf von 21 Werten über eins, zwei sogar nahe eins. Zusätzlich zeichnet sich ab, dass das Risiko der Papierindustrie in jüngster Zeit vom Markt unterdurchschnittlich eingeschätzt wird. Dies wird deutlich, wenn man die langfristigen Betawerte mit den kurzfristigen vergleicht. Von zwölf Unternehmen haben elf im Vergleich der Beta-20- zu den Beta-3-Werten einen zum Teil erheblich niedrigeren Wert.

Firmenname	Beta 28	Beta 25	Beta 20	Beta 15	Beta 10	Beta 5	Beta 3
Procter & Gamble	0,58	0,56	0,55	0,42	0,22	-0,26	0,07
International Paper	1,16	1,12	1,04	0,96	0,94	0,94	0,87
Georgia-Pacific	1,35	1,33	1,36	1,43	1,47	1,79	2,25
Weyerhaeuser	1,24	1,19	1,18	1,10	1,03	1,03	1,01
Kimberly-Clark	0,66	0,65	0,63	0,54	0,45	0,13	0,36
Stora Enso	n.a.	n.a.	n.a.	0,87	0,88	0,64	0,87
UPM-Kymmene	n.a.	n.a.	n.a.	n.a.	0,93	0,72	0,91
Svenska Cellulosa	n.a.	n.a.	0,60	0,59	0,66	0,40	0,35
Nippon Paper Group	n.a.	n.a.	n.a.	n.a.	n.a.	n.a.	0,86
Oji Paper	0,76	0,76	0,78	0,75	0,55	0,43	0,63
Smurfit-Stone Cont.	n.a.	n.a.	n.a.	n.a.	1,08	1,17	0,88
MeadWestvaco	1,26	1,20	1,21	1,14	1,05	1,20	1,13
Amcor	0,59	0,62	0,59	0,50	0,39	0,39	0,23
M-real	n.a.	n.a.	n.a.	0,91	0,90	0,80	0,70
Anglo American	n.a.	n.a.	n.a.	n.a.	0,82	0,63	0,57
Worms & Cie	n.a.	n.a.	n.a.	n.a.	n.a.	0,54	0,59
Sappi	n.a.	n.a.	n.a.	n.a.	0,67	0,56	0,50
Abitibi Consolidated	0,88	0,89	0,87	0,86	1,00	0,61	0,44
Domtar	0,93	0,94	0,88	0,64	0,70	0,44	0,66
Norske Skog.	n.a.	n.a.	n.a.	n.a.	1,06	1,06	1,24
Daio Paper	n.a.	n.a.	n.a.	0,63	0,47	0,57	0,57
Bowater Incorp.	n.a.	n.a.	1,11	0,99	0,85	0,71	0,91

Abbildung 78: Betafaktoren der Papierindustrie für verschiedene Beobachtungszeiträume[456]

Beim Blick auf die in Abbildung 79 dargestellten Schwankungsintervalle fällt auf, dass nur vier der 22 untersuchten Unternehmen ein breiteres Intervall als 0,5 für die

[456] Quelle: Eigene Darstellung.

Betawerte besitzen. Von den 18 Firmen mit geringeren Betaschwankungen haben 13 sogar nur eine maximale Schwankungsbreite von 0,3. Das Beta von Procter & Gamble (P&G) hat sich von allen am stärksten im Zeitablauf reduziert und ist das einzige Papierunternehmen, welches ins Negative tendiert. Der hohe P-Wert von P&G in der letzten Schätzperiode spricht für ein durch die Schätzung bestätigtes Beta nahe null. Die größte Stabilität der Betafaktoren weisen die beiden amerikanischen Unternehmen Weyerhaeuser und MeadWestvaco mit maximaler Schwankungsbreite von 0,23 bzw. 0,21 auf.

Firmenname	Betawerte		Std.fehler		r-Quadrat		P-Wert	
	min	max	min	max	min	max	min	max
Procter & Gamble	-0,26	0,58	0,07	0,21	0,01	0,17	0,00	0,59
International Paper	0,87	1,16	0,08	0,22	0,24	0,40	0,00	0,00
Georgia-Pacific	1,33	2,25	0,10	0,42	0,31	0,46	0,00	0,00
Weyerhaeuser	1,01	1,24	0,07	0,20	0,34	0,47	0,00	0,00
Kimberly-Clark	0,13	0,66	0,07	0,17	0,01	0,21	0,00	0,43
Stora Enso	0,64	0,88	0,16	0,26	0,10	0,26	0,00	0,02
UPM-Kymmene	0,72	0,93	0,16	0,24	0,17	0,29	0,00	0,00
Svenska Cellulosa	0,35	0,66	0,10	0,16	0,10	0,18	0,00	0,03
Nippon Paper Group	0,86	0,86	0,24	0,24	0,27	0,27	0,00	0,00
Oji Paper	0,43	0,78	0,07	0,26	0,04	0,30	0,00	0,11
Smurfit-Stone Cont.	0,88	1,17	0,22	0,23	0,17	0,31	0,00	0,00
MeadWestvaco	1,05	1,26	0,09	0,27	0,26	0,37	0,00	0,00
Amcor	0,23	0,62	0,07	0,22	0,03	0,17	0,00	0,30
M-real	0,70	0,91	0,18	0,27	0,13	0,19	0,00	0,01
Anglo American	0,57	0,82	0,22	0,28	0,11	0,12	0,00	0,05
Worms & Cie	0,54	0,59	0,15	0,17	0,19	0,25	0,00	0,00
Sappi	0,50	0,67	0,20	0,23	0,07	0,12	0,00	0,04
Abitibi Consolidated	0,44	1,00	0,10	0,30	0,06	0,21	0,00	0,15
Domtar	0,44	0,94	0,09	0,21	0,08	0,24	0,00	0,03
Norske Skog	1,06	1,24	0,15	0,24	0,29	0,45	0,00	0,00
Daio Paper	0,47	0,63	0,11	0,25	0,07	0,16	0,00	0,03
Bowater Incorp.	0,71	1,11	0,10	0,27	0,20	0,32	0,00	0,00

Abbildung 79: Intervallgrenzen ausgewählter Größen der Regressionsanalyse für die Unternehmen der Papierindustrie[457]

[457] Quelle: Eigene Darstellung.

5.3 Überprüfung und Einordnung der Resultate

Um deutlich zu machen, wie die bisherigen Ergebnisse zu bewerten bzw. einzuordnen sind, wird im nachfolgenden Abschnitt die Stabilität der Betafaktoren im Zeitablauf untersucht. Dadurch soll festgestellt werden, ob aus historischen Betas eine Schätzung für die Zukunft ableitet werden kann, oder ob sich das Risikomaß völlig unabhängig von der Vergangenheit entwickelt.

Im zweiten Teil dieses Kapitels werden die Betafaktoren anderer Branchen dargestellt, um eine Risikoklassifizierung der untersuchten Unternehmen im Vergleich zu anderen Industriesektoren vornehmen zu können.

5.3.1 Stabilität der Betafaktoren im Zeitablauf

Um aus den historischen Betafaktoren Schätzwerte für die Zukunft ableiten zu können, wird in diesem Abschnitt die Stabilität der Betafaktoren untersucht. Dabei wird darauf verzichtet, eine optimale Schätzperiodenlänge zu finden, sondern es wird auf vorhandene Forschungsergebnisse zurückgegriffen, welche die 4-Jahres-Betafaktoren als aussagekräftig beschreiben.[458]

Abbildung 80 bis Abbildung 87 zeigen die Ergebnisse der 4-Jahres-Betaschätzung für einjährig überlappende Schätzperioden von 1977-2004. Dabei sind die Unternehmen synchron zur bisherigen Darstellungsweise in die drei Sektoren Holz-, Druckmaschinen- und Papierindustrie aufgeteilt. Die Nippon Paper Group fällt aus der Untersuchung heraus, weil ihre Aktienkurse erst ab März 2001 verfügbar sind und deshalb der Datenbestand keinen vollen Vierjahreszeitraum einschließt.

---

[458] Vgl. z.B. Baetge, Jörg / Krause, Clemens: Die Berücksichtigung des Risikos bei der Unternehmensbewertung, in: Betriebswirtschaftliche Forschung und Praxis (BFuP): 1994, Band 46, S. 433-456, hier S. 446. Ausführlicher zum Problem der optimalen Länge der Schätzperiode: Zimmermann, Peter: Schätzung und Prognose von Betawerten, 1997.

	Georgia-Pacific		Weyer-haeuser		Sonae		Louisiana Pacific		Norbord		Pfleiderer		Constantia	
Periode	Beta	r^2	Beta	r^2	Beta	r^2	Beta	r^2	Beta	r^2	Beta	r^2	Beta	r^2
1977-1980	1,25	0,52	1,49	0,55	n.a.	n.a.	1,54	0,54	n.a.	n.a.	n.a.	n.a.	n.a.	n.a.
1978-1981	1,18	0,42	1,36	0,50	n.a.	n.a.	1,53	0,50	n.a.	n.a.	n.a.	n.a.	n.a.	n.a.
1979-1982	1,26	0,41	1,31	0,50	n.a.	n.a.	1,69	0,58	n.a.	n.a.	n.a.	n.a.	n.a.	n.a.
1980-1983	1,14	0,30	1,27	0,50	n.a.	n.a.	1,58	0,49	n.a.	n.a.	n.a.	n.a.	n.a.	n.a.
1981-1984	1,43	0,38	1,34	0,49	n.a.	n.a.	1,50	0,45	n.a.	n.a.	n.a.	n.a.	n.a.	n.a.
1982-1985	1,53	0,44	1,33	0,53	n.a.	n.a.	1,67	0,54	n.a.	n.a.	n.a.	n.a.	n.a.	n.a.
1983-1986	1,20	0,35	1,19	0,48	n.a.	n.a.	1,65	0,53	n.a.	n.a.	n.a.	n.a.	n.a.	n.a.
1984-1987	1,21	0,61	1,27	0,69	n.a.	n.a.	1,37	0,63	n.a.	n.a.	n.a.	n.a.	n.a.	n.a.
1985-1988	1,11	0,56	1,32	0,70	n.a.	n.a.	1,34	0,61	n.a.	n.a.	n.a.	n.a.	n.a.	n.a.
1986-1989	1,19	0,56	1,37	0,74	n.a.	n.a.	1,29	0,63	n.a.	n.a.	n.a.	n.a.	n.a.	n.a.
1987-1990	1,32	0,61	1,44	0,77	n.a.	n.a.	1,38	0,57	n.a.	n.a.	n.a.	n.a.	n.a.	n.a.
1988-1991	1,58	0,49	1,59	0,67	n.a.	n.a.	1,64	0,48	n.a.	n.a.	n.a.	n.a.	n.a.	n.a.
1989-1992	1,52	0,41	1,47	0,58	0,84	0,13	1,51	0,35	n.a.	n.a.	0,28	0,02	n.a.	n.a.
1990-1993	1,22	0,25	1,33	0,42	1,46	0,26	1,55	0,27	n.a.	n.a.	0,39	0,04	n.a.	n.a.
1991-1994	1,11	0,17	1,18	0,27	1,11	0,11	1,36	0,19	n.a.	n.a.	0,58	0,06	n.a.	n.a.
1992-1995	0,36	0,01	0,69	0,08	1,11	0,09	0,87	0,05	n.a.	n.a.	0,23	0,03	n.a.	n.a.
1993-1996	0,43	0,02	0,67	0,09	0,96	0,06	1,48	0,19	n.a.	n.a.	0,41	0,05	n.a.	n.a.
1994-1997	1,01	0,19	1,16	0,30	0,67	0,07	1,23	0,26	n.a.	n.a.	0,81	0,08	n.a.	n.a.
1995-1998	1,14	0,28	1,06	0,33	1,77	0,35	0,61	0,10	n.a.	n.a.	1,10	0,18	n.a.	n.a.
1996-1999	1,21	0,29	1,12	0,34	1,97	0,38	0,80	0,15	n.a.	n.a.	1,01	0,16	-0,19	0,01
1997-2000	1,43	0,36	1,23	0,37	1,85	0,35	0,97	0,18	n.a.	n.a.	0,67	0,08	-0,50	0,07
1998-2001	1,32	0,33	1,07	0,35	1,89	0,37	1,29	0,25	n.a.	n.a.	0,66	0,14	-0,33	0,04
1999-2002	1,80	0,36	1,16	0,39	1,47	0,31	1,66	0,34	-0,14	0,08	0,97	0,17	-0,06	0,00
2000-2003	1,82	0,38	1,04	0,37	1,24	0,29	1,79	0,37	-0,09	0,05	1,38	0,27	0,06	0,00
2001-2004	1,85	0,40	0,95	0,44	1,33	0,33	1,69	0,34	-0,09	0,06	1,61	0,31	0,27	0,04

Abbildung 80: 4-Jahresbetas und r^2 der holzverarbeitenden Industrie[459]

[459] Quelle: Eigene Darstellung.

	Hewlett-Packard		Canon		Mitsubishi Heavy Ind.		Fuji		Xerox	
Periode	Beta	r^2	Beta	r^2	Beta	r^2	Beta	r^2	Beta	r^2
1977-1980	1,46	0,58	1,75	0,33	2,01	0,45	2,21	0,31	1,11	0,53
1978-1981	1,36	0,50	1,96	0,35	1,92	0,49	2,33	0,43	0,98	0,43
1979-1982	1,43	0,50	2,13	0,42	2,06	0,62	2,16	0,47	0,99	0,43
1980-1983	1,30	0,36	2,23	0,47	2,11	0,61	2,01	0,41	0,93	0,35
1981-1984	1,30	0,37	1,69	0,42	1,49	0,51	1,53	0,38	1,13	0,41
1982-1985	1,40	0,40	1,42	0,35	1,37	0,36	1,11	0,25	1,36	0,53
1983-1986	1,26	0,36	0,49	0,07	1,48	0,40	0,55	0,08	1,26	0,47
1984-1987	1,38	0,60	0,40	0,05	1,27	0,40	0,40	0,04	1,21	0,64
1985-1988	1,37	0,56	0,36	0,03	1,38	0,38	0,34	0,03	1,16	0,64
1986-1989	1,32	0,56	0,20	0,01	1,35	0,44	0,25	0,02	1,11	0,64
1987-1990	1,37	0,55	0,52	0,15	1,13	0,63	0,47	0,12	1,14	0,58
1988-1991	1,56	0,52	0,64	0,31	1,14	0,67	0,57	0,30	1,27	0,38
1989-1992	1,65	0,42	0,53	0,29	1,05	0,80	0,52	0,29	1,28	0,35
1990-1993	1,89	0,46	0,58	0,40	1,04	0,85	0,55	0,46	1,34	0,32
1991-1994	1,89	0,42	0,66	0,47	1,03	0,78	0,59	0,44	1,31	0,32
1992-1995	1,54	0,19	0,66	0,47	1,00	0,76	0,63	0,45	1,00	0,20
1993-1996	1,59	0,27	0,78	0,53	1,03	0,74	0,74	0,52	0,65	0,07
1994-1997	1,47	0,32	0,98	0,48	0,96	0,48	0,85	0,43	0,99	0,23
1995-1998	1,36	0,34	1,12	0,44	0,73	0,36	0,93	0,47	1,18	0,35
1996-1999	1,32	0,26	1,20	0,42	0,76	0,27	0,66	0,21	1,02	0,17
1997-2000	1,41	0,27	1,17	0,39	0,65	0,13	0,66	0,15	1,37	0,18
1998-2001	1,53	0,28	1,31	0,43	0,69	0,14	0,67	0,17	1,53	0,16
1999-2002	1,79	0,34	1,15	0,39	1,10	0,24	0,56	0,12	1,88	0,21
2000-2003	1,82	0,41	0,95	0,30	1,24	0,26	0,77	0,20	2,30	0,33
2001-2004	1,75	0,45	0,95	0,30	1,28	0,35	0,69	0,24	2,42	0,49

Abbildung 81: 4-Jahresbetas und r^2 der Druckmaschinenindustrie (Teil I)[460]

[460] Quelle: Eigene Darstellung.

	MAN		Eastman Kodak		Ricoh		AGFA-Gevaert		Heidelberger Druck.	
Periode	Beta	r^2	Beta	r^2	Beta	r^2	Beta	r^2	Beta	r^2
1977-1980	0,40	0,16	1,07	0,40	1,47	0,27	n.a.	n.a.	n.a.	n.a.
1978-1981	0,33	0,12	0,95	0,38	1,68	0,39	n.a.	n.a.	n.a.	n.a.
1979-1982	0,33	0,10	0,62	0,24	1,79	0,50	n.a.	n.a.	n.a.	n.a.
1980-1983	0,36	0,09	0,55	0,16	1,69	0,48	n.a.	n.a.	n.a.	n.a.
1981-1984	0,47	0,10	0,52	0,12	1,53	0,51	n.a.	n.a.	n.a.	n.a.
1982-1985	0,69	0,16	0,47	0,11	1,23	0,29	n.a.	n.a.	n.a.	n.a.
1983-1986	0,65	0,13	0,72	0,19	0,27	0,02	n.a.	n.a.	n.a.	n.a.
1984-1987	0,87	0,22	0,90	0,49	0,22	0,01	n.a.	n.a.	n.a.	n.a.
1985-1988	0,77	0,17	1,01	0,57	0,02	0,00	n.a.	n.a.	n.a.	n.a.
1986-1989	0,79	0,20	1,00	0,55	0,01	0,00	n.a.	n.a.	n.a.	n.a.
1987-1990	1,04	0,33	0,86	0,50	0,54	0,18	n.a.	n.a.	n.a.	n.a.
1988-1991	0,70	0,26	0,59	0,22	0,77	0,48	n.a.	n.a.	n.a.	n.a.
1989-1992	0,83	0,29	0,56	0,18	0,89	0,54	n.a.	n.a.	n.a.	n.a.
1990-1993	0,81	0,22	0,67	0,14	0,97	0,62	n.a.	n.a.	n.a.	n.a.
1991-1994	0,63	0,14	0,60	0,08	1,22	0,72	n.a.	n.a.	n.a.	n.a.
1992-1995	0,63	0,08	0,75	0,07	1,14	0,59	n.a.	n.a.	n.a.	n.a.
1993-1996	0,43	0,03	0,72	0,09	0,99	0,48	n.a.	n.a.	n.a.	n.a.
1994-1997	0,80	0,14	0,49	0,08	0,94	0,34	n.a.	n.a.	n.a.	n.a.
1995-1998	1,01	0,22	0,34	0,06	1,04	0,31	n.a.	n.a.	n.a.	n.a.
1996-1999	1,29	0,34	0,24	0,02	0,96	0,25	n.a.	n.a.	n.a.	n.a.
1997-2000	1,12	0,31	0,45	0,06	0,94	0,22	n.a.	n.a.	n.a.	n.a.
1998-2001	1,30	0,36	0,65	0,10	1,06	0,26	n.a.	n.a.	0,66	0,10
1999-2002	1,44	0,36	0,91	0,16	0,96	0,26	n.a.	n.a.	0,32	0,04
2000-2003	1,23	0,29	1,11	0,22	0,92	0,26	0,61	0,14	0,66	0,10
2001-2004	1,27	0,31	1,14	0,25	0,94	0,33	0,70	0,20	0,65	0,13

Abbildung 82: 4-Jahresbetas und r^2 der Druckmaschinenindustrie (Teil II)[461]

[461] Quelle: Eigene Darstellung.

	Oce		König & Bauer		Bobst Group		Komori Corp.		Creo	
Periode	Beta	r^2	Beta	r^2	Beta	r^2	Beta	r^2	Beta	r^2
1977-1980	0,23	0,03	n.a.	n.a.	n.a.	n.a.	n.a.	n.a.	n.a.	n.a.
1978-1981	0,18	0,01	n.a.	n.a.	n.a.	n.a.	n.a.	n.a.	n.a.	n.a.
1979-1982	0,31	0,03	n.a.	n.a.	n.a.	n.a.	n.a.	n.a.	n.a.	n.a.
1980-1983	0,25	0,01	n.a.	n.a.	n.a.	n.a.	n.a.	n.a.	n.a.	n.a.
1981-1984	0,28	0,02	n.a.	n.a.	n.a.	n.a.	n.a.	n.a.	n.a.	n.a.
1982-1985	0,26	0,02	n.a.	n.a.	n.a.	n.a.	n.a.	n.a.	n.a.	n.a.
1983-1986	0,06	0,00	n.a.	n.a.	n.a.	n.a.	n.a.	n.a.	n.a.	n.a.
1984-1987	1,12	0,32	n.a.	n.a.	n.a.	n.a.	n.a.	n.a.	n.a.	n.a.
1985-1988	1,26	0,35	n.a.	n.a.	n.a.	n.a.	n.a.	n.a.	n.a.	n.a.
1986-1989	1,12	0,28	n.a.	n.a.	0,87	0,30	n.a.	n.a.	n.a.	n.a.
1987-1990	1,39	0,41	n.a.	n.a.	0,99	0,38	n.a.	n.a.	n.a.	n.a.
1988-1991	0,59	0,13	n.a.	n.a.	0,46	0,13	1,01	0,38	n.a.	n.a.
1989-1992	0,63	0,12	0,34	0,02	0,58	0,20	1,08	0,40	n.a.	n.a.
1990-1993	0,86	0,18	0,44	0,03	0,72	0,25	1,11	0,51	n.a.	n.a.
1991-1994	0,69	0,11	0,05	0,00	0,61	0,16	1,15	0,47	n.a.	n.a.
1992-1995	0,68	0,10	0,25	0,01	0,81	0,17	1,14	0,52	n.a.	n.a.
1993-1996	0,20	0,01	0,19	0,00	0,78	0,15	1,11	0,53	n.a.	n.a.
1994-1997	0,42	0,05	0,55	0,05	0,64	0,15	1,08	0,45	n.a.	n.a.
1995-1998	1,08	0,29	0,84	0,11	1,05	0,27	1,13	0,53	n.a.	n.a.
1996-1999	1,22	0,25	0,63	0,06	1,07	0,33	0,80	0,32	n.a.	n.a.
1997-2000	1,13	0,25	0,37	0,02	0,86	0,23	0,58	0,09	n.a.	n.a.
1998-2001	1,26	0,27	0,41	0,03	0,82	0,21	0,42	0,04	n.a.	n.a.
1999-2002	1,41	0,28	0,69	0,08	0,43	0,09	0,12	0,00	n.a.	n.a.
2000-2003	1,45	0,37	0,89	0,16	0,44	0,10	0,37	0,03	1,87	0,30
2001-2004	1,42	0,37	1,01	0,24	0,46	0,13	0,60	0,12	1,75	0,29

Abbildung 83: 4-Jahresbetas und r^2 der Druckmaschinenindustrie (Teil III)[462]

[462] Quelle: Eigene Darstellung.

	Procter & Gamble		International Paper		Kimberly-Clark		Stora Enso		UPM-Kymmene	
Periode	Beta	r^2	Beta	r^2	Beta	r^2	Beta	r^2	Beta	r^2
1977-1980	0,67	0,31	1,63	0,73	0,59	0,23	n.a.	n.a.	n.a.	n.a.
1978-1981	0,55	0,23	1,53	0,70	0,58	0,19	n.a.	n.a.	n.a.	n.a.
1979-1982	0,53	0,21	1,59	0,71	0,74	0,27	n.a.	n.a.	n.a.	n.a.
1980-1983	0,59	0,23	1,39	0,49	0,87	0,29	n.a.	n.a.	n.a.	n.a.
1981-1984	0,62	0,25	1,40	0,46	0,92	0,27	n.a.	n.a.	n.a.	n.a.
1982-1985	0,70	0,29	1,26	0,40	0,76	0,22	n.a.	n.a.	n.a.	n.a.
1983-1986	0,86	0,38	0,94	0,27	0,68	0,20	n.a.	n.a.	n.a.	n.a.
1984-1987	0,77	0,50	1,22	0,62	0,66	0,35	n.a.	n.a.	n.a.	n.a.
1985-1988	0,80	0,54	1,14	0,55	0,77	0,41	n.a.	n.a.	n.a.	n.a.
1986-1989	0,82	0,53	1,25	0,59	0,84	0,48	n.a.	n.a.	n.a.	n.a.
1987-1990	0,84	0,54	1,37	0,64	0,82	0,46	n.a.	n.a.	n.a.	n.a.
1988-1991	1,01	0,48	1,25	0,46	0,92	0,44	n.a.	n.a.	n.a.	n.a.
1989-1992	1,05	0,43	1,19	0,49	0,82	0,39	0,70	0,09	n.a.	n.a.
1990-1993	1,05	0,36	1,01	0,36	0,82	0,31	0,84	0,10	n.a.	n.a.
1991-1994	1,03	0,29	0,87	0,24	0,86	0,25	0,42	0,02	n.a.	n.a.
1992-1995	1,12	0,23	0,83	0,15	1,10	0,22	0,64	0,05	0,84	0,05
1993-1996	1,04	0,31	0,81	0,13	1,11	0,26	0,94	0,11	1,19	0,15
1994-1997	1,22	0,62	1,23	0,33	0,68	0,18	0,92	0,15	1,62	0,30
1995-1998	0,86	0,33	1,12	0,32	0,81	0,29	1,21	0,29	1,36	0,31
1996-1999	0,78	0,29	0,98	0,24	0,85	0,26	1,36	0,37	1,29	0,35
1997-2000	0,22	0,01	1,10	0,23	0,69	0,18	1,14	0,20	1,02	0,22
1998-2001	-0,03	0,00	0,92	0,19	0,45	0,07	0,95	0,15	0,80	0,22
1999-2002	-0,28	0,03	0,90	0,20	0,13	0,01	0,97	0,17	0,97	0,27
2000-2003	-0,31	0,03	0,93	0,24	0,10	0,01	0,67	0,10	0,75	0,18
2001-2004	0,11	0,02	0,85	0,38	0,07	0,00	0,74	0,18	0,85	0,28

Abbildung 84: 4-Jahresbetas und r^2 der Papierindustrie (Teil I)[463]

[463] Quelle: Eigene Darstellung.

	Svenska Cellulosa		Oji Paper		Smurfit-Stone Cont.		MeadWestvaco		Amcor.	
Periode	Beta	r^2	Beta	r^2	Beta	r^2	Beta	r^2	Beta	r^2
1977-1980	n.a.	n.a.	0,77	0,16	n.a.	n.a.	1,64	0,48	0,63	0,16
1978-1981	n.a.	n.a.	-0,08	0,00	n.a.	n.a.	1,64	0,51	0,73	0,23
1979-1982	n.a.	n.a.	0,14	0,01	n.a.	n.a.	1,10	0,47	0,70	0,18
1980-1983	n.a.	n.a.	0,36	0,03	n.a.	n.a.	0,91	0,26	0,76	0,21
1981-1984	n.a.	n.a.	0,61	0,13	n.a.	n.a.	1,12	0,23	0,56	0,11
1982-1985	n.a.	n.a.	0,98	0,31	n.a.	n.a.	1,16	0,24	0,55	0,10
1983-1986	0,39	0,05	1,14	0,39	n.a.	n.a.	1,25	0,29	0,42	0,06
1984-1987	0,70	0,21	0,84	0,36	n.a.	n.a.	1,49	0,58	0,88	0,32
1985-1988	0,54	0,12	0,79	0,31	n.a.	n.a.	1,37	0,60	0,79	0,26
1986-1989	0,63	0,15	0,84	0,30	n.a.	n.a.	1,37	0,59	0,84	0,29
1987-1990	0,86	0,26	1,01	0,54	n.a.	n.a.	1,48	0,57	0,92	0,36
1988-1991	0,36	0,05	1,11	0,60	n.a.	n.a.	1,44	0,47	0,48	0,11
1989-1992	0,46	0,05	0,98	0,56	n.a.	n.a.	1,43	0,48	0,70	0,27
1990-1993	0,40	0,03	0,94	0,62	n.a.	n.a.	1,45	0,42	0,75	0,31
1991-1994	0,12	0,00	0,68	0,51	n.a.	n.a.	1,34	0,38	0,97	0,37
1992-1995	0,62	0,05	0,65	0,56	n.a.	n.a.	0,93	0,13	1,04	0,28
1993-1996	0,68	0,09	0,71	0,58	n.a.	n.a.	0,71	0,09	0,74	0,12
1994-1997	0,96	0,19	0,51	0,19	n.a.	n.a.	0,96	0,21	0,82	0,18
1995-1998	1,22	0,34	0,71	0,26	1,20	0,13	0,77	0,20	0,58	0,14
1996-1999	1,22	0,40	0,65	0,19	1,06	0,13	0,95	0,22	0,52	0,12
1997-2000	1,15	0,33	0,63	0,11	1,42	0,25	1,16	0,26	0,48	0,13
1998-2001	0,86	0,25	0,57	0,09	1,23	0,26	1,11	0,27	0,46	0,16
1999-2002	0,60	0,15	0,30	0,03	1,12	0,26	1,35	0,32	0,44	0,13
2000-2003	0,43	0,11	0,45	0,04	1,16	0,31	1,21	0,32	0,41	0,13
2001-2004	0,35	0,13	0,43	0,07	0,94	0,32	1,12	0,35	0,37	0,10

Abbildung 85: 4-Jahresbetas und r^2 der Papierindustrie (Teil II)[464]

[464] Quelle: Eigene Darstellung.

	M-real		Anglo American		Worms & Cie		Sappi		Abitibi Consolidated	
Periode	Beta	r^2	Beta	r^2	Beta	r^2	Beta	r^2	Beta	r^2
1977-1980	n.a.	n.a.	n.a.	n.a.	n.a.	n.a.	n.a.	n.a.	1,15	0,33
1978-1981	n.a.	n.a.	n.a.	n.a.	n.a.	n.a.	n.a.	n.a.	1,16	0,34
1979-1982	n.a.	n.a.	n.a.	n.a.	n.a.	n.a.	n.a.	n.a.	1,04	0,29
1980-1983	n.a.	n.a.	n.a.	n.a.	n.a.	n.a.	n.a.	n.a.	1,04	0,29
1981-1984	n.a.	n.a.	n.a.	n.a.	n.a.	n.a.	n.a.	n.a.	0,65	0,14
1982-1985	n.a.	n.a.	n.a.	n.a.	n.a.	n.a.	n.a.	n.a.	0,33	0,02
1983-1986	n.a.	n.a.	n.a.	n.a.	n.a.	n.a.	n.a.	n.a.	0,33	0,02
1984-1987	n.a.	n.a.	n.a.	n.a.	n.a.	n.a.	n.a.	n.a.	0,94	0,22
1985-1988	n.a.	n.a.	n.a.	n.a.	n.a.	n.a.	n.a.	n.a.	0,94	0,21
1986-1989	n.a.	n.a.	n.a.	n.a.	n.a.	n.a.	n.a.	n.a.	1,01	0,34
1987-1990	n.a.	n.a.	n.a.	n.a.	n.a.	n.a.	n.a.	n.a.	0,88	0,34
1988-1991	n.a.	n.a.	n.a.	n.a.	n.a.	n.a.	n.a.	n.a.	0,38	0,07
1989-1992	n.a.	n.a.	n.a.	n.a.	n.a.	n.a.	n.a.	n.a.	0,34	0,06
1990-1993	0,77	0,07	n.a.	n.a.	n.a.	n.a.	n.a.	n.a.	0,39	0,05
1991-1994	1,17	0,18	0,36	0,02	n.a.	n.a.	n.a.	n.a.	0,65	0,09
1992-1995	1,42	0,21	0,89	0,09	n.a.	n.a.	n.a.	n.a.	0,63	0,04
1993-1996	1,56	0,19	0,83	0,06	n.a.	n.a.	n.a.	n.a.	0,69	0,05
1994-1997	1,23	0,16	0,87	0,10	n.a.	n.a.	n.a.	n.a.	1,06	0,18
1995-1998	0,92	0,14	1,39	0,17	n.a.	n.a.	1,28	0,15	1,66	0,47
1996-1999	1,06	0,19	1,30	0,14	n.a.	n.a.	1,12	0,09	1,65	0,45
1997-2000	0,86	0,16	1,12	0,13	n.a.	n.a.	1,11	0,11	1,46	0,35
1998-2001	1,11	0,18	1,12	0,15	n.a.	n.a.	0,95	0,10	1,23	0,29
1999-2002	1,23	0,23	0,96	0,18	0,53	0,20	0,78	0,11	0,82	0,14
2000-2003	0,83	0,15	0,67	0,13	0,55	0,21	0,57	0,12	0,60	0,09
2001-2004	0,94	0,18	0,66	0,14	0,58	0,20	0,52	0,12	0,55	0,10

Abbildung 86: 4-Jahresbetas und r^2 der Papierindustrie (Teil III)[465]

[465] Quelle: Eigene Darstellung.

	Domtar		Norske Skog.		Daio Paper		Bowater Incorp.	
Periode	Beta	r^2	Beta	r^2	Beta	r^2	Beta	r^2
1977-1980	1,00	0,31	n.a.	n.a.	n.a.	n.a.	n.a.	n.a.
1978-1981	1,24	0,38	n.a.	n.a.	n.a.	n.a.	n.a.	n.a.
1979-1982	1,26	0,42	n.a.	n.a.	n.a.	n.a.	n.a.	n.a.
1980-1983	1,27	0,37	n.a.	n.a.	n.a.	n.a.	n.a.	n.a.
1981-1984	1,16	0,31	n.a.	n.a.	n.a.	n.a.	n.a.	n.a.
1982-1985	1,03	0,32	n.a.	n.a.	n.a.	n.a.	n.a.	n.a.
1983-1986	1,01	0,32	n.a.	n.a.	n.a.	n.a.	n.a.	n.a.
1984-1987	1,33	0,72	n.a.	n.a.	n.a.	n.a.	n.a.	n.a.
1985-1988	1,41	0,67	n.a.	n.a.	n.a.	n.a.	1,39	0,61
1986-1989	1,34	0,66	n.a.	n.a.	n.a.	n.a.	1,35	0,62
1987-1990	1,33	0,67	n.a.	n.a.	n.a.	n.a.	1,48	0,65
1988-1991	1,04	0,36	n.a.	n.a.	n.a.	n.a.	1,45	0,47
1989-1992	0,75	0,14	n.a.	n.a.	0,58	0,27	1,40	0,42
1990-1993	0,57	0,05	n.a.	n.a.	0,81	0,39	1,55	0,38
1991-1994	0,02	0,00	1,14	0,13	0,78	0,28	1,24	0,21
1992-1995	-0,27	0,00	1,19	0,11	0,81	0,30	1,24	0,13
1993-1996	-0,01	0,00	1,27	0,15	0,97	0,37	1,43	0,19
1994-1997	0,53	0,05	1,03	0,17	0,43	0,09	1,40	0,28
1995-1998	1,05	0,25	1,08	0,25	0,32	0,06	1,32	0,34
1996-1999	1,05	0,25	1,08	0,32	0,35	0,04	1,06	0,24
1997-2000	0,83	0,18	0,95	0,22	0,32	0,02	0,82	0,19
1998-2001	0,74	0,15	1,04	0,33	0,38	0,03	0,62	0,14
1999-2002	0,75	0,17	1,30	0,44	0,64	0,08	0,59	0,11
2000-2003	0,49	0,09	1,07	0,34	0,58	0,08	0,66	0,18
2001-2004	0,62	0,15	1,16	0,44	0,47	0,10	0,76	0,24

Abbildung 87: 4-Jahresbetas und r^2 der Papierindustrie (Teil IV)[466]

Betrachtet man nicht nur die tabellarische Darstellung sondern auch die Kurven charts im Anhang 219,[467] wird deutlich, dass das Bestimmtheitsmaß sich parallel zum Betafaktor entwickelt.[468] Sinkt der Betafaktor gegen null bzw. geht er in den negativen Bereich, fällt die Abschwächung des Bestimmtheitsmaßes geringer aus, da es definitionsgemäß nur zwischen null und eins liegen kann.

[466] Quelle: Eigene Darstellung.
[467] Den Anhang finden Sie im Internet unter www.fwl.wi.tum.de im Bereich Forschung – Projekte.
[468] Auf die Tatsache, dass es sich hierbei um einen rechentechnischen Effekt ohne Aussagekraft für die Schätzgüte handelt, wurde bereits in Kapitel 5.2.1 verwiesen.

Abbildung 88 bis Abbildung 90 zeigen die Mittelwerte (MW) sowie die Schwankungsbreite (SB) und Intervallgrenzen der Betafaktoren und des Bestimmtheitsmaßes für den vorliegenden Untersuchungszeitraum.[469]

	Beta				Bestimmtheitsmaß (r^2)			
	MW	min	max	SB	MW	min	max	SB
Georgia-Pacific	1,26	0,36	1,85	1,48	0,36	0,01	0,61	0,60
Weyerhaeuser	1,22	0,67	1,59	0,92	0,46	0,08	0,77	0,69
Sonae	1,36	0,67	1,97	1,31	0,24	0,06	0,38	0,31
Louisiana Pacific	1,40	0,61	1,79	1,18	0,38	0,05	0,63	0,58
Norbord	-0,11	-0,14	-0,09	0,06	0,06	0,05	0,08	0,04
Pfleiderer	0,78	0,23	1,61	1,38	0,12	0,02	0,31	0,30
Constantia	-0,12	-0,50	0,27	0,76	0,03	0,00	0,07	0,06

Abbildung 88: Mittelwert und Intervallgrenzen der 4-Jahres-Betas und r^2 für Unternehmen der holzverarbeitenden Industrie[470]

	Beta				Bestimmtheitsmaß (r^2)			
	MW	min	max	SB	MW	min	max	SB
Hewlett-Packard	1,50	1,26	1,89	0,63	0,41	0,19	0,60	0,40
Canon	1,03	0,20	2,23	2,03	0,33	0,01	0,53	0,52
Mitsubishi Heavy Ind.	1,25	0,65	2,11	1,47	0,48	0,13	0,85	0,72
Fuji	0,91	0,25	2,33	2,09	0,28	0,02	0,52	0,51
Xerox	1,28	0,65	2,42	1,77	0,38	0,07	0,64	0,57
MAN	0,81	0,33	1,44	1,12	0,21	0,03	0,36	0,33
Eastman Kodak	0,72	0,24	1,14	0,90	0,22	0,02	0,57	0,54
Ricoh	0,97	0,01	1,79	1,78	0,33	0,00	0,72	0,72
AGFA-Gevaert	0,66	0,61	0,70	0,09	0,17	0,14	0,20	0,06
Heidelberger Druck.	0,55	0,32	0,66	0,34	0,11	0,04	0,16	0,12
Oce	0,78	0,06	1,45	1,39	0,17	0,00	0,41	0,41
König & Bauer	0,51	0,05	1,01	0,96	0,06	0,00	0,24	0,24
Bobst Group	0,72	0,43	1,07	0,64	0,20	0,09	0,38	0,29
Komori Corp.	0,84	0,12	1,15	1,03	0,31	0,00	0,53	0,53
Creo	1,81	1,75	1,87	0,12	0,30	0,29	0,30	0,01

Abbildung 89: Mittelwert und Intervallgrenzen der 4-Jahres-Betas und r^2 für Unternehmen der Druckmaschinenindustrie[471]

469 Die Schwankungsbreite ist mit den genauen Zahlen berechnet. Die bei einigen Werten auftretende Abweichung von 0,01 zu min. und max. ist auf die Rundung zurückzuführen.

470 Quelle: Eigene Darstellung.

	Beta				Bestimmtheitsmaß (r^2)			
	MW	min	max	SB	MW	min	max	SB
Procter & Gamble	0,66	-0,31	1,22	1,53	0,30	0,00	0,62	0,62
International Paper	1,15	0,81	1,63	0,83	0,41	0,13	0,73	0,60
Georgia-Pacific	1,26	0,36	1,85	1,48	0,36	0,01	0,61	0,60
Weyerhaeuser	1,22	0,67	1,59	0,92	0,46	0,08	0,77	0,69
Kimberly-Clark	0,71	0,07	1,11	1,03	0,25	0,00	0,48	0,48
Stora Enso	0,88	0,42	1,36	0,94	0,15	0,02	0,37	0,34
UPM-Kymmene	1,08	0,75	1,62	0,87	0,23	0,05	0,35	0,30
Svenska Cellulosa	0,66	0,12	1,22	1,10	0,16	0,00	0,40	0,40
Oji Paper	0,67	-0,08	1,14	1,23	0,28	0,00	0,62	0,62
Smurfit-Stone Cont.	1,16	0,94	1,42	0,48	0,24	0,13	0,32	0,20
MeadWestvaco	1,22	0,71	1,64	0,93	0,36	0,09	0,60	0,50
Amcor.	0,66	0,37	1,04	0,67	0,19	0,06	0,37	0,30
M-real	1,09	0,77	1,56	0,78	0,17	0,07	0,23	0,16
Anglo American	0,92	0,36	1,39	1,03	0,12	0,02	0,18	0,16
Worms & Cie	0,55	0,53	0,58	0,05	0,20	0,20	0,21	0,01
Sappi	0,90	0,52	1,28	0,76	0,12	0,09	0,15	0,06
Abitibi Consolidated	0,86	0,33	1,66	1,33	0,20	0,02	0,47	0,45
Domtar	0,86	-0,27	1,41	1,68	0,28	0,00	0,72	0,72
Norske Skog.	1,12	0,95	1,30	0,35	0,26	0,11	0,44	0,33
Daio Paper	0,57	0,32	0,97	0,65	0,16	0,02	0,39	0,37
Bowater Incorp.	1,16	0,59	1,55	0,95	0,32	0,11	0,65	0,54

Abbildung 90: Mittelwert und Intervallgrenzen der 4-Jahres-Betas und r^2 für Unternehmen der Papierindustrie[472]

Um die Ergebnisse der vorangestellten Tabellen nochmals zur verdeutlichen, sind in Abbildung 91 die Durchschnittswerte und Schwankungsintervalle der Betafaktoren und des Bestimmtheitsmaßes zusammengefasst dargestellt.

	Beta		Bestimmtheitsmaß (r^2)	
	MW	SB	MW	SB
Holzverarbeitende Industrie	0,83	1,01	0,24	0,37
Druckmaschinenindustrie	0,95	1,09	0,26	0,40
Papierindustrie	0,92	0,93	0,25	0,40

Abbildung 91: Durchschnittswerte und Schwankungsintervalle der Betafaktoren und des Bestimmtheitsmaßes der untersuchten Unternehmen[473]

[471] Quelle: Eigene Darstellung.
[472] Quelle: Eigene Darstellung.

Wie deutlich zu sehen ist, weichen die durchschnittlichen Bestimmtheitsmaße nur marginal voneinander ab. Auch die Schwankungsbreite von r^2 scheint unabhängig von der Branche zu sein. Die Höhe des Bestimmtheitsmaßes deckt sich weitgehend mit anderen Studien, welche ebenfalls Bestimmtheitsmaße in ungefähr gleicher Höhe und Schwankungsbreite für ihre Betaschätzungen ausweisen.[474]

Die mittleren Betawerte sind alle kleiner als eins. Das bedeutet, dass das durchschnittliche Risiko eines Investors bei einer Investition in diese Branchen geringer ist als das durchschnittliche Marktrisiko. Die Tatsachen, dass die Betafaktoren nahe beieinander liegen und ähnliche Schwankungsbreiten aufweisen, deutet auf eine ähnliche Risikostruktur hin.[475]

5.3.2 Vergleich der Betafaktoren mit anderen Branchen

Um die in den vorangegangenen Kapiteln berechneten Betafaktoren bewerten bzw. in den globalen Wertpapiermarkt einordnen zu können, werden in diesem Abschnitt die Betafaktoren anderer Branchen zum Vergleich berechnet. Als Approximation für einen repräsentativen Branchenquerschnitt werden die zehn Sektorenindices von Morgan Stanley Capital International verwendet. Diese existieren als Performance-Indices zwar erst ab dem Jahr 1995, zehn Jahre historische Daten werden aber für die Risikoklassifizierung als ausreichend erachtet.

Die nachfolgende Abbildung 92 zeigt die Betafaktoren der zehn Branchenindices von MSCI und zusätzlich zum Vergleich den MSCI World Paper & Forest Products,[476] sowie sein Pedant für Europa.[477] Für die Sektorenindices wurde die Form „World"[478]

---

[473] Quelle: Eigene Darstellung.

[474] Siehe u. a. Frantzmann, Hans-Jörg: Zur Messung des Marktrisikos deutscher Aktien, in: Zeitschrift für betriebswirtschaftliche Forschung (ZfbF): 1990, Band 42, S. 67-83 oder Zimmermann, Peter: Schätzung und Prognose von Betawerten, 1997. Etwas widersprüchlich dazu: Baetge, Jörg / Krause, Clemens. Die Berücksichtigung des Risikos bei der Unternehmensbewertung, in: Betriebswirtschaftliche Forschung und Praxis (BFuP): 1994, Band 46, S. 433-456 welche ein r^2 von 0,815 für Daimler Benz ausweisen. Dies liegt aber an der gewählten Betrachtungsperiode und an der gewählten Approximation des Marktportfolios. Die nicht explizit erwähnten aber in einem Chart ausgewiesenen Bestimmtheitsmaße für AEG stimmen mit den in dieser Arbeit erzielten Ergebnissen überein.

[475] Dies soll nicht über die Tatsache hinwegtäuschen, dass Papier-, Druckmaschinen- und Holzindustrie eigene Branchen mit eigenem Gewicht sind.

[476] In der Form „Developed Countries".

[477] Die Indexzeitreihen wurden von MSCIBarra kostenfrei zur Verfügung gestellt.

[478] Leider existieren keine vergleichbaren Sektorindices für die Regionen Europa, USA und Japan.

und „Developed Countries“[479] gewählt. Alle Indices sind in US-Dollar notiert, als Proxy für das Marktportfolio wurde der MSCI-World in US-Dollar verwendet.

MSCI-World Sector Index	10 Jahre		5 Jahre		4 Jahre		3 Jahre	
	Beta	r^2	Beta	r^2	Beta	r^2	Beta	r^2
Energy	0,65	0,35	0,64	0,39	0,62	0,40	0,70	0,43
Materials	0,94	0,59	0,98	0,62	0,98	0,69	1,01	0,70
Industrials	0,97	0,84	0,98	0,83	1,01	0,85	0,98	0,87
Consumer Discretionary	1,09	0,87	1,12	0,87	1,15	0,87	1,05	0,91
Consumer Staples	0,46	0,30	0,31	0,16	0,39	0,32	0,51	0,47
Health Care	0,50	0,29	0,37	0,21	0,43	0,35	0,57	0,60
Financials	1,09	0,78	1,00	0,79	1,03	0,89	1,14	0,92
Information Technology	1,79	0,70	1,97	0,75	1,94	0,77	1,65	0,76
Telecommunication Services	1,07	0,56	1,22	0,59	1,26	0,63	1,42	0,74
Utilities	0,45	0,29	0,50	0,30	0,58	0,39	0,73	0,54
World-Paper & Forest Products	1,01	0,44	0,94	0,40	0,94	0,55	0,97	0,55
Europe-Paper & Forest Products	0,94	0,41	0,80	0,40	0,83	0,51	0,89	0,52

Abbildung 92: Betafaktoren und Bestimmtheitsmaße der verschiedenen Industriesektoren im Vergleich[480]

Erwartungsgemäß liegt der Betawert des MSCI-World Paper & Forest Products knapp unter eins und bestätigt damit die bisherigen Betaschätzungen. Dies ist auch nicht weiter verwunderlich, da ein großer Teil der in dieser Arbeit untersuchten Unternehmen in eben jenem Index enthalten ist.[481] Zusammenfassend kann gesagt werden, dass sich die untersuchten Unternehmen risikomäßig im Mittelfeld aller Branchen befinden. Diese Tatsache ist deshalb so bemerkenswert, da man aufgrund der langen Produktionszeiten für den Rohstoff Holz und der damit erforderlichen langfristigen strategischen Unternehmensausrichtung ein wesentlich geringeres Investitionsrisiko für verwandte Branchen erwarteten würde.

[479] Vgl. Kapitel 5.1.3.2.
[480] Quelle: Eigene Darstellung.
[481] Eine Übersicht mit den aktuell im MSCI-World- und MSCI-Europe Paper & Forest Products enthaltenen Unternehmen befindet sich im Anhang 7.

6 Bestimmung der Eigenkapitalkosten ausgewählter Unternehmen

Im bisherigen Verlauf der Arbeit wurde gezeigt, wie sich die einzelnen Bestandteile des CAPM aus historischen Börsendaten ableiten lassen. In Kapitel 5 wurde dieses Wissen angewandt und die Betafaktoren für die ausgewählten Unternehmen geschätzt. In diesem Kapitel sollen nun die Kapitalkostensätze der einzelnen Unternehmen konkret bestimmt und anschließend mit den Ergebnissen einer Befragung verglichen werden.

6.1 Modellbeschreibung und Annahmen

Die Kapitalkostenberechnung mit Hilfe des CAPM wird, wie bereits gezeigt, von mehreren Parametern bzw. deren Approximationen beeinflusst. Im bisherigen Verlauf der Arbeit wurden die meisten Bestandteile des CAPM schon bestimmt.

Zur Erinnerung: Die Formel für das CAPM lautet:[482]

$$E(R_i) = r_{EK} = R_f + \left(E(R_M) - R_f\right) \cdot \beta$$

Die Kapitalkosten nach dem CAPM berechnen sich also aus der risikofreien Verzinsung, der Marktrendite und dem Betafaktor der einzelnen Unternehmung. Um die Kapitalkostenschätzung in dieser Arbeit transparent und nachvollziehbar zu machen, werden nachfolgend die einzelnen Parameter des CAPM nochmals kurz vorgestellt und festgelegt, in welcher Form sie im Weiteren verwendet werden.

6.1.1 Risikofreie Verzinsung

Im Kapitel 5.1.2 wurden bereits die risikofreien Zinssätze für Europa, Japan und die USA ermittelt, ausgewiesen und interpretiert. Nicht beantwortet wurde allerdings die Frage, ob das arithmetische oder das geometrische Mittel der Einzelrenditen zu verwenden ist. Copeland, Koller und Murrin kommen zu dem Schluss, dass das arithmetische Mittel den besten Maßstab für erwartete zukünftige Renditen und das geometrische Mittel den korrekten Maßstab für vergangene Leistungen darstellt.[483] Aus diesem Grund fließen in dieser Arbeit zur Berechnung der ex post Kapitalkosten nur die

---

[482] Siehe Kapitel 4.3.
[483] Vgl. Copeland, Tom / Koller, Tim / Murrin, Jack: Unternehmenswert, 2002, S. 270.

geometrischen Mittelwerte der historischen Renditen ein. Abbildung 93 zeigt die in dieser Arbeit für die Kapitalkostenschätzung verwendeten Approximationen der risikofreien Verzinsung.

Region	1977-2004	1980-2004	1985-2004	1990-2004	1995-2004	2000-2004	2002-2004
Europa	6,46	6,43	5,96	5,77	5,02	4,58	4,29
USA	7,46	7,35	6,46	5,86	5,29	4,67	4,23
Japan	n.a.	n.a.	3,01	2,49	1,71	1,31	1,19

Abbildung 93: Geometrische Mittelwerte historischer Renditen für unterschiedliche Zeiträume und Regionen[484]

Zur Rechtfertigung der hier vorgenommenen Annahme, dass die risikofreie Verzinsung mit den Staatsanleihen der Bundesrepublik Deutschland, den USA und Japan approximiert werden kann, wird zusätzlich zu den in Kapitel 5.1.2 angeführten Argumenten auf eine aktuelle Untersuchung der Zeitschrift Institutional Investor verwiesen. In dem im März 2005 veröffentlichten Kreditrating von 172 Staaten der Erde liegen die oben angesprochenen Staaten unter den besten 20. Abbildung 94 zeigt auszugsweise die 20 besten „country credit ratings“ der Zeitschrift Institutional Investor.

Rang	Land	Kreditrating		Rang	Land	Kreditrating
1	Schweiz	94,5		11	Schweden	91,6
2	Norwegen	93,7		12	Österreich	91,2
3	Luxemburg	92,8		13	Kanada	90,9
4	Finnland	92,7		14	Irland	90,0
5	Großbritannien	92,7		15	Singapur	89,5
6	USA	92,4		16	Belgien	89,0
7	Frankreich	92,2		17	Spanien	87,6
8	Dänemark	92,1		18	Australien	86,0
9	Niederlande	92,0		19	Japan	84,4
10	Deutschland	91,8		20	Italien	83,6

Abbildung 94: Die 20 Schuldnerstaaten mit der höchsten Bonität[485]

---

[484] Quelle: Eigene Darstellung.

[485] Quelle: Warner, Joan: US of AAA?, in: Institutional Investor 2005, March, S. 101-106, hier S. 103. Eigene Darstellung.

6.1.2 Marktrendite

In Kapitel 4.3.2 wurde erklärt, dass es vertretbar ist, das Marktportfolio durch einen Aktienindex zu modellieren. Entsprechend wurde dann in dieser Arbeit für die Berechnung der Betafaktoren das Marktportfolio mit Indices von Morgan Stanley Capital International approximiert.[486] Da die Marktrenditen den Renditen der verwendeten Benchmarkindizes entsprechen, werden diese nachfolgend für die letzten Jahre berechnet. Da es sich bei den verwendeten Indizes um Performance-Indizes handelt, also Dividenden und Kapitalveränderungen berücksichtigt sind, wird für die Bestimmung der Rendite die so genannte Zinseszinsformel in folgender Form verwendet:

$$K_n = K_0 \cdot \left(1 + \frac{P}{100}\right)^n \tag{61}$$

Dabei entspricht (K_n) dem Kapital am Ende der Laufzeit, (K_0) dem Anfangskapital, (P) steht für den Zinssatz und (n) für die Laufzeit.[487] Abbildung 95 zeigt die Renditen der in dieser Arbeit verwendeten Indizes und zur Orientierung die Rendite des MSCI-World.[488]

Index	1977-2004	1980-2004	1985-2004	1990-2004	1995-2004	2000-2004	2002-2004
MSCI-World	11,91	12,04	11,96	7,08	8,53	-2,05	7,44
MSCI-USA	12,38	13,47	13,21	11,09	12,07	-3,20	3,38
MSCI-Europe	13,88	13,07	14,89	9,60	10,93	0,42	11,43
MSCI-Japan	5,59	5,24	2,23	-4,78	-1,92	-6,29	3,52

Abbildung 95: Historische Rendite des Marktportfolios für unterschiedliche Zeiträume und Regionen[489]

In einigen Arbeiten zur Ermittlung der Kapitalkosten wird für die Marktrendite ein Durchschnittswert aus sehr langen in die Vergangenheit zurückreichenden Perioden angenommen, die teilweise bis in das Jahr 1926 zurück reichen. Begründet wird dies damit, dass sich sonst bei Fortschreibungen in die Zukunft Verzerrungen ergeben.[490]

---

[486] Siehe Kapitel 5.1.3.

[487] Anfangs- und Endkapital entspricht in diesem Fall dem Indexstand zu Beginn bzw. Ende der Berechnungsperiode.

[488] Alle Renditen der Indizes sind in der bei der Betaschätzung verwendeten Währungsbasis berechnet. Das heißt, alle Indizes sind in US-Dollar, nur der MSCI-Japan ist in Yen notiert.

[489] Quelle: Eigene Darstellung.

[490] Vgl. Loderer, Claudio / Jörg, Petra / Pichler, Karl / Zgraggen, Pius: Handbuch der Bewertung, 2000, S. 471. Richter, Frank / Simon-Keuenhof, Kai: Bestimmung durchschnittlicher Kapitalkostensätze

Da in diesem Kapitel aber die ex post Kapitalkosten der einzelnen Unternehmen berechnet werden sollen und eine Interpretation der Daten erst später in Kapitel 7.2 erfolgt, fließen die in Abbildung 95 berechneten Werte unverändert in die in Kapitel 6.2 vorgenommenen Berechnungen ein.[491]

6.1.3 Betafaktoren

Abbildung 96 zeigt die Betafaktoren der Unternehmen der holzverarbeitenden Industrie für die bekannten Zeiträume. Der Systematik aus Kapitel 5.2 folgend, sind die beiden amerikanischen Unternehmen Georgia Pacific und Weyerhaeuser sowohl bei der holzverarbeitenden als auch bei der Papierindustrie aufgeführt, da eine eindeutige Zuordnung zu einem Industriezweig schwierig erscheint.

In Kapitel 5 wurden die Betafaktoren für die holzverarbeitende Industrie, Druckmaschinen- und Papierindustrie berechnet und die Vorgehensweise mit den getroffenen Annahmen ausführlich beschrieben. Da diese Daten jedoch über mehrere Tabellen verteilt sind, werden die Ergebnisse der Betafaktorberechnungen für die einzelnen Industriezweige hier in komprimierter Darstellung aufgeführt. Zusätzlich sind die Konfidenzintervallgrenzen für ein Signifikanzniveau von 95 Prozent (± 1,96 x Std.fehler) angegeben. Dabei ist in der jeweiligen Dreifeldermatrix oben das Schätzmittel und in den Zellen links und rechts darunter die untere (ku) und obere (ko) Konfidenzintervallgrenze ausgewiesen.

---

deutscher Industrieunternehmungen, in: Betriebswirtschaftliche Forschung und Praxis (BFuP): 1996, Band 48, S. 698-708, hier S. 701 nehmen für den deutschen Markt einen Zeitraum von 1954 bis 1988 an.

[491] Vorab bemerkt, wird die Berücksichtigung von Zeiträumen, die länger als 30 Jahre zurückliegen, vom Autor eher kritisch gesehen.

Firmenname	Beta 28		Beta 25		Beta 20		Beta 15		Beta 10		Beta 5		Beta 3	
	ku	ko	ku	ko	ku	ko	ku	ko	ku	ko	ku	ko	ku	ko
Georgia Pacific	1,35		1,33		1,36		1,43		1,47		1,79		2,25	
	1,16	1,55	1,13	1,54	1,12	1,59	1,12	1,74	1,08	1,86	1,19	2,39	1,42	3,07
Weyerhaeuser	1,24		1,19		1,18		1,10		1,03		1,03		1,01	
	1,10	1,38	1,04	1,34	1,01	1,35	0,88	1,31	0,77	1,29	0,67	1,38	0,61	1,41
Sonae SGPS	n.a.		n.a.		n.a.		1,43		1,49		1,28		1,14	
							1,08	1,77	1,10	1,88	0,76	1,80	0,53	1,75
Louisiana Pacific	1,37		1,36		1,32		1,31		1,20		1,77		1,43	
	1,17	1,58	1,14	1,58	1,07	1,58	0,96	1,65	0,79	1,62	1,16	2,38	0,65	2,21
Norbord	n.a.		n.a.		n.a.		n.a.		n.a.		-0,10		-0,09	
											-0,21	0,02	-0,22	0,03
Pfleiderer	n.a.		n.a.		n.a.		0,92		1,20		1,37		1,82	
							0,58	1,25	0,78	1,63	0,73	2,00	0,95	2,69
Constantia	n.a.		n.a.		n.a.		n.a.		n.a.		0,07		0,23	
											-0,33	0,46	-0,28	0,75

Abbildung 96: Betafaktoren der holzverarbeitenden Industrie für verschiedene Beobachtungszeiträume[492]

Abbildung 97 zeigt die zusammengefassten Betafaktoren der Druckmaschinenindustrie. In diesem Zusammenhang ist zu erwähnen, dass die Aktionäre des kanadischen Unternehmens Creo auf der Hauptversammlung und der außerordentlichen Aktionärsversammlung am 29. März 2005 der vom Creo Vorstand vorgeschlagenen Übernahme von Creo durch die Eastman Kodak Company zugestimmt haben.[493] Damit ist Creo kein eigenständiges Unternehmen mehr und gehört jetzt zu Eastman Kodak. Trotz dieser aktuellen Entwicklung werden in Kapitel 6.2.2 die ex post Kapitalkosten von Creo berechnet und ausgewiesen.

[492] Quelle: Eigene Darstellung.
[493] www.creo.com

Firmenname	Beta 28		Beta 25		Beta 20		Beta 15		Beta 10		Beta 5		Beta 3	
	ku	ko	ku	ko	ku	ko	ku	ko	ku	ko	ku	ko	ku	ko
Hewlett-Packard	1,49		1,49		1,52		1,63		1,58		1,81		1,68	
	1,29	1,68	1,27	1,70	1,28	1,77	1,31	1,95	1,18	1,97	1,24	2,38	1,11	2,26
Canon	0,81		0,79		0,69		0,81		1,05		0,91		0,54	
	0,65	0,96	0,62	0,95	0,52	0,85	0,65	0,97	0,81	1,30	0,55	1,28	0,13	0,94
Mitsubishi Heavy Ind.	1,14		1,12		1,08		0,99		0,91		1,12		1,42	
	0,99	1,28	0,97	1,27	0,92	1,24	0,83	1,16	0,63	1,20	0,60	1,64	0,84	2,00
Fuji	0,71		0,67		0,57		0,64		0,71		0,67		0,56	
	0,55	0,86	0,51	0,82	0,42	0,73	0,49	0,78	0,47	0,95	0,28	1,06	0,12	0,99
Xerox	1,35		1,36		1,43		1,57		1,66		2,27		2,26	
	1,13	1,57	1,12	1,60	1,14	1,71	1,18	1,96	1,15	2,17	1,45	3,09	1,72	2,81
MAN	0,82		0,84		0,93		1,03		1,14		1,15		1,07	
	0,64	0,99	0,66	1,03	0,71	1,15	0,77	1,29	0,79	1,48	0,66	1,64	0,40	1,75
Eastman Kodak	0,81		0,75		0,81		0,72		0,77		1,14		1,05	
	0,64	0,97	0,57	0,92	0,60	1,01	0,45	0,99	0,43	1,11	0,59	1,69	0,44	1,66
Ricoh	0,85		0,83		0,76		0,96		0,95		0,89		0,77	
	0,69	1,00	0,67	0,99	0,58	0,93	0,78	1,14	0,67	1,23	0,49	1,28	0,37	1,17
AGFA-Gevaert	n.a.		n.a.		n.a.		n.a.		n.a.		0,62		0,59	
											0,22	1,03	0,15	1,03
Heidelberger Druck	n.a.		n.a.		n.a.		n.a.		n.a.		0,55		0,78	
											0,10	0,99	0,14	1,41
Oce	0,85		0,90		1,05		1,09		1,25		1,37		1,38	
	0,65	1,05	0,68	1,11	0,81	1,28	0,80	1,37	0,90	1,61	0,87	1,87	0,78	1,97
König & Bauer AG	n.a.		n.a.		n.a.		0,64		0,74		0,82		1,28	
							0,31	0,98	0,34	1,13	0,29	1,35	0,65	1,90
Bobst Group	n.a.		n.a.		n.a.		0,66		0,61		0,47		0,43	
							0,46	0,86	0,36	0,87	0,13	0,80	0,06	0,79
Komori Corp.	n.a.		n.a.		n.a.		0,91		0,73		0,42		0,67	
							0,71	1,12	0,44	1,03	-0,13	0,98	0,16	1,19
Creo	n.a.		n.a.		n.a.		n.a.		n.a.		1,93		1,78	
											1,16	2,70	0,74	2,81

Abbildung 97: Betafaktoren der Druckmaschinenindustrie für verschiedene Beobachtungszeiträume[494]

Als letztes folgen in Abbildung 98 die Betafaktoren der Papierindustrie. Sie können ohne nähere Erläuterungen für die Berechnungen der historischen Kapitalkostensät-

[494] Quelle: Eigene Darstellung.

ze der Papierindustrie in Kapitel 6.2.3 übernommen werden. Die Sortierung erfolgte bei dieser Darstellung, wie bei den anderen Unternehmen auch, nach dem Konzernumsatz.[495]

Firmenname	Beta 28		Beta 25		Beta 20		Beta 15		Beta 10		Beta 5		Beta 3	
	ku	ko	ku	ko	ku	ko	ku	ko	ku	ko	ku	ko	ku	ko
Procter & Gamble	0,58		0,56		0,55		0,42		0,22		-0,26		0,07	
	0,44	0,72	0,41	0,71	0,38	0,72	0,20	0,65	-0,05	0,50	-0,68	0,16	-0,18	0,32
International Paper	1,16		1,12		1,04		0,96		0,94		0,94		0,87	
	1,01	1,31	0,95	1,28	0,86	1,23	0,73	1,20	0,64	1,24	0,52	1,37	0,51	1,23
Georgia-Pacific	1,35		1,33		1,36		1,43		1,47		1,79		2,25	
	1,16	1,55	1,13	1,54	1,12	1,59	1,12	1,74	1,08	1,86	1,19	2,39	1,42	3,07
Weyerhaeuser	1,24		1,19		1,18		1,10		1,03		1,03		1,01	
	1,10	1,38	1,04	1,34	1,01	1,35	0,88	1,31	0,77	1,29	0,67	1,38	0,61	1,41
Kimberly-Clark	0,66		0,65		0,63		0,54		0,45		0,13		0,36	
	0,52	0,79	0,51	0,80	0,47	0,79	0,34	0,75	0,20	0,70	-0,20	0,47	0,03	0,69
Stora Enso	n.a.		n.a.		n.a.		0,87		0,88		0,64		0,87	
							0,56	1,19	0,53	1,24	0,13	1,15	0,38	1,36
UPM-Kymmene	n.a.		n.a.		n.a.		n.a.		0,93		0,72		0,91	
									0,62	1,24	0,31	1,13	0,44	1,39
Svenska Cellulosa	n.a.		n.a.		0,60		0,59		0,66		0,40		0,35	
					0,39	0,80	0,35	0,84	0,40	0,92	0,09	0,71	0,04	0,65
Nippon Paper Group	n.a.		n.a.		n.a.		n.a.		n.a.		n.a.		0,86	
													0,38	1,34
Oji Paper	0,76		0,76		0,78		0,75		0,55		0,43		0,63	
	0,63	0,90	0,62	0,91	0,63	0,94	0,57	0,93	0,27	0,84	-0,08	0,94	0,12	1,14
Smurfit-Stone Cont.	n.a.		n.a.		n.a.		n.a.		1,08		1,17		0,88	
									0,65	1,50	0,71	1,62	0,44	1,32
Mead-Westvaco	1,26		1,20		1,21		1,14		1,05		1,20		1,13	
	1,08	1,43	1,02	1,38	1,01	1,41	0,88	1,39	0,73	1,37	0,74	1,66	0,60	1,66
Amcor	0,59		0,62		0,59		0,50		0,39		0,39		0,23	
	0,45	0,74	0,47	0,77	0,43	0,76	0,31	0,68	0,16	0,62	0,08	0,69	-0,20	0,65
M-real	n.a.		n.a.		n.a.		0,91		0,90		0,80		0,70	
							0,57	1,25	0,51	1,29	0,27	1,33	0,21	1,20
Anglo American	n.a.		n.a.		n.a.		n.a.		0,82		0,63		0,57	
									0,40	1,24	0,18	1,08	0,03	1,11

[495] Zur Begründung siehe Kapitel 5.2.3.

Worms & Cie	n.a.			n.a.			n.a.			n.a.			n.a.			0,54	0,25	0,83	0,59	0,25	0,93
Sappi	n.a.			n.a.			n.a.			n.a.			0,67	0,22	1,13	0,56	0,17	0,96	0,50	0,04	0,95
Abitibi Consolidated	0,88	0,68	1,08	0,89	0,68	1,10	0,87	0,63	1,11	0,86	0,58	1,15	1,00	0,65	1,36	0,61	0,11	1,11	0,44	-0,15	1,04
Domtar	0,93	0,75	1,11	0,94	0,75	1,14	0,88	0,67	1,10	0,64	0,36	0,92	0,70	0,39	1,00	0,44	0,05	0,84	0,66	0,25	1,07
Norske Skog.	n.a.			n.a.			n.a.			n.a.			1,06	0,76	1,35	1,06	0,67	1,46	1,24	0,78	1,71
Daio Paper	n.a.			n.a.			n.a.			0,63	0,42	0,84	0,47	0,16	0,79	0,57	0,08	1,07	0,57	0,07	1,07
Bowater Incorp.	n.a.			n.a.			1,11	0,90	1,31	0,99	0,73	1,25	0,85	0,55	1,16	0,71	0,34	1,08	0,91	0,38	1,43

Abbildung 98: Betafaktoren der Papierindustrie für verschiedene Beobachtungszeiträume[496]

6.2 Berechnung der Kapitalkosten

Zur Berechnung der historischen Kapitalkosten werden die in Kapitel 6.1 getroffenen Annahmen bzw. Zahlenwerte verwendet, um mit der Grundform des CAPM konkrete Sätze zu ermitteln. Dabei wird im Folgenden an dem aus den vorangegangenen Kapiteln bekannten Vorgehensschema festgehalten und die Kapitalkostensätze werden für die Unternehmen der holzverarbeitenden Industrie, Druckmaschinen- und Papierindustrie jeweils in getrennten Unterpunkten dargestellt. Aus Gründen der Verständlich- und Nachvollziehbarkeit wird die Berechnung des Kapitalkostensatzes in Kapitel 6.2.1 am Beispiel von Georgia Pacific exemplarisch für alle in dieser Arbeit untersuchten Unternehmen illustriert.

6.2.1 Kapitalkosten der holzverarbeitenden Industrie

Bei der Berechnung der ex post Kapitalkosten (r_{EK}) werden neben der risikofreien Verzinsung (R_f) die Marktrendite (R_M) und der spezifische Betafaktor β benötigt. Je nach Herkunftsland des Unternehmens sind dafür die für diese Arbeit getroffenen Approximationen zu berücksichtigen. Das heißt für die Berechnung der Kapitalkosten von Georgia Pacific (da es sich um ein amerikanisches Unternehmen handelt), dass

[496] Quelle: Eigene Darstellung.

als risikofreier Zins (R_f) die Durchschnittsrendite der US-Staatsanleihen und als Marktrendite (R_M) die Rendite des MSCI-USA heranzuziehen ist.

Konkret bedeutet dies für die Ermittlung von r_{EK28} des Unternehmens Georgia Pacific, dass für R_{f28} der Wert 7,46, für R_{M28} der Wert 12,38 und für β_{28} die Zahl 1,35 zu benutzen ist.[497] Eingesetzt in die schon oft zitierte Formel des CAPM ergibt sich dann:

$$E(R_i) = r_{EK} = R_f + (E(R_M) - R_f) \cdot \beta$$

$$r_{EK} = 7{,}46 + (12{,}38 - 7{,}46) \cdot 1{,}35$$

$$r_{EK} = 7{,}46 + 4{,}92 \cdot 1{,}35 = 7{,}46 + 6{,}64 = \underline{\underline{14{,}10}}$$

Das Ergebnis der Berechnungen zeigt, dass die Eigenkapitalkosten von Georgia Pacific für den Zeitraum vom Jahr 1977 bis 2004 ex post 14,10 Prozent betragen. Das heißt, die Eigenkapitalgeber von Georgia Pacific mussten für ihr eingelegtes Kapital eine Verzinsung von 14,10 Prozent fordern, um für das eingegangene Risiko „angemessen" entschädigt zu werden.

Berücksichtigt man zusätzlich das Signifikanzniveau von 95 Prozent und setzt die Grenzen des Konfidenzintervalls (ku=1,16; ko=1,55) in die obige Rechnung ein, ergeben sich folgende Grenzwerte, die den wahren aber unbekannten Eigenkapitalkostensatz mit einer Wahrscheinlichkeit von 95 Prozent einschließen.

$$E(R_i)_{ku} = r_{EK(ku)} = R_f + (E(R_M) - R_f) \cdot \beta_{ku}$$

$$r_{EK(ku)} = 7{,}46 + 4{,}92 \cdot 1{,}16 = 7{,}46 + 5{,}71 = \underline{\underline{13{,}17}}$$

$$E(R_i)_{ko} = r_{EK(ko)} = R_f + (E(R_M) - R_f) \cdot \beta_{ko}$$

$$r_{EK(ko)} = 7{,}46 + 4{,}92 \cdot 1{,}55 = 7{,}46 + 7{,}63 = \underline{\underline{15{,}09}}$$

Abbildung 99 zeigt die nach obigem Schema berechneten Kapitalkostensätze für die Unternehmen der holzverarbeitenden Industrie. Die Abweichung bei der letzten Kommastelle ist auf die Rundungsdifferenz bei den Betafaktoren zurückzuführen.[498]

---

[497] Die Zahlen stammen aus den Tabellen in Kapitel 6.1.

[498] Der ungerundete Betawert für das obige Beispiel beträgt ca. 1,35405269245839, der risikofreie Zins ca. 7,46279762529399 und die Marktrendite ca. 12,38221901329370.

Um die Ergebnisse der Kapitalkostenschätzungen nicht durch Zwischenrundungen zu beeinflussen, wurde in den nachfolgenden Tabellen immer mit den Originalwerten aus der Betaschätzung in Kapitel 5.2 gerechnet.

Firmenname	r_{EK} 28		r_{EK} 25		r_{EK} 20		r_{EK} 15		r_{EK} 10		r_{EK} 5		r_{EK} 3	
	ku	ko	ku	ko	ku	ko	ku	ko	ku	ko	ku	ko	ku	ko
Georgia Pacific	14,12		15,51		15,63		13,35		15,24		4,67		4,23	
	13,18	15,07	14,24	16,79	14,03	17,22	11,70	14,99	12,61	17,88				
Weyerhaeuser	13,56		14,62		14,43		11,60		12,26		4,67		4,23	
	12,86	14,26	13,71	15,52	13,31	15,55	10,46	12,73	10,51	14,01				
Sonae SGPS	n.a.		n.a.		n.a.		11,24		13,83		4,58		12,40	
							9,92	12,56	11,50	16,16			8,05	16,74
Louisiana Pacific	14,21		15,67		15,39		12,70		13,46		4,67		4,23	
	13,20	15,22	14,32	17,02	13,67	17,12	10,89	14,50	10,65	16,26				
Norbord	n.a.		n.a.		n.a.		n.a.		n.a.		5,43		4,31	
											6,34	4,52	4,42	4,20
Pfleiderer	n.a.		n.a.		n.a.		9,28		12,14		4,58		17,31	
							8,00	10,55	9,62	14,66			11,10	23,51
Constantia	n.a.		n.a.		n.a.		n.a.		n.a.		4,58		5,96	
													2,28	9,63

Abbildung 99: Historische Kapitalkosten der holzverarbeitenden Industrie für verschiedene Beobachtungszeiträume[499]

Es ist gut zu erkennen, dass die mittleren Kapitalkostensätze der holzverarbeitenden Industrie im mittel- und langfristigen Bereich (r_{EK10} bis r_{EK28}) bis auf eine Ausnahme deutlich über zehn Prozent liegen. Im kurzfristigen Bereich dagegen (r_{EK5} und r_{EK3}) liegen nur vier Werte über fünf Prozent. Die Grenzen des Konfidenzintervalls, also der Bereich in der die Kapitalkosten mit 95-prozentiger Wahrscheinlichkeit liegen, dehnen sich mit dem Kürzerwerden der Perioden immer mehr aus. Während im langfristigen Bereich die Abweichungen im Schnitt knapp zehn Prozent vom Mittelwert betragen, kommt es für die Periode der letzten drei Jahr zu Abweichungen von mehr als 50 Prozent vom Schätzmittel.

Wichtig ist noch zu erwähnen, dass in den Zellen, in denen keine Sätze für die Konfidenzintervallgrenzen ausgewiesen sind, die angegebenen Zahlen nicht den Ergebnissen der Kapitalkostenberechnung nach dem CAPM entsprechen. Die sehr niedri-

---

499 Quelle: Eigene Darstellung.

gen und zum Teil auch negativen Berechnungsergebnisse wurden immer dann durch den risikofreien Zins für die entsprechende Periode ersetzt, wenn der errechnete Kapitalkostensatz kleiner als der risikofreie Zins ist.[500]

Die unter dem risikofreien Zins liegenden Kapitalkostensätze müssen durch diesen ersetzt werden, weil nach der Portfoliotheorie nur die Wertpapiermischung als effizient gilt, welche bei vorgegebenem Risiko den höchsten Ertrag erzielt. Kommt es wie in den letzten Jahren zu einer Periode (von ca. 2001 bis mindestens 2003) mit hohen Verlusten am Aktienmarkt, liegt die Rendite des risikofreien Zinssatzes über dem des Marktportfolios. Abbildung 100 zeigt ein solches, wahrscheinlich nur vorübergehendes Szenario, wobei die Efficient Frontier auch ins Negative gehen könnte. In dem in Abbildung 100 dargestellten Fall ist der risikofreie Zins die einzige effiziente Anlagealternative, vollkommen unabhängig von der individuellen Risikoeinstellung des Investors.

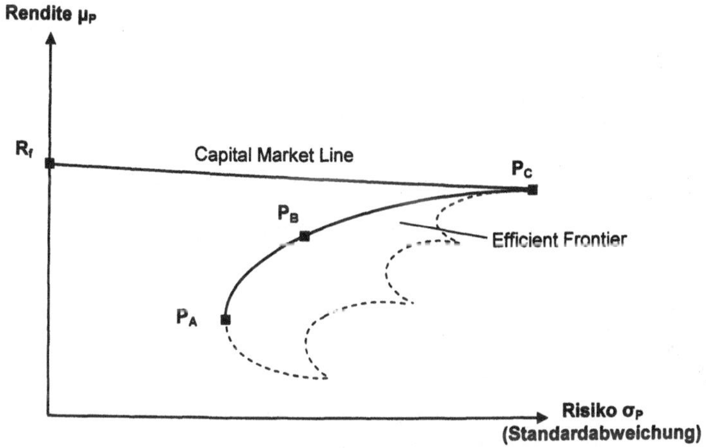

Abbildung 100: Effiziente Portfolios und die Capital Market Line beim unvollkommenen Kapitalmarkt und ineffizienten Aktienmärkten[501]

Der mit dem CAPM berechnete Kapitalkostensatz entspricht der Rendite, die ein Eigenkapitalgeber von dem Unternehmen mindestens fordern muss, damit die Anlage für ihn, gemessen am Risiko, effizient ist. Da das Risiko der einzelnen Aktie über den

---

[500] Bei Georgia Pacific beträgt z.B. der berechnete Wert für r_{EK5} -9,41 und für r_{EK3} 2,32 Prozent.
[501] Quelle: Eigene Darstellung.

Betafaktor im Verhältnis zum allgemeinen Marktrisiko abgebildet wird,[502] kommt es bei negativer Marktperformance auch zu negativen Renditeforderungen an die einzelne Aktie. Natürlich wird sich kaum ein Anleger darauf einlassen, Geld mit der Begründung einer negativen Gesamtmarktentwicklung zu verlieren, sondern immer als Mindestverzinsung seines Kapitals die risikofreie Rendite fordern. Aus diesem Grund wurden Werte der Kapitalkostenberechnung mit dem für die entsprechende Periode geltenden risikolosen Zinssatz verglichen und, wenn nötig, durch diesen ersetzt.

6.2.2 Kapitalkosten der Druckmaschinenindustrie

Die Kapitalkosten der Druckmaschinenindustrie wurden analog zu denen der holzverarbeitenden Industrie berechnet. Abbildung 101 zeigt die Ergebnisse dieser Berechnungen. Neu hinzugekommen ist, dass zu den größten Unternehmen dieser Branche auch japanische Unternehmen zählen. Da sich der japanische Aktienmark in den letzten Jahren negativ entwickelt hat,[503] führten die Berechnungen im Bereich von (r_{EK20} bis r_{EK5}) zu Ergebnissen, die unterhalb der risikofreien Verzinsung liegen und deshalb durch den risikofreien Zins ersetzt werden mussten. Bei den Feldern in denen keine Konfidenzintervallgrenzen angegeben sind, handelt es sich wie schon bei den Unternehmen der holzverarbeitenden Industrie um die Ersatzwerte. Für die Felder in denen Konfidenzgrenzen ausgewiesen sind kann vorweggenommen werden, dass die Intervallbreite ebenso wie bei den Unternehmen der holzverarbeitenden Industrie mit der Abnahme der Periodenlänge zunimmt.

Auf die Berechnung der Kapitalkosten für die Perioden 28 und 25 Jahre wurde bei den japanischen Unternehmen Canon, Mitsubishi Heavy Industries, Fuji und Ricoh trotz vorhandener Betafaktoren verzichtet, da über Datastream, Bloomberg und die Deutsche Bundesbank keine risikofreien Zinssätze für die entsprechenden Perioden zu bekommen waren und eine Approximation mit anderen Zinssätzen nicht sinnvoll erschien.

---

[502] Sieke Kapitel 4.
[503] Siehe Kapitel 6.1.2.

Firmenname	rEK 28		rEK 25		rEK 20		rEK 15		rEK 10		rEK 5		rEK 3	
	ku	ko	ku	ko	ku	ko	ku	ko	ku	ko	ku	ko	ku	ko
Hewlett-Packard	14,79		16,44		16,74		14,39		16,00		4,67		4,23	
	13,83	15,74	15,15	17,73	15,11	18,38	12,73	16,05	13,31	18,68				
Canon	n.a.		n.a.		3,01		2,49		1,71		1,31		2,44	
													1,50	3,38
Mitsubishi Heavy Ind.	n.a.		n.a.		3,01		2,49		1,71		1,31		4,51	
													3,15	5,87
Fuji	n.a.		n.a.		3,01		2,49		1,71		1,31		2,49	
													1,48	3,50
Xerox	14,12		15,65		16,10		14,07		16,55		4,67		4,23	
	13,04	15,19	14,19	17,11	14,19	18,02	12,03	16,11	13,07	20,03				
MAN	12,53		12,04		14,29		9,71		11,73		4,58		11,96	
	11,24	13,82	10,79	13,28	12,33	16,24	8,71	10,72	9,68	13,78			7,11	16,80
Eastman Kodak	11,44		11,91		11,90		9,63		10,49		4,67		4,23	
	10,62	12,26	10,83	13,00	10,52	13,27	8,20	11,05	8,18	12,80				
Ricoh	n.a.		n.a.		3,01		2,49		1,71		1,31		2,99	
													2,06	3,93
AGFA-Gevaert	n.a.		n.a.		n.a.		n.a.		n.a.		4,58		8,50	
													5,39	11,61
Heidelberger Druck	n.a.		n.a.		n.a.		n.a.		n.a.		4,58		9,83	
													5,29	14,36
Oce	12,74		12,40		15,31		9,92		12,43		4,58		14,12	
	11,26	14,23	10,97	13,83	13,23	17,40	8,84	11,01	10,32	14,54			9,88	18,36
König & Bauer AG	n.a.		n.a.		n.a.		8,23		9,36		4,58		13,40	
							6,96	9,51	7,02	11,71			8,92	17,87
Bobst Group	n.a.		n.a.		n.a.		8,29		8,64		4,58		7,33	
							7,52	9,05	7,13	10,15			4,71	9,94
Komori Corp.	n.a.		n.a.		n.a.		2,49		1,71		1,31		2,76	
													1,55	3,97
Creo	n.a.		n.a.		n.a.		n.a.		n.a.		4,67		4,23	

Abbildung 101: Historische Kapitalkosten der Druckmaschinenindustrie für verschiedene Beobachtungszeiträume[504]

Die Renditeforderungen an die japanischen Unternehmen unterscheiden sich deutlich von denen an europäische oder amerikanische Konzerne. Abbildung 101 zeigt,

[504] Quelle: Eigene Darstellung.

dass sich die mittleren Kapitalkostensätze der japanischen Firmen mit rund drei und weniger Prozent deutlich unter den meist über zehn Prozent liegenden Sätzen der anderen Unternehmen bewegen. Im mittelfristigen Bereich (r_{EK10} und r_{EK15}) fällt auf, dass die europäischen Unternehmen eher am unteren Ende im Vergleich der Kapitalkosten zu ihren amerikanischen Konkurrenten liegen. Für den kurzfristigen Bereich ist es schwer, Aussagen zu treffen, da im Zeitraum r_{EK5} bei allen Unternehmen die Kapitalkosten der Höhe des risikofreien Zinssatzes entsprechen und die Kapitalkosten im Bereich r_{EK3} ein sehr unterschiedliches Bild aufweisen.

6.2.3 Kapitalkosten der Papierindustrie

Abbildung 102 zeigt die Ergebnisse der Kapitalkostenberechnung für die Unternehmen der Papierindustrie.

Firmenname	rEK 28		rEK 25		rEK 20		rEK 15		rEK 10		rEK 5		rEK 3	
	ku	ko	ku	ko	ku	ko	ku	ko	ku	ko	ku	ko	ku	ko
Procter & Gamble (Mittelwert)	10,30		10,77		10,20		8,08		6,81		6,72		4,23	
Procter & Gamble	9,63	10,98	9,87	11,68	9,04	11,35	6,90	9,26	4,93	8,68	10,03	3,42		
International Paper (Mittelwert)	13,17		14,19		13,50		10,90		11,64		4,67		4,23	
International Paper	12,41	13,92	13,18	15,19	12,25	14,74	9,67	12,13	9,61	13,68				
Georgia-Pacific (Mittelwert)	14,12		15,51		15,63		13,35		15,24		4,67		4,23	
Georgia-Pacific	13,18	15,07	14,24	16,79	14,03	17,22	11,70	14,99	12,61	17,88				
Weyerhaeuser (Mittelwert)	13,56		14,62		14,43		11,60		12,26		4,67		4,23	
Weyerhaeuser	12,86	14,26	13,71	15,52	13,31	15,55	10,46	12,73	10,51	14,01				
Kimberly-Clark (Mittelwert)	10,70		11,36		10,71		8,70		8,35		4,67		4,23	
Kimberly-Clark	10,03	11,37	10,47	12,25	9,64	11,79	7,64	9,76	6,65	10,05				
Stora Enso (Mittelwert)	n.a.		n.a.		n.a.		9,11		10,24		4,58		10,52	
Stora Enso							7,91	10,31	8,12	12,37			7,01	14,02
UPM-Kymmene (Mittelwert)	n.a.		n.a.		n.a.		n.a.		10,52		4,58		10,79	
UPM-Kymmene									8,66	12,38			7,40	14,19
Svenska Cellulosa (Mittelwert)	n.a.		n.a.		11,27		8,04		8,94		4,58		6,76	
Svenska Cellulosa					9,48	13,07	7,10	8,98	7,41	10,47			4,60	8,92
Nippon Paper Group (Mittelwert)	n.a.		n.a.		n.a.		n.a.		n.a.		n.a.		3,19	
Nippon Paper Group													2,07	4,31
Oji Paper (Mittelwert)	n.a.		n.a.		3,01		2,49		1,71		1,31		2,66	
Oji Paper													1,47	3,86
Smurfit-Stone Cont. (Mittelwert)	n.a.		n.a.		n.a.		n.a.		12,59		4,67		4,23	
Smurfit-Stone Cont.									9,72	15,46				

Mead-Westvaco	13,64			14,69			14,65			11,81			12,39			4,67	4,23		
	12,76	14,52		13,56	15,82		13,29	16,01		10,46	13,16		10,23	14,55					
Amcor	10,38			11,15			10,47			8,46			7,95			4,67	4,23		
	9,66	11,10		10,21	12,09		9,35	11,60		7,48	9,44		6,40	9,51					
M-real	n.a.			n.a.			n.a.			9,25			10,33			4,58	9,32		
										7,94	10,56		8,04	12,62			5,81	12,82	
Anglo American	n.a.			n.a.			n.a.			n.a.			9,88			4,58	8,34		
													7,38	12,37			4,49	12,19	
Worms & Cie	n.a.			n.a.			n.a.			n.a.			n.a.			4,58	8,49		
																	6,05	10,94	
Sappi	n.a.			n.a.			n.a.			n.a.			9,87			4,67	4,23		
													6,77	12,96					
Abitibi Consolidated	11,78			12,81			12,34			10,38			12,09			4,67	4,23		
	10,80	12,76		11,52	14,10		10,71	13,97		8,90	11,87		9,69	14,50					
Domtar	12,03			13,12			12,43			9,22			10,01			4,67	4,23		
	11,14	12,92		11,95	14,30		10,97	13,90		7,75	10,69		7,91	12,10					
Norske Skog.	n.a.			n.a.			n.a.			n.a.			11,26			4,58	13,15		
													9,52	13,00			9,83	16,48	
Daio Paper	n.a.			n.a.			n.a.			2,49			1,71			1,31	2,51		
																	1,34	3,68	
Bowater Incorp.	n.a.			n.a.			13,94			11,05			11,07			4,67	4,23		
							12,57	15,31		9,68	12,42		8,99	13,14					

Abbildung 102: Historische Kapitalkosten der Papierindustrie für verschiedene Beobachtungszeiträume[505]

Wie schon bei den Unternehmen der Druckmaschinenindustrie zeigt sich auch hier, dass die mittleren Kapitalkosten der japanischen Unternehmen, abgesehen von der Periode der letzten drei Jahre, den Kosten für das risikolose Kapital entsprechen.

Über die Höhe der Kapitalkostensätze der Branchenführer in der Papierindustrie lässt sich kein einheitliches Bild formen, selbst wenn man die japanischen Unternehmen außer Acht lässt. Einzig für die wahrscheinliche Bandbreite, in der die Kapitalkosten in der jeweiligen Periode wahrscheinlich liegen, lässt sich sagen, dass auch bei der Papierindustrie die Intervallgrenzen mit Abnahme der Periodenlänge weiter auseinander liegen. Die Schwankungsbreite der Kapitalkostensätze liegt, ausgehend von ihren Mittelwerten, im langfristigen Bereich bei rund fünf Prozent, in den mittel-

[505] Quelle: Eigene Darstellung.

und kurzfristigen Zeiträumen sogar noch höher. Damit erscheint eine Einzelbetrachtung jedes Unternehmens bezüglich seiner Kapitalkosten sinnvoll.

6.3 Zusammenfassung und Einordnung der Ergebnisse

Die Darstellung der Ergebnisse aus der Kapitalkostenberechnung erfolgte bisher nur im Rahmen der untersuchten Industriesektoren. In diesem Abschnitt der Arbeit sollen nun diese Erkenntnisse in einen größeren Zusammenhang gestellt werden. Um die Zahlen besser einordnen und interpretieren zu können, werden in den nachfolgenden Unterpunkten zuerst die Kapitalkosten anderer Branchen ermittelt und anschließend die Ergebnisse einer Befragung der in Kapitel 6.2 untersuchten Unternehmen vorgestellt. Schließlich wird der Versuch unternommen, die gewonnenen Erkenntnisse zu vergleichen und zusammenzufassen.

6.3.1 Ermittlung branchenspezifischer Kapitalkostensätze

Die Kapitalkosten anderer Industriezweige werden hier nur vereinfacht dargestellt, da dies als ausreichend erachtet wird, um eine globale Einordnung treffen zu können. Mit den aus Kapitel 5.3.2 bekannten Betafaktoren für die zehn Sektorenindizes von Morgan Stanley Capital International werden die Kapitalkosten der anderen Branchen bestimmt. Als Marktrendite werden dazu in die Formel des CAPM die Performance des MSCI-World[506] und als risikofreier Zins die Rendite der US-Staatsanleihen eingesetzt.[507] Die US-Treasury Bonds werden deshalb verwendet, weil alle Sektorenindizes in US-Dollar notiert sind und deshalb ein potentieller Anleger dem amerikanischen Zinsrisiko unterliegt.

Abbildung 103 zeigt die Ergebnisse der Kapitalkostenberechnung für die verschiedenen Branchen und zusätzlich zum Vergleich die des MSCI Paper & Forest Products (World und Europe)[508]. Die fettgedruckten Werte in der Spalte r_{EK5} sind nicht die Er-

[506] Siehe Kapitel 6.1.2.
[507] Siehe Kapitel 6.1.1.
[508] Bei der Kapitalkostenberechnung für den MSCI- Europe Paper & Forest Products wurde als Marktrendite nicht wie bei den anderen Indizes der MSCI-World, sondern der MSCI-Europe notiert in US-Dollar verwendet.

gebnisse der Berechnungen, sondern entsprechen der geometrischen Durchschnittsrendite amerikanischer Staatsanleihen im Vergleichszeitraum.[509]

MSCI-World Sector Index	r_{EK} 10	r_{EK} 5	r_{EK} 3
Energy	7,39	**4,67**	6,47
Materials	8,35	**4,67**	7,47
Industrials	8,42	**4,67**	7,38
Consumer Discretionary	8,80	**4,67**	7,61
Consumer Staples	6,79	**4,67**	5,87
Health Care	6,91	**4,67**	6,08
Financials	8,81	**4,67**	7,90
Information Technology	11,09	**4,67**	9,53
Telecommunication Services	8,77	**4,67**	8,78
Utilities	6,74	**4,67**	6,57
World-Paper & Forest Products	8,55	**4,67**	7,36
Europe-Paper & Forest Products	10,59	**4,67**	10,67

Abbildung 103: Historische Kapitalkosten der verschiedenen Industriesektoren für verschiedene Beobachtungszeiträume im Vergleich[510]

Bei näherer Betrachtung von Abbildung 103 fällt sofort auf, dass die Kapitalkosten von r_{EK3} gegenüber r_{EK10} rund ein Prozent niedriger sind.[511] Ursache dafür ist, dass die risikolose Verzinsung im Vergleichszeitraum um rund ein Prozent gesunken und gleichzeitig auch die Marktrendite um die gleiche Differenz zurückgegangen ist. Bei ähnlichen Betafaktoren in den Vergleichsperioden ändern sich so die Kapitalkosten aller Branchen nach unten, obwohl sich das Risikomaß der einzelnen Branchen, ausgedrückt im Betafaktor, kaum verändert hat.

Abbildung 104 zeigt die Renditen der Benchmarkindizes und die risikolosen Zinssätze zum Vergleich in einer Tabelle. Dadurch ist es leichter, die Renditedifferenz zwischen den einzelnen Indizes und die Zinsentwicklung zu erkennen.

---

509 Zur Begründung, wann die Ergebnisse der Kapitalkostenberechnung durch den risikolosen Zinssatz ersetzt werden müssen, siehe Kapitel 6.2.1.

510 Quelle: Eigene Darstellung.

511 Mit Ausnahme der Kapitalkosten des Europe-Paper & Forest Products, welche, wie oben erwähnt, auf einer anderen Zahlenbasis berechnet wurden.

Jahr	MSCI World	MSCI USA	Zins USA	MSCI Europe	Zins Europa	MSCI Japan	Zins Japan
1995-2004	8,53	12,07	5,29	10,93	5,02	-1,92	1,71
2000-2004	-2,05	-3,20	4,67	0,42	4,58	-6,29	1,31
2002-2004	7,44	3,38	4,23	11,43	4,29	3,52	1,19

Abbildung 104: Marktrenditen und risikolose Zinssätze für verschiedene Beobachtungszeiträume im Vergleich[512]

Vergleicht man den MSCI-World und den MSCI-USA, erkennt man einen Renditeunterschied im zehnjährigen Bereich von rund minus 3,5 Prozent und im Dreijahreszeitraum von rund plus vier Prozent. Dies erklärt die teilweise sehr unterschiedlichen Kapitalkostensätze der einzelnen Aktien gegenüber den Indizes in den verschiedenen Beobachtungszeiträumen, obwohl der Betafaktor als Risikomaß für das einzelne Unternehmen gar nicht so stark schwankte. Gleiches gilt für den Vergleich von MSCI-Europe und MSCI-USA in der Periode der letzten drei Jahre. Während das Zinsniveau ungefähr gleich hoch ist, ergibt sich bei der Marktrendite ein Unterschied von rund plus acht Prozentpunkten und gegenüber dem MSCI-World von ca. plus vier Prozentpunkten.

Der Branchenvergleich zeigt erwartungsgemäß, dass sich die untersuchten Unternehmen mit ihren Kapitalkosten im Mittelfeld aller Branchen befinden.[513] Dies soll und kann aber nicht über die Tatsache hinwegtäuschen, dass die Kapitalkosten der Unternehmen im Vergleich untereinander hohen Schwankungsbreiten unterliegen. Diese werden jedoch nicht hauptsächlich durch das Risikomaß β der einzelnen Unternehmen sondern, wie gezeigt, durch die stark voneinander abweichenden Marktrenditen verursacht.

6.3.2 Ergebnisse der Befragung

In den vorangegangenen Abschnitten sind die ex post Kapitalkosten der Unternehmen aufgrund von Börsendaten berechnet worden. Als Ergebnis steht die Verzinsung zur Verfügung, welche ein rationaler Investor mindestens für sein Eigenkapital

---

[512] Quelle: Eigene Darstellung.

[513] Erwartungsgemäß deshalb, weil schon die Betafaktoren im Kapitel 5.3.2 im Mittelfeld aller Branchen gelegen sind und die anderen Einflussfaktoren auf alle gleich wirken.

von dem betreffenden Unternehmen fordern, bzw. welche Verzinsung das Unternehmen mindestens, bezogen auf sein eingesetztes Kapital, erwirtschaften muss.

Damit drängt sich die Frage auf, wie die verschiedenen Sachverhalte der Bewertung und der Verzinsung in der Praxis bei den untersuchten Unternehmen behandelt werden. Um dies zu ergründen, wurde ein Fragebogen[514] an die Abteilung Investor Relations von 40 der 42 Unternehmen verschickt.[515] Der Untersuchungszeitraum der Studie inklusive einer Nachfassaktion erstreckte sich von Juni bis Mitte August 2005. Insgesamt beteiligten sich zehn Unternehmen aus allen drei Branchen und Regionen, was einer Rücklaufquote von 25 Prozent entspricht. Die Befragung erhebt keinen Anspruch auf eine statistisch abgesicherte vollständige Repräsentativität der Ergebnisse, kann aber einen ersten Einblick in die Bewertungspraxis geben.

Der Fragebogen war in zwei Abschnitte gegliedert. Der erste Teil befasste sich mit Fragen zur Bewertung von Investitionen, der zweite Abschnitt mit Kapitalstruktur und Kapitalkosten des Unternehmens. In Teil eins bezog sich die erste Frage auf die Anwendung von Bewertungsverfahren bei Investition in andere Unternehmen. Alle befragten Unternehmen haben diesen Punkt beantwortet, wobei Mehrfachnennungen möglich waren. Abbildung 105 zeigt grafisch veranschaulicht das Ergebnis der Antworten. Dabei zeigt sich, dass die Discounted-Cash-Flow-Methode (DCF) von fast allen Teilnehmern der Studie eingesetzt wird. Nur ein Unternehmen gab bei dieser Frage an, sich ausschließlich auf Vergleichszahlen zu beziehen. Fünf Befragte sagten aus, sie nutzten nur die DCF-Methode und vier gaben mehrere Antworten. Als „sonstige Verfahren“ wurde die Methode des Internal Rate of Return (IRR) genannt.

---

[514] Der Fragebogen ist in der Anlage 8 beigefügt.

[515] Auf die Befragung von Creo wurde verzichtet, da die Firma mittlerweile von Kodak übernommen wurde. Bei Daio Paper ist die Webseite ausschließlich in japanischer Sprache gehalten und machte so die Adressermittlung schwierig.

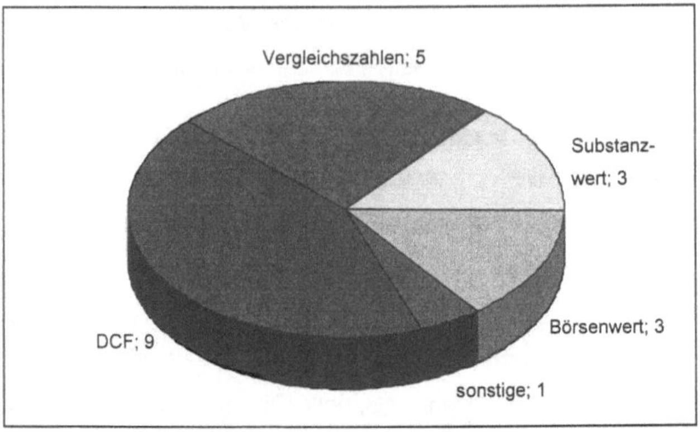

Abbildung 105: Eingesetzte Bewertungsverfahren bei Investitionen in andere Unternehmen[516]

Die zweite Frage zielte auf die eingesetzten Rechenverfahren bei der Bewertung von Investitionen in Investitionsgüter ab. Auch zu dieser Frage haben sich alle beteiligten Unternehmen geäußert. Vier Firmen gaben dabei an, nur die Net-Present-Value-Methode (NPV) und zwei nur die Internal-Rate-of-Return-Methode zu verwenden. Mehrfachnennungen waren möglich. Abbildung 106 zeigt die Ergebnisse zu dieser Frage graphisch veranschaulicht. Als „sonstige" wurde von einem Teilnehmer neben der IRR-Methode das Payback-Verfahren genannt.

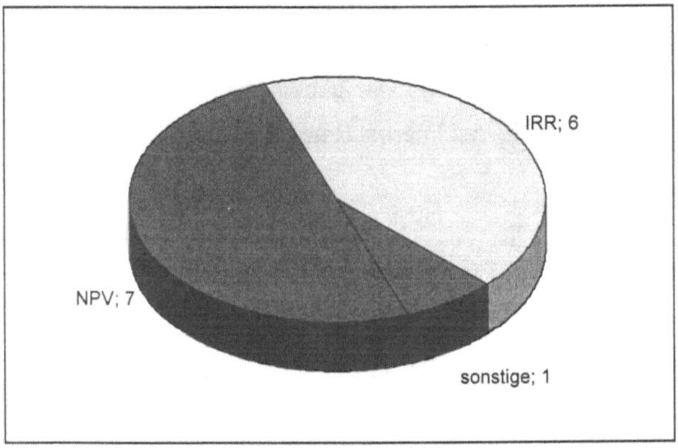

Abbildung 106: Eingesetzte Investitionsrechenverfahren[517]

[516] Quelle: Eigene Darstellung.
[517] Quelle: Eigene Darstellung.

Die letzte Frage des ersten Teils, ob zur Bewertung von Investitionen zukünftige Cashflows abgezinst werden, beantworteten neun Teilnehmer mit „ja“ und einer mit „nein“. Zur Höhe des Zinssatzes gab ein Befragter sieben Prozent an, einer machte zu diesem Punkt keine Angaben. Die restlichen sieben Unternehmen gaben an, weiter projekt- und länderspezifische Risiken mit in den jeweiligen verwendeten Zins einfließen zu lassen. Zusätzlich wurde das Zinsniveau des betreffenden Landes, in dem das Investment getätigt werden soll, als Einflussfaktor genannt.

Der zweite Abschnitt der Studie fokussierte die Kapitalstruktur und Kapitalkosten der Unternehmen. Abbildung 107 zeigt die Ergebnisse auf die Frage, ob ein konstantes Verhältnis von Fremd- zu Eigenkapital angestrebt wird. Ein Unternehmen machte keine Angaben, zwei Konzerne verwiesen auf die Tatsache, dass die Kapitalstruktur bei ihnen keinen festen Vorgaben unterliegt. Von den sieben Unternehmen, die ein vorgegebenes Verhältnis von Fremd- zu Eigenkapital anstreben, gaben drei Befragte einen Zielkorridor für die Kapitalstruktur an.

Verhältnis Fremd- / Eigenkapital	7:3	6:4	5:5	4:6	3:7
Unternehmen 1	k.a.				
Unternehmen 2	x				
Unternehmen 3	x	x			
Unternehmen 4			x		
Unternehmen 5	Es wird keine feste Kapitalstruktur angestrebt.				
Unternehmen 6		x	x		
Unternehmen 7	Es wird keine feste Kapitalstruktur angestrebt.				
Unternehmen 8	25% - 50% Eigenkapitalquote.				
Unternehmen 9				x	
Unternehmen 10				x	

Abbildung 107: Angestrebtes Verhältnis von Fremd- zu Eigenkapital[518]

Abschließend wurde die Frage nach dem gewichteten Kapitalkostensatz (Weighted Average Cost of Capital, WACC)[519] gestellt. Ein Unternehmen machte zu diesem Punkt keine Angaben und ein weiterer Teilnehmer erklärte, dass bei ihm kein einheitlicher, konzernweit geltender WACC „diskutiert“ werde. In Abbildung 108 sind die

[518] Quelle: Eigene Darstellung.
[519] Siehe Kapitel 3.1.2.

Antworten der restlichen acht Konzerne nach der Höhe des angegebenen WACC sortiert dargestellt.[520]

Unternehmen	A	B	C	D	E	F	F	H
WACC in Prozent	6	7	7,5	8,7	8-9	9	10	10,9

Abbildung 108: Angegebener WACC der befragten Unternehmen[521]

Die Spanne, in der sich Kapitalkostensätze bewegen, ist mit fast fünf Prozentpunkten zu breit um einen einheitlichen Prozentsatz ableiten zu können. Trotzdem lassen sich Schlüsse aus den Ergebnissen der Befragung ziehen. Bei einem durchschnittlichen Zinsniveau für 10-jährige Staatsanleihen in den letzten drei Jahren von 1,19% in Japan, 4,29% in Europa und 4,23% die den USA,[522] liegt selbst der mit sechs Prozent niedrigste angegebene Wert für den WACC deutlich über der Rendite für die risikolose Verzinsung. Einen Vergleich mit der Marktrendite im gleichen Zeitraum zu ziehen erscheint wegen der Börsenturbulenzen in jüngster Vergangenheit nicht sinnvoll. Blickt man jedoch etwas weiter zurück, kommt der Durchschnittswert der Angaben aus Abbildung 108 mit ca. 8,3 Prozent der 10-jährigen Marktrendite des MSCI-World von rund 8,5 Prozent sehr nahe.

6.3.3 Befragungsergebnisse versus CAPM-basierte Eigenkapitalkosten

Vergleicht man die Ergebnisse der Befragung mit den CAPM basierten Kapitalkostensätzen, ergibt sich kein einheitliches Bild. Aufgrund der massiven Verwerfungen am Aktienmarkt und den damit verbundenen hohen Kursverlusten ist es kaum möglich, im Zeitraum der letzten fünf Jahre und im japanischen Raum generell mit dem CAPM Kapitalkostensätze zu ermitteln.

Betrachtet man längere Zeiträume, korrespondieren die angegebenen WACC-Sätze ungefähr mit den für Europa und die USA ermittelten Kosten. Zur Verdeutlichung

[520] Unternehmen A ist absichtlich nicht deckungsgleich mit Unternehmen 1 aus Abbildung 107, um keine Rückschlüsse auf die Identität der Teilnehmer zu erlauben. Die Sortierung erfolgte ausschließlich nach der Höhe des WACC.
[521] Quelle: Eigene Darstellung.
[522] Siehe Abbildung 93 in Kapitel 6.1.1.

dieser Aussage ist nachfolgend das Zahlenbeispiel zum WACC[523] mit den durchschnittlichen Ergebnissen aus diesem Kapitel versehen.

Beispiel:

Für die Unternehmen im europäischen Raum liegen die durchschnittlichen, mit dem CAPM ermittelten Kapitalkosten der letzten 10 Jahre bei ca. 10,6 Prozent. Die Verzinsung deutscher Staatsanleihen betrug im gleichen Zeitraum 5,02 Prozent. Schlägt man für die tatsächlichen Finanzierungskosten der Unternehmen knapp 2,5 Prozentpunkte auf, erhält man einen ungefähren Fremdkapitalkostensatz von 7,5 Prozent. Die Umfrage bei den Unternehmen lässt realistisch die Annahme zu, eine Kapitalstruktur von 6:4 zu unterstellen.[524] Berücksichtigt man schließlich einen Grenzsteuersatz von 42 Prozent, ergibt sich somit ein WACC von 6,9 Prozent.

Kapitalquelle	Anteil am Gesamtkapital	Opportunitätskosten	Steuersatz	Kosten nach Steuern	Anteil am gewichteten Mittelwert
Fremdkapital	60	7,5	42,0	4,4	2,6
Eigenkapital	40	10,6		10,6	4,2
		Gewichteter Kapitalkostensatz (WACC):			6,9

Abbildung 109: Durchschnittlicher WACC im europäischen Raum[525]

Der WACC wird maßgeblich vom Steuersatz und der Kapitalstruktur beeinflusst. Nimmt man den Steuersatz als feste Größe an, steigt und fällt der WACC entscheidend bei einer Veränderung der Kapitalstruktur. Bezieht man zur Ermittlung der Eigenkapitalkosten die per Umfrage gewonnenen Erkenntnisse zur Kapitalstruktur und den gewichteten Kapitalkostensätzen mit ein, erhält man Werte in ähnlicher Höhe, wie sie mit dem CAPM im langfristigen Bereich errechnet wurden.

---

523 Siehe Kapitel 3.1.2.
524 Siehe Abbildung 107.
525 Quelle: Eigene Darstellung.

7 Zusammenfassung und Ausblick

In den vorangegangenen Kapiteln dieser Arbeit wurde dargelegt, wie Unsicherheit bei Investitionsentscheidungen berücksichtigt werden kann. In diesem Kapitel werden die in dieser Arbeit gewonnenen Forschungsergebnisse abschließend zusammengefasst dargestellt und diskutiert. Im Anschluss an die Diskussion wird kurz skizziert, wie auf Grundlage der Ergebnisse weitere Forschungsvorhaben initiiert werden können.

7.1 Resümee der Ergebnisse

Als erstes Ergebnis lässt sich festhalten, dass es in dieser Arbeit gelungen ist, die Modellannahmen des CAPM zu operationalisieren und die Betafaktoren für den gewählten Kreis der Unternehmen in der überwiegenden Zahl der Fälle befriedigend zu schätzen. Die ausgewerteten statistischen Kenngrößen lassen nur in ganz wenigen Fällen Zweifel an der Schätzgüte zu. Die untersuchten Parameter befinden sich im Einklang mit anderen Untersuchungen[526] und lassen auf belastbare Ergebnisse schließen. Das verwendete Rechenschema ist nicht auf die untersuchten Unternehmen beschränkt und kann somit auch für die Berechnung von Betafaktoren anderer Branchen, z.B. der Automobilindustrie verwendet werden.

Die Untersuchung der Stabilität der Betafaktoren im Zeitablauf, durchgeführt anhand sich um ein Jahr überschneidender Vierjahresintervalle, ergab mittlere Betafaktoren für die holzverarbeitende Industrie von 0,83, für die Druckmaschinenindustrie von 0,95 und für die Papierindustrie von 0,92. Diese Ergebnisse decken sich ungefähr mit dem für den MSCI-Paper & Forest Products ermittelten Wert. Dass die Betafaktoren nahe beieinander liegen und ähnliche Risikostrukturen und Schwankungsbreiten aufweisen, deutet darauf hin, dass der allgemeine Markt die holzverarbeitenden Industrie, die Druckmaschinenindustrie und die Papierindustrie in die gleiche Risikoklasse einstuft.

---

[526] Siehe u. a. Frantzmann, Hans-Jörg: Zur Messung des Marktrisikos deutscher Aktien, in: Zeitschrift für betriebswirtschaftliche Forschung (ZfbF): 1990, Band 42, S. 67-83 oder Zimmermann, Peter: Schätzung und Prognose von Betawerten, 1997.

Ein weiteres Ergebnis der Arbeit ist die Aufdeckung der Tatsache, dass die untersuchten Unternehmen mit einem durchschnittlichen Betafaktor von knapp unter eins einem ähnlich hohen Risiko wie der Durchschnitt aller Branchen unterliegen. Im Gegensatz dazu hat z.B. die Health-Care-Branche einen Betafaktor von nur etwa 0,5 – wird also vom Markt als deutlich weniger risikoreich eingestuft. Es scheint folglich zumindest für die holzverarbeitende Industrie und die Papierindustrie im Bezug auf die Risikoklassifizierung kaum eine Bedeutung zu haben, dass der wichtige Rohstoff Holz sehr langen Produktionszeiten unterliegt.

Bedingt durch die großen Kursschwankungen in den letzten Jahren ist für die Periode vom Jahr 2000-2004 kaum eine sinnvolle Kapitalkostenschätzung mit dem CAPM möglich. Die errechneten Kapitalkostensätze liegen fast ausnahmslos unter dem risikofreien Zins im Vergleichszeitraum, der immer die Untergrenze für die Renditeforderung eines Eigenkapitalgebers darstellt. Die Marktverwerfungen der letzten Jahre führen zusätzlich dazu, dass die Bandbreite, in der die Eigenkapitalkosten mit einer Wahrscheinlichkeit von 95 Prozent liegen, mit Abnahme der untersuchten Periodenlänge deutlich zunimmt. Zwar ist für die Mittelwerte der Schätzung bei den einzelnen Unternehmen ein Trend erkennbar, jedoch mit dem gerade beschriebenen Effekt der Verbreiterung des möglichen Schwankungsintervalls. Im mittel- und langfristigen Bereich liegen die ex post Eigenkapitalkosten der untersuchten Unternehmen im Durchschnitt deutlich über zehn Prozent. Da die Eigenkapitalkostensätze einer sehr breiten Streuung unterliegen, erscheint es sinnvoll, eine Einzelbetrachtung für jedes Unternehmen vorzunehmen.

Da Unternehmen aus verschiedenen Erdteilen untersucht wurden, ist das Marktportfolio mit Indices von MSCI für die Regionen USA, Europa und Japan getrennt approximiert worden. Will man die Ergebnisse zusammenführen, wird deutlich, dass die Approximation des Marktportfolios erheblichen Einfluss auf das Schätzergebnis hat. Dieses bisher wenig in der Literatur zum CAPM beschriebene Problem tritt dadurch zu Tage, dass in dieser Arbeit nicht nur, wie in den meisten Studien, die Betafaktoren für die Unternehmen bestimmt, sondern zusätzlich auch die jeweiligen Eigenkapitalkosen berechnet wurden. Frantzmann stellt unter anderem in seiner häufig zitierten Studie für den deutschen Markt fest: „Die relative Einschätzung des Marktrisikos einer Aktie ist [...] praktisch unabhängig vom verwendeten Marktindex."[527] Dies gilt aber nicht mehr, wenn die Eigenkapitalkosten tatsächlich ex post berechnet werden sollen, da die Marktrenditen und teilweise auch die risikofreie Verzinsung, wie in dieser Arbeit gezeigt, zum Teil sehr deutlich voneinander abweichen.[528]

Als wichtigstes Ergebnis der Befragung ist festzuhalten, dass 90 Prozent der Teilnehmer erklärten, die DCF-Methoden bei Bewertung von Investitionen in andere Unternehmen zu verwenden. 50 Prozent der ausgewerteten Unternehmen gaben sogar an, ausschließlich die Methoden des Discounted-Cash-Flow zu verwenden. Für die Investitionsgüterbewertung setzen 70 Prozent der antwortenden Unternehmen auch die Net-Present-Value-Methode ein. Da für die Anwendung dieser Verfahren ein plausibler Zinssatz zum Diskontieren benötigt wird, unterstreichen die Ergebnisse der Befragung die Notwendigkeit, die Eigenkapitalkosten möglichst genau zu kennen.

Allgemeingültige oder branchentypische Diskontierungssätze für die Bewertung zukünftiger Cashflows konnten durch die Befragung nicht ermittelt werden. Es zeigte sich, dass die Kapitalstruktur als maßgebliches Element für die Höhe des WACC zwischen den befragten Unternehmen sehr unterschiedlich ist. Zwar gaben 70 Prozent der Teilnehmer an, ein festes Verhältnis von Fremd- zu Eigenkapital anzustreben, die von der Unternehmensleitung vorgegebene Quote selbst ist jedoch sehr unterschiedlich. Der Eigenkapitalanteil liegt je nach Unternehmen zwischen 30 und 60 Prozent. Die unterschiedlich hohen Eigenkapitalquoten, als maßgeblicher Einflussfaktor auf den WACC, lassen demzufolge auf sehr unterschiedlich hohe Sätze für den WACC der einzelnen Unternehmen schließen. Dies bestätigten auch die Antworten auf die Frage des im Unternehmen tatsächlich angesetzten gewichteten Kapitalkostensatzes. Wie schon wegen der unterschiedlich hohen Eigenkapitalquote zu vermuten war, liegen die Angaben zum tatsächlich angewandten WACC in einer Bandbreite von 6-10,9 Prozent. Damit lässt sich als Ergebnis dieser Arbeit sagen, dass die große Abweichung der gewichteten Kapitalkostensätze zueinander nur schwer eine Bestimmung eines branchenspezifischen WACC zulässt.

---

[527] Frantzmann, Hans-Jörg: Zur Messung des Marktrisikos deutscher Aktien, in: Zeitschrift für betriebswirtschaftliche Forschung (ZfbF): 1990, Band 42, S. 67-83, hier S. 73.

[528] Siehe dazu Abbildung 104 in Kapitel 6.3.1.

7.2 Diskussion der Resultate

Die Bestimmung der Eigenkapitalkosten mit Hilfe des nobelpreisgekrönten CAPM ist ein wesentlicher Fortschritt zur Plausibilisierung der Kapitalkosten. Dagegen wirken die subjektiven Risikozuschläge, wie sie meist im Ertragswertverfahren verwendet werden, nicht selten als „gegriffen".[529] Natürlich gibt es auch bei der Bestimmung der Eigenkapitalkosten mit dem CAPM Ermessensspielräume, die es nicht erlauben, „einen" objektiven Kalkulationszinsfuß zu ermitteln. Mandelbrot behauptet sogar, dass durch die Annahme der Gaußverteilung das Risiko für die Zukunft massiv unterschätzt wird.[530] Doch bei aller Kritik am CAPM kann man sagen, dass es „momentan noch am besten geeignet ist, um Alternativrenditen von Eigentümern zu schätzen."[531]

Im Gegensatz zur Portfoliotheorie stellt sich das Problem der Kapitalkosten für die Unternehmensführung etwas anders da. Im Portfoliomanagement dient der Eigenkapitalkostensatz dazu, die Risiko-Ertragsbeziehung zu optimieren. Er sollte deshalb möglichst genau für die Zukunft vorhersehbar sein. Die Unternehmensleitung dagegen benötigt die Eigenkapitalkosten zur Ermittlung des WACC. Dabei bilden die Eigenkapitalkosten nicht einen absoluten Wert ab, sondern fungieren als Untergrenze dessen, was als Mindestrendite erzielt werden muss. Die Unternehmensleitung kann nur solche Projekte auswählen, deren Renditen über den Eigenkapitalkosten liegen. Geht man davon aus, dass ein konstanter Verschuldungsgrad angestrebt wird, bildet der mit Eigen- und Fremdkapitalkosten gebildete WACC die absolute Untergrenze für die Rendite eines Projektes. „Die Kapitalkosten können also als „hurdle rate" des Unternehmens betrachtet werden, die mit der Rentabilität mindestens zu erreichen ist."[532] Gelingt es der Unternehmensführung nicht, genügend solcher Projekte zu initiieren, sollte sie das überschüssige Eigenkapital an ihre Investoren zurückgeben. Wird dies unterlassen, vernichtet die Unternehmensleitung Werte der Investoren.[533]

---

[529] Timmreck, Christian: Bestimmung der Eigenkapitalkosten, in: Richter, Frank / Timmreck, Christian: Unternehmensbewertung, Stuttgart: Schäffer-Poeschel, 2004, S. 61-75, hier S. 61.

[530] Mandelbrot, Bernoit B. / Hudson, Richard: Fraktale und Finanzen, 2005.

[531] Richter, Frank / Simon-Keuenhof, Kai: Bestimmung durchschnittlicher Kapitalkostensätze deutscher Industrieunternehmungen, in: Betriebswirtschaftliche Forschung und Praxis (BFuP): 1996, Band 48, S. 698-708, hier S. 707.

[532] Lewis, Thomas: Steigerung des Unternehmenswertes, 1995, S. 81.

[533] In Deutschland häufen sich in jüngster Zeit Fälle, bei denen Hedge Fonds in Unternehmen mit „zuviel" Eigenkapital einsteigen, um eine Kapitalausschüttung zu erzwingen.

Am Rande sei noch bemerkt, dass die berechneten Eigenkapitalkostensätze guten Gewissens auf höchstens eine Nachkommastelle gerundet werden können, weil die in dieser Arbeit berechneten Kapitalkosten eine Wertuntergrenze für die Investitionsbewertung darstellen. Zwar sollten während der Berechnungen alle Nachkommastellen beachtet werden, beim Endvergleich zwischen verschiedenen Werten sollte jedoch nicht vergessen werden, dass es sich um Schätzgrößen handelt.

Die größten Veränderungen im Ergebnis der Eigenkapitalkostenschätzung lassen sich durch die Wahl des Marktportfolios erzielen. Hier sind die am häufigsten in der Literatur angewendeten Approximationen eher kritisch zu sehen. Es ist nicht einsehbar, warum bei der Bestimmung von ex post Eigenkapitalkosten, für z.B. die letzten vier Jahre, als Marktrendite der Durchschnittswert vom Jahr 1954 bis heute angesetzt wird.[534] Werden Eigenkapitalkosten für eine Periode geschätzt, liegen bei einer ex post Betrachtung die exakten Daten für eine alternative Investition in den Gesamtmarkt im gleichen Zeitraum vor. Es ist daher unverständlich, warum in vielen bisherigen Veröffentlichungen eine von der Periodenlänge nicht deckungsgleich bestimmte Marktrendite unwidersprochen akzeptiert wurde.[535] Denn durch verschieden lange Berechnungsperioden für das Marktportfolio lassen sich so unterschiedliche Marktrenditen festlegen, dass daraus fast beliebig hohe ex post Eigenkapitalkosten für das Unternehmen ableitet werden können.

Manche Autoren begründen die lange in die Vergangenheit zurückreichenden Perioden damit, dass Boomphasen und Crashs sonst zu sehr den Erwartungswert beeinflussen würden.[536] Hier sollte man jedoch - wie in dieser Arbeit getan - besser einräumen, dass in einem solchen Fall keine sinnvolle Schätzung der Eigenkapitalkosten mit dem CAPM möglich ist. Investitionsentscheidungen wirken sich langfristig auf ein Unternehmen aus, Zeiträume von 10 bis 20 Jahren sollten deshalb auch bei der ex post Kapitalkostenschätzung zu Grunde gelegt werden. Länger zurückreichende Perioden erscheinen in Zeiten der Globalisierung, sich verändernder Märkte und des schnellen technologischen Fortschritts als nicht sinnvoll.

---

534 Es gibt auch Autoren, welche die Zeit bis zum Jahr 1926 berücksichtigen.

535 Gleiches gilt für die risikolose Verzinsung, wobei da der Unterschied nicht zu sehr ins Gewicht fällt.

536 Vgl. Baetge, Jörg / Krause, Clemens: Die Berücksichtigung des Risikos bei der Unternehmensbewertung, in: Betriebswirtschaftliche Forschung und Praxis (BFuP): 1994, Band 46, S. 433-456, hier S. 453.

Nicht gelungen ist es in dieser Arbeit, einen allgemeingültigen oder branchentypischen Diskontierungszinssatz zu ermitteln. Zwar liegen die Betafaktoren nahe beieinander und weisen ähnliche Risikostrukturen und Schwankungsbreiten auf, trotzdem sind die Betafaktoren nicht homogen genug, um sie allgemeingültig oder branchenweit anwenden zu können. Vor diesem Hintergrund ist auch der Vorschlag von Praktikern[537] der Unternehmensbewertung eher kritisch zu sehen, für die Bestimmung des Betafaktors auf mehrere „zuverlässige" Quellen zurückzugreifen und bei Abweichungen von mehr als 0,2-0,3 Prozentpunkten den Branchendurchschnitt anzusetzen. Die angeführte Begründung, dass ein Beta des Branchendurchschnitts meist stabiler und zuverlässiger sei als das eines Einzelunternehmens (da sich Messfehler aufheben sollten), muss unter Berücksichtigung der Ergebnisse dieser Arbeit eher kritisch gesehen werden. Vielmehr sollte, wie schon mehrmals erwähnt, für jedes Unternehmen eine Einzelbetrachtung durchgeführt werden.

Gleiches gilt für die mit Hilfe der Betafaktoren bestimmten Eigenkapitalkosten und den daraus resultierenden WACC. Weder die Ergebnisse der Berechnungen der Eigenkapitalkosten aus historischen Börsenkursen noch die Befragung der untersuchten Unternehmen lassen die Ableitung eines branchenspezifischen oder gar eines allgemeingültigen Diskontierungszinssatzes zu. Zwar kann man aus den Ergebnissen einen Durchschnitt ermitteln, den man eventuell bei der Bewertung nicht börsennotierter Unternehmen mitberücksichtigen kann, wegen der teilweise breiten Streuung der Eigenkapitalkostensätze liefert jedoch eine Einzelbetrachtung die geeigneteren Ergebnisse. Gegen die Verwendung eines uniformen Kapitalkostensatzes sprechen sich auch Richter und Simon-Keuenhof aus.[538] Sie zeigen in ihrer für deutsche Unternehmen vorgelegten Studie, dass bei Verwendung eines allgemeingültigen Diskontierungszinssatzes im Jahr 1994 eine Differenz von 2,5 Prozentpunkten vom niedrigsten zum höchsten Wert besteht. Die Höhe der von Richter und Simon-Keuenhof berechneten branchenspezifischen Kapitalkostensätze sind in Abbildung 110 dargestellt.

---

[537] Vgl. Copeland, Tom / Koller, Tim / Murrin, Jack: Unternehmenswert, 2002, S. 274-275.
[538] Vgl. Frank / Simon-Keuenhof, Kai: Bestimmung durchschnittlicher Kapitalkostensätze deutscher Industrieunternehmungen, in: Betriebswirtschaftliche Forschung und Praxis (BFuP): 1996, Band 48, S. 698-708.

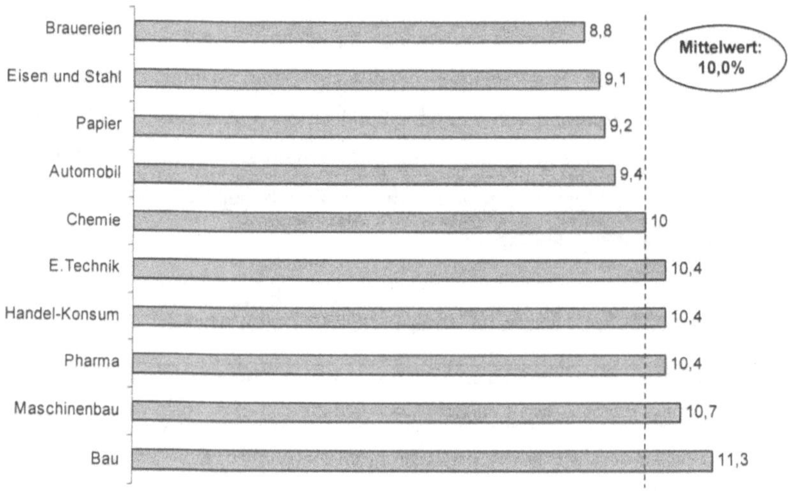

Abbildung 110: Durchschnittliche Kapitalkosten deutscher Unternehmen für das Jahr 1994 in Prozent[539]

Gegen die Verwendung eines einheitlichen Kapitalkostensatzes spricht auch, dass sich die Kapitalstrukturen der einzelnen Unternehmen signifikant voneinander unterscheiden. Für die in dieser Arbeit untersuchten Unternehmen lag der Eigenkapitalanteil zwischen 25 und 60 Prozent am Gesamtkapital, der davon maßgeblich beeinflusste WACC zwischen 6 und 10,9 Prozent. Diese Ergebnisse liegen so weit auseinander, dass man dem einzelnen Unternehmen nicht gerecht wird, wenn man einen allgemeingültigen oder branchenspezifischen Kapitalkostensatz für die Bewertung ansetzen würde.

Abschließend lässt sich festhalten, dass die Bestimmung von Eigenkapitalkosten mit Hilfe des CAPM in der wissenschaftlichen Literatur nach wie vor umstritten ist. Von Praktikern wird das CAPM aber mangels einer besseren Alternative eingesetzt und die Ergebnisse werden weltweit akzeptiert. Die Befragung der in dieser Arbeit untersuchten Unternehmen hat unter anderem auch ergeben, dass die Discounted-Cash-Flow-Methode von fast allen Unternehmen eingesetzt wird. Somit ergibt sich die

[539] Quelle: In enger Anlehnung an Frank / Simon-Keuenhof, Kai: Bestimmung durchschnittlicher Kapitalkostensätze deutscher Industrieunternehmungen, in: Betriebswirtschaftliche Forschung und Praxis (BFuP): 1996, Band 48, S. 698-708, hier S. 705.

Notwendigkeit, einen plausiblen und nachvollziehbaren Diskontierungszinssatz zu bestimmen, um die DCF-Methode anwenden zu können. In der vorliegenden Arbeit sind für die untersuchten Branchen die Eigenkapitalkosten erstmals umfangreich und ausführlich für den Zeitraum von 1977 bis 2004 untersucht worden. Die Ergebnisse sind zwar eine ex post Betrachtung, trotzdem könnten sie die Basis für zukünftige Investitionsentscheidungen bilden und zum Verständnis der notwendigen Höhe von Eigenkapitalrentabilitäten beitragen.

7.3 Ansatzpunkte für weitere wissenschaftliche Forschungen

Auf Basis dieser Arbeit ergeben sich eine Reihe von Anknüpfungspunkten für weitere wissenschaftliche Forschungsarbeiten. Ein Ansatz ist, sich den Ergebnissen der CAPM-basierten Berechnung der Kapitalkosten auf dem Weg der Bilanzanalyse zu nähern. Dafür könnten die (öffentlich zugänglichen) Bilanzen der in dieser Studie untersuchten Unternehmen hinsichtlich ihrer Kapitalstruktur bzw. ihres Kapitalstrukturverlaufes im Untersuchungszeitraum ausgewertet werden.

Darauf aufbauend sollten das Kreditrating, die daraus resultierenden Zinsaufwendungen für Fremdkapital und die daraus entstehenden Fremdkapitalkosten nach Steuern untersucht werden. Ergibt sich so ein genaues Bild von den Fremdkapitalkosten, kann mit dem Wissen um die Kapitalstruktur und den in dieser Arbeit ermittelten Eigenkapitalkosten der durchschnittliche Kapitalkostensatz (WACC) für die einzelnen Unternehmen und Branchen bestimmt werden. Der so durch eine empirische Erhebung abgesicherte Zinsfuß entspricht dann im Idealfall der durchschnittlichen Mindestrendite aller in diesen Branchen durchgeführten Projekte. Des Weiteren könnte mit Kenntnis eines solchen Diskontierungszinssatzes eine (fast) einheitliche Untergrenze für die Beurteilung der Wirtschaftlichkeit von Investitionsvorhaben gewonnen werden.

Ein weiterer Ausgangspunkt für neue Projekte ist die Erforschung von Gründen, welche den akzeptierten signifikanten Renditeunterschied zwischen Kapitalanlagen in Unternehmen der forstnahen Branchen und deutschen Waldeigentümern erklären. Während in dieser Arbeit Eigenkapitalverzinsungen von über 10 Prozent für die letzten 20 Jahre ermittelt wurden, liegt die Rendite für Waldeigentümer nach Unternehmenssteuern, aber vor Individualsteuern im Vergleichszeitraum bei rund 2,7-4,4%.[540] Da diese Verzinsung des Eigenkapitals teilweise sogar deutlich unter der Rendite risikoloser (Geld-) Anlagen liegt, muss es weitere, sich nicht durch den Holzerlös erklärende monetäre Faktoren (z.B. Grundstücksspekulation) oder nicht-monetäre Faktoren (z.B. Tradition, gesellschaftspolitische Verantwortung) geben, die eine großflächige Desinvestition bei Waldeigentum verhindern und damit den automatischen Renditeanpassungsprozess an die forstnahen Bereiche verhindern.

---

[540] Vgl. Weber, Matthias-Wilbur: Portefeuille- und Real-Optionspreis-Theorie und forstliche Entscheidungen, 2002, S. 174.

Anhang

Anlage 1: Verteilungsfunktion der Standardnormalverteilung:[541]

$$\Phi(x) = \frac{1}{\sqrt{2\pi}} \int_{-\infty}^{x} e^{-t^2/2} dt$$

Für x < 0 verwendet man wegen der Symmetrie: $\Phi(-x) = 1 - \Phi(x)$.

x	0	1	2	3	4	5	6	7	8	9
0,0	0,5000	0,5040	0,5080	0,5120	0,5160	0,5199	0,5239	0,5279	0,5319	0,5359
0,1	0,5398	0,5438	0,5478	0,5517	0,5557	0,5596	0,5636	0,5675	0,5714	0,5753
0,2	0,5793	0,5832	0,5871	0,5910	0,5958	0,5987	0,6026	0,6064	0,6103	0,6141
0,3	0,6179	0,6217	0,6255	0,6293	0,6331	0,6368	0,6406	0,6443	0,6480	0,6517
0,4	0,6554	0,6591	0,6628	0,6664	0,6700	0,6736	0,6772	0,6808	0,6844	0,6879
0,5	0,6915	0,6950	0,6985	0,7019	0,7054	0,7088	0,7123	0,7157	0,7190	0,7224
0,6	0,7257	0,7291	0,7324	0,7357	0,7389	0,7422	0,7454	0,7486	0,7517	0,7549
0,7	0,7580	0,7611	0,7642	0,7673	0,7703	0,7734	0,7764	0,7794	0,7823	0,7852
0,8	0,7881	0,7910	0,7939	0,7967	0,7995	0,8023	0,8051	0,8078	0,8106	0,8133
0,9	0,8159	0,8186	0,8212	0,8238	0,8264	0,8289	0,8315	0,8340	0,8365	0,8389
1,0	0,8413	0,8438	0,8461	0,8485	0,8508	0,8531	0,8554	0,8577	0,8599	0,8621
1,1	0,8643	0,8665	0,8686	0,8708	0,8729	0,8749	0,8770	0,8790	0,8810	0,8830
1,2	0,8849	0,8869	0,8888	0,8907	0,8925	0,8944	0,8962	0,8980	0,8997	0,9015
1,3	0,9032	0,9049	0,9066	0,9082	0,9099	0,9115	0,9131	0,9147	0,9162	0,9177
1,4	0,9192	0,9207	0,9222	0,9236	0,9251	0,9265	0,9279	0,9292	0,9306	0,9319
1,5	0,9332	0,9345	0,9357	0,9370	0,9382	0,9394	0,9406	0,9418	0,9429	0,9441
1,6	0,9452	0,9463	0,9474	0,9484	0,9495	0,9505	0,9515	0,9525	0,9535	0,9545
1,7	0,9554	0,9564	0,9573	0,9582	0,9591	0,9599	0,9608	0,9616	0,9625	0,9633
1,8	0,9641	0,9649	0,9656	0,9664	0,9671	0,9678	0,9686	0,9693	0,9699	0,9706
1,9	0,9713	0,9719	0,9726	0,9732	0,9738	0,9744	0,9750	0,9756	0,9761	0,9767
2,0	0,9772	0,9778	0,9783	0,9788	0,9793	0,9798	0,9803	0,9808	0,9812	0,9817
2,1	0,9821	0,9826	0,9830	0,9834	0,9838	0,9842	0,9846	0,9850	0,9854	0,9857
2,2	0,9861	0,9864	0,9868	0,9871	0,9875	0,9878	0,9881	0,9884	0,9887	0,9890
2,3	0,9893	0,9896	0,9898	0,9901	0,9904	0,9906	0,9909	0,9911	0,9913	0,9916
2,4	0,9918	0,9920	0,9922	0,9925	0,9927	0,9929	0,9931	0,9932	0,9934	0,9936
2,5	0,9938	0,9940	0,9941	0,9943	0,9945	0,9946	0,9948	0,9949	0,9951	0,9952
2,6	0,9953	0,9955	0,9956	0,9957	0,9959	0,9960	0,9961	0,9962	0,9963	0,9964
2,7	0,9965	0,9966	0,9967	0,9968	0,9969	0,9970	0,9971	0,9972	0,9973	0,9976
2,8	0,9974	0,9975	0,9976	0,9977	0,9977	0,9978	0,9979	0,9979	0,9980	0,9981
2,9	0,9981	0,9982	0,9982	0,9983	0,9984	0,9984	0,9985	0,9985	0,9986	0,9986
3,0	0,9987	0,9987	0,9987	0,9988	0,9988	0,9989	0,9989	0,9989	0,9990	0,9990
3,1	0,9990	0,9991	0,9991	0,9991	0,9992	0,9992	0,9992	0,9992	0,9993	0,9993
3,2	0,9993	0,9993	0,9994	0,9994	0,9994	0,9994	0,9994	0,9995	0,9995	0,9995
3,3	0,9995	0,9995	0,9996	0,9996	0,9996	0,9996	0,9996	0,9996	0,9996	0,9997
3,4	0,9997	0,9997	0,9997	0,9997	0,9997	0,9997	0,9997	0,9997	0,9998	0,9998

[541] Vgl. Råde, Lennart / Westergren, Bertil - aus dem Englischen übersetzt von: Vachenauer, Peter: Springers mathematische Formeln, 1997, S. 450.

Anlage 2: Herleitung der Varianz für unabhängige Einzahlungsüberschüsse:[542]

Der Erwartungswert ist definiert als:

$$\mu = \varepsilon \{X\}$$

Die Varianz ist definiert als:

$$Var(X) = \sigma^2 = \varepsilon \{(X - \varepsilon X)^2\} = \varepsilon \{X^2\} - (\varepsilon \{X\})^2 = \varepsilon \{X^2\} - \mu^2$$

Da es sich bei (X) um in der Zukunft liegende Cashflows handelt, ersetzt man nun (X) durch $\frac{X}{q^n}$ und (µ) durch $\frac{\mu}{q^n}$ und bildet die Summe der Einzelvarianzen:

$$Var(X) = \sum_{t=1}^{n} \left[\varepsilon \left\{ \left(\frac{X_t}{q^t} \right)^2 \right\} - \left(\frac{\mu_t}{q^t} \right)^2 \right] = \sum_{t=1}^{n} \frac{\varepsilon \{X_t^2\} - \mu_t^2}{q^{2t}} = \sum_{t=1}^{n} \frac{\sigma_t^2}{q^{2t}}$$

---

[542] Quelle: Eigene Darstellung.

Anlage 3: Herleitung der Varianz für korrelierte Einzahlungsüberschüsse:[543]

$$Var(X_t + X_s) = Var(X_t) + Var(X_s) + 2 \cdot Cov(X_t, X_s) =$$

$$= Var(X_t) + Var(X_s) + 2 \cdot \rho \sqrt{Var(X_t) \cdot Var(X_s)}$$

Da es sich um bis zu (n) verschiedene Varianzen handelt bildet man die Summe der Einzelvarianzen:

$$Var(X_n) = \sum_{t=1}^{n} Var(X_t) + 2 \cdot \sum_{t=1}^{n-1} \sum_{s=t+1}^{n} \rho \cdot \sigma_{X_t} \cdot \sigma_{X_s}$$

Da es sich bei (X) um in der Zukunft liegende Cashflows handelt, ersetzt man nun (X) durch $\frac{X}{q^n}$ und

$$Var(C_0) = \sum_{t=1}^{n} \frac{Var(X_t)}{q^{2t}} + 2 \cdot \sum_{t=1}^{n-1} \sum_{s=t+1}^{n} \rho \cdot \frac{\sigma_{X_t} \cdot \sigma_{X_s}}{q^{(t+s)}}$$

[543] Quelle: Eigene Darstellung.

Anlage 4: Herleitung der Varianz für vollständig korrelierte Einzahlungsüberschüsse:[544]

Aus der Herleitung für die Varianz für korrelierte Einzahlungsüberschüsse wissen wir:

$$Var(X_t + X_s) = Var(X_t) + Var(X_s) + 2 \cdot \rho \sqrt{Var(X_t) \cdot Var(X_s)}$$

Die Annahme der vollständigen Korrelation bedeutet, dass ρ den Wert eins annimmt. Daraus folgt:

$$Var(X_t + X_s) = \sigma_t^2 + \sigma_s^2 + 2 \cdot 1 \cdot \sigma_t \cdot \sigma_s$$

In dieser Form ist leicht zu erkennen, dass es sich um eine binomische Formel handelt, die sich zusammenfassen lässt zu:

$$Var(X_t + X_s) = (\sigma_t + \sigma_s)^2$$

Bildet man die Summe für (n) Varianzen und ersetzt man (X) durch $\frac{X}{q^n}$ erhält man:

$$Var(C_0) = \left(\sum_{t=1}^{n} \frac{\sigma_{c_t}}{q^t} \right)^2$$

[544] Quelle: Eigene Darstellung.

Anlage 5: Berechnung des erwarteten Portfolioertrages (μ_P) und des Portfoliorisikos (σ_P) zum Beispiel aus Kapitel 4.1.1:[545]

Der Portfolioertrag (μ_P) berechnet sich mit Formel (30) wie folgt:

$$\mu_P = \alpha\mu_A + (1-\alpha)\mu_B$$

$$\mu_P = 0{,}64 \cdot 0{,}075 + (1-0{,}64) \cdot 0{,}2$$

$$\mu_P = 0{,}048 + 0{,}36 \cdot 0{,}2$$

$$\mu_P = 0{,}048 + 0{,}072 = \underline{\underline{0{,}12}}$$

Das Portfoliorisiko (σ_P) berechnet sich mit Formel (33) wie folgt:

$$\sigma_P^2 = \alpha^2\sigma_A^2 + (1-\alpha)^2\sigma_B^2$$

$$\sigma_P^2 = 0{,}64^2 \cdot 0{,}15^2 + (1-0{,}64)^2 \cdot 0{,}2^2$$

$$\sigma_P^2 = 0{,}4096 \cdot 0{,}0225 + 0{,}36^2 \cdot 0{,}04$$

$$\sigma_P^2 = 0{,}009216 + 0{,}005184$$

$$\sigma_P^2 = 0{,}0144$$

$$\underline{\underline{\sigma_P = 0{,}12 = 12\%}}$$

545 Quelle: Eigene Darstellung.

Anlage 6: Auflösung der Gleichung (46) nach E(R_i) zur Gleichung (47) des Capital Asset Pricing Model in Kapitel 4.2.3:[546]

Im Marktgleichgewicht ist die Rendite-Risiko-Substitution für alle Wertpapiere gleich. Es gilt:

$$\frac{E(R_M)-R_f}{\sigma_M}=\frac{E(R_i)-E(R_M)}{\frac{\sigma_{iM}-\sigma_M^2}{\sigma_M}}$$

$$E(R_i)-E(R_M)=\frac{E(R_M)-R_f}{\sigma_M}\cdot\frac{\sigma_{iM}-\sigma_M^2}{\sigma_M}=\frac{\left(E(R_M)-R_f\right)\cdot\left(\sigma_{iM}-\sigma_M^2\right)}{\sigma_M^2}$$

$$E(R_i)=E(R_M)+\frac{E(R_M)\sigma_{iM}}{\sigma_M^2}-\frac{E(R_M)\sigma_M^2}{\sigma_M^2}-\frac{R_f\sigma_{iM}}{\sigma_M^2}+\frac{R_f\sigma_M^2}{\sigma_M^2}$$

$$E(R_i)=E(R_M)+\frac{E(R_M)\sigma_{iM}}{\sigma_M^2}-E(R_M)-\frac{R_f\sigma_{iM}}{\sigma_M^2}+R_f$$

$$E(R_i)=R_f+\frac{E(R_M)\sigma_{iM}-R_f\sigma_{iM}}{\sigma_M^2}=R_f+\frac{\left(E(R_M)-R_f\right)\sigma_{iM}}{\sigma_M^2}$$

$$\underline{\underline{E(R_i)=R_f+\left(E(R_M)-R_f\right)\frac{\sigma_{iM}}{\sigma_M^2}}}$$

[546] Quelle: Eigene Darstellung.

Anlage 7: Zusammensetzung und Gewichtung des MSCI-World Paper & Forest Products und des MSCI-Europe Paper & Forest Products:[547]

WORLD/PAPER & FOREST PRODUCTS				
ISIN	**Company**	**Country**	**Market Cap. (Mio USD)**	**Weight**
AU000000PPX1	PAPERLINX	AU	1.587,27	1,6551%
CA0039241074	ABITIBI-CONSOLIDATED	CA	2.134,34	2,2255%
CA2575611009	DOMTAR	CA	1.879,06	1,9593%
FI0009005961	STORA ENSO R	FI	9.279,86	9,6762%
FI0009005987	UPM-KYMMENE	FI	11.621,67	12,1180%
JP3754300006	NIPPON PAPER GROUP	JP	4.191,06	4,3700%
JP3174410005	OJI PAPER CO	JP	4.639,04	4,8372%
NO0004135633	NORSKE SKOGINDUSTRIER	NO	2.192,63	2,2863%
NZCAHE0001S6	CARTER HOLT HARVEY	NZ	1.006,04	1,0490%
NZFLCE0020S7	TENON	NZ	110,36	0,1151%
SE0000862997	BILLERUD	SE	833,55	0,8692%
SE0000109290	HOLMEN B	SE	1.613,54	1,6824%
SE0000112724	SCA SV CELLULOSA B	SE	7.545,53	7,8678%
US3732981085	GEORGIA-PACIFIC CORP	US	8.116,22	8,4628%
US4601461035	INT'L PAPER CO	US	17.554,38	18,3041%
US5833341077	MEADWESTVACO CORP	US	6.157,24	6,4202%
US9621661043	WEYERHAEUSER CO	US	15.442,40	16,1019%

EUROPE/PAPER & FOREST PRODUCTS				
ISIN	**Company**	**Country**	**Market Cap. (Mio USD)**	**Weight**
FI0009005961	STORA ENSO R	FI	9.732,26	28,0521%
FI0009005987	UPM-KYMMENE	FI	12.364,24	35,6385%
NO0004135633	NORSKE SKOGINDUSTRIER	NO	2.364,31	6,8149%
SE0000862997	BILLERUD	SE	855,21	2,4651%
SE0000109290	HOLMEN B	SE	1.777,25	5,1227%
SE0000112724	SCA SV CELLULOSA B	SE	7.600,19	21,9067%

[547] Quelle: Mit freundlicher Genehmigung zur Verfügung gestellt von Morgan Stanley Capital International; Frankfurt; Stand Februar 2005.

Anlage 8: Fragebogen zu den Kapitalkosten

Bitte zurücksenden an: Gabriel Weber; Lehrstuhl für Forstliche Wirtschaftslehre der Technischen Universität München, Am Hochanger 13, D - 85354 Freising oder **FAX: 08161-714631**

Empirische Studie zu den Kapitalkosten in der Papier-, Druck- und Holzindustrie

1 Fragen zur Bewertung von Investitionen:

1.1 Setzen Sie zur Bewertung von Investitionen in andere Unternehmen eines der folgenden Investitionsrechenverfahren ein?

☐ Discounted-Cash-Flow Methoden ☐ Vergleichszahlen

☐ Substanzwertverfahren ☐ Börsenwert

Sonstige:____________________

1.2 Setzten Sie zur Bewertung von Investitionen in Investitionsgüter eines der folgenden Investitionsrechenverfahren ein?

☐ Net-Present-Value Methode ☐ Internal-Rate-of-Return Methode

Sonstige:__________ ☐ Keine:

1.3 Wenn Sie Investitionen bewerten, zinsen Sie die zukünftigen Cashflows ab?

☐ Ja ☐ Nein

1.3.1 Wenn Ja, verwenden Sie einen Zinssatz für alle Investitionen und wie hoch ist dieser?

☐ Ja Zinssatz:__________

1.3.2 Wenn Sie keinen einheitlichen Abzinsungszinssatz verwenden, wie ermitteln Sie den projektspezifischen Zins?

____

____

2 Kapitalkosten des Unternehmens:

2.1 Streben Sie ein konstantes Verhältnis von Fremd- zu Eigenkapital an?

☐ Ja Ungefähr: ☐ 9:1 ☐ 8:2 ☐ 7:3 ☐ 6:4
☐ 5:5 ☐ 4:6 ☐ 3:7 ☐ 2:8 ☐ 1:9

☐ Nein

2.2 Wie hoch sind die Kapitalkosten in Ihrem Unternehmen?

____

3 Ich möchte über die Ergebnisse dieser Studie informiert werden:

☐ Nein ☐ Ja Email:__________

Anlage 9: Graphische Darstellung der Regressionsanalyse: Georgia-Pacific (1977-2004)

Kolmogorov-Smirnov-Test	N	D	P
Residuen	336	0,0525	0,3117

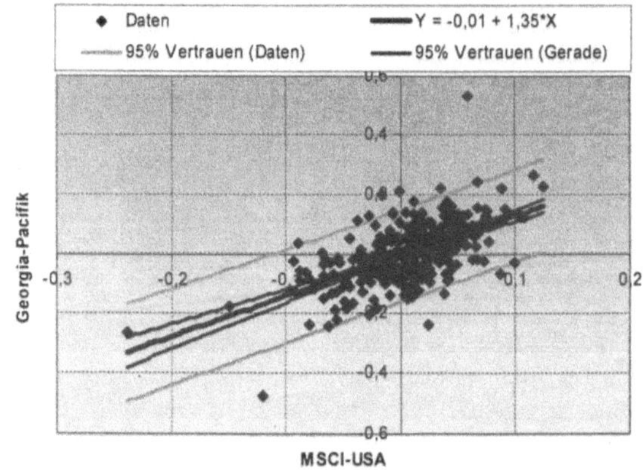

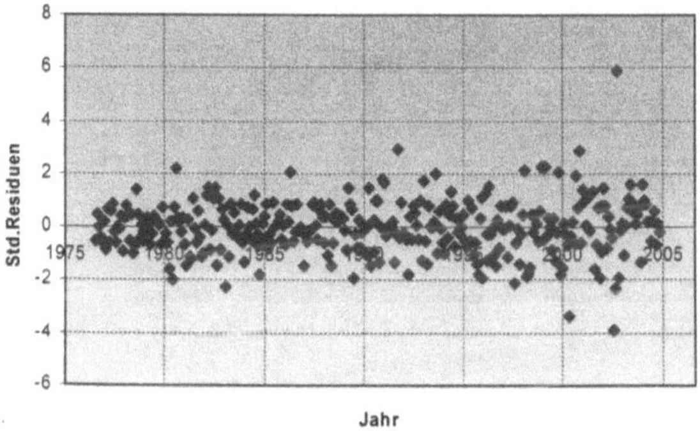

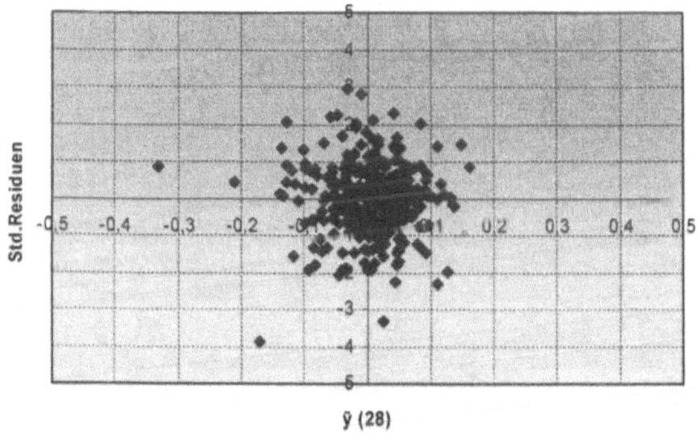

Literaturverzeichnis

Achleitner, Ann-Kristin / Nathusius, Eva: Venture Valuation, Stuttgart: Schäffer-Poeschel, 2004

Baetge, Jörg / Krause, Clemens: Die Berücksichtigung des Risikos bei der Unternehmensbewertung, in: Betriebswirtschaftliche Forschung und Praxis (BFuP): 1994, Band 46, S. 433-456

Ballwieser, Wolfgang: Methoden der Unternehmensbewertung, in: Gebhardt, Günther / Gerke, Wolfgang / Steiner, Manfred: Handbuch des Finanzmanagements, München: Beck, 1993, S. 151-176

Ballwieser, Wolfgang: Unternehmensbewertung, Marktorientierung und Ertragswertverfahren, in: Wagner, Udo: Zum Erkenntnisstand der Betriebswirtschaftslehre am Beginn des 21. Jahrhunderts, Berlin: Duncker & Humblot, 2001, S. 17-31

Ballwieser, Wolfgang / Coenenberg, Adolf G. / Schultze, Wolfgang: Unternehmensbewertung, erfolgsorientierte, in: Ballwieser, Wolfgang / Coenenberg, Adolf G. / von Wysocki, Klaus: Handwörterbuch der Rechnungslegung und Prüfung, 3. überarbeitete und erweiterte Auflage, Stuttgart: Schäffer-Poeschel, 2002, S. 2412-2432

Ballwieser, Wolfgang / Coenenberg, Adolf G. / von Wysocki, Klaus: Handwörterbuch der Rechnungslegung und Prüfung, 3. überarbeitete und erweiterte Auflage, Stuttgart: Schäffer-Poeschel, 2002

Bamberg, Günter / Coenenberg Adolf G.: Betriebswirtschaftliche Entscheidungslehre, 11. überarbeitete Auflage, München: Vahlen, 2002

Baxter, Nevins D.: Leverage, Risk of Ruin and the Cost of Capital, in: The Journal of Finance: 1967, Vol. 22, No. 3, S. 395-403

Baxter, Nevins D.: Leverage, Risk of Ruin and the Cost of Capital; deutsche Übersetzung: Verschuldung, Konkursrisiko und Kapitalkosten, in: Hax, Herbert / Laux, Helmut: Die Finanzierung der Unternehmung, 1975, S. 167-177

Bernoulli, Daniel: Specimen theoriae novae de mensura sortis, in: Commentarii Academiae Scientiarum Imperialis Petropolitanae: 1738, S. 175-192. Deutsche Übersetzung: Entwurf einer neuen Theorie zur Bewertung von Lotterien, in: Die Betriebswirtschaft: 1996, Band 56, S. 733-742

Black, Fischer: Capital Market Equilibrium with Restricted Borrowing, in: The Journal of Business: 1972, Vol. 45, No. 3, S. 444-455

Black, Fischer: Beta and Return – Announcements of the "death" of beta seem premature, in: Journal of Portfolio Management: 1993, Vol. 20, No. 1, S. 8-18

Black, Fischer: Estimating Expected Return, in: Financial Analysts Journal: 1993, Vol. 49, No. 5, S. 36-38

Black, Fischer / Jensen, Michael / Scholes, Myron: The Capital Asset Pricing Model: Some Empirical tests, in: Jensen, Michael: Studies in the Theory of Capital Markets, 1972, S. 79-121

Blohm, Hans / Lüder, Klaus: Investition, 8. aktualisierte und ergänzte Auflage, München: Vahlen, 1995

Bretzke, Wolf-Rüdiger: Das Prognoseproblem bei der Unternehmungsbewertung, Düsseldorf: IdW-Verlag, 1975

Brösig, Clemens: Unternehmenswert und Unternehmensbewertung, in: Zeitschrift für betriebswirtschaftliche Forschung (ZfbF): 1993, Band 45, S. 79-91

Busse, Franz: Grundlagen der betrieblichen Finanzwirtschaft, 5. überarbeitete und wesentlich erweiterte Auflage, München / Wien: Oldenbourg, 2003

Copeland, Tom / Koller, Tim / Murrin, Jack: Unternehmenswert, Frankfurt am Main / New York: Campus, 1993

Copeland, Tom / Koller, Tim / Murrin, Jack: Unternehmenswert, 3. völlig überarbeitete und erweiterte Auflage, Frankfurt am Main / New York: Campus, 2002

Copeland, Tom / Koller, Tim / Murrin, Jack: Valuation, Third Edition, New York et al.: Wiley, 2000

Copeland, Tom / Weston, Fred / Shastri, Kuldeep: Financial Theory and Corporate Policy, Fourth Edition, Boston et al.: Pearson Addison-Wesley, 2005

Deutsche Bundesbank: Kapitalmarktstatistik: Statistisches Beiheft zum Monatsbericht 2, Januar 2005 (www.bundesbank.de)

Drukarczyk, Jochen: DCF-Methoden und Ertragswertmethode - einige klärende Anmerkungen in: Die Wirtschaftsprüfung: 1995, Jg. 48, Nr. 10, S. 329-334

Drukarczyk, Jochen: Unternehmensbewertung, 4. überarbeitete und erweiterte Auflage, München: Vahlen, 2003

Erhard, Ulrich / Fischbach, Rainer / Kehrle, Karl / Weiler, Hans: Praktisches Lehrbuch Statistik, 4. überarbeitete Auflage, Landsberg/Lech: Moderne Industrie, 1992

Fama, Eugene: The Behavior of Stock-Market Prices, in: The Journal of Business: 1965, Vol. 38, No. 1, S. 34-105

Fama, Eugene: Foundations of Finance, New York: Basic Books, 1976

Fama, Eugene / French, Kenneth: The Cross-section of Expected Stock Returns, in: The Journal of Finance: 1992, Vol. 47, No. 2, S. 427-465

Fama, Eugene / MacBeth, James: Risk, Return, and Equilibrium: Empirical Tests, in: The Journal of Political Economy: 1973, Vol. 81, No. 3, S. 607-636

Faustmann, Martin: Berechnung des Werthes, welchen Waldboden, sowie noch nicht haubare Holzbestände für die Waldwirtschaft besitzen, in: Allgemeine Forst- und Jagd-Zeitung: 1849, 15. Jg. Heft 12, S. 441-445

Franke, Günter / Hax, Herbert: Finanzwirtschaft des Unternehmens und Kapitalmarkt, 5. überarbeitete Auflage, Berlin / Heidelberg / New York: Springer, 2004

Frantzmann, Hans-Jörg: Zur Messung des Marktrisikos deutscher Aktien, in: Zeitschrift für betriebswirtschaftliche Forschung (ZfbF): 1990, Band 42, S. 67-83

Gebhardt, Günther / Gerke, Wolfgang / Steiner, Manfred: Handbuch des Finanzmanagements, München: Beck, 1993

Hax, Herbert / Laux, Helmut: Die Finanzierung der Unternehmung, Köln: Kiepenheuer & Witsch, 1975

Hertz, David B.: Risk Analysis in Capital Investment, in: Harvard Business Review, 1964, Band 42, S. 95-106

Hess, Sidney W. / Quigley Harry A.: Analysis of risk in investments using Monte Carlo techniques, in: Chemical Engineering Progress Symposium Series, "Statistics and numerical methods in chemical engineering", 1963, Volume 59, Number 42, S. 55-63

Hillier, Frederick S.: The derivation of probabilistic information for the evaluation of risky investments, in: Management Science: 1963, Band 9, S. 443-457

Hopfenbeck, Waldemar: Allgemeine Betriebwirtschafts- und Managementlehre, 12. durchgesehene Auflage, Landsberg/Lech: Moderne Industrie, 1998

Hradetzky, Joachim: Das Bestimmtheitsmaß, in: Forstwissenschaftliches Centralblatt: 1978, Jahrgang 97, S. 168-181

Jensen, Michael: Studies in the Theory of Capital Markets, New York / Washington / London: Praeger Publishers, 1972

Jöckel, Karl-Heinz / Pflaumer, Peter.: Stochastische Investitionsrechnung: Ein analytisches Verfahren zur Risikoanalyse, in: Zeitschrift für Operations Research (ZOR): 1981, Band 25, Heft 2, B. 39-47

Jonas, Martin: Unternehmensbewertung: Zur Anwendung der Discounted-Cash-Flow-Methode in Deutschland, in: Betriebswirtschaftliche Forschung und Praxis (BFuP): 1995, Band 47, S. 83-98

Kames, Christian / Richter, Frank: Die Spekulation auf höhere Abfindungsangebote dürfte bald vorüber sein, in: Frankfurter Allgemeine Zeitung (FAZ) vom 18.11.2004, S. 25. (Druckfehler im Original: „Der Spekulation…")

König, Gustav: Die Forstmathematik mit Anweisung zur Holzvermessung, Holzschätzung und Waldwerthberechnung nebst Hülftafeln für Forstschätzer, Gotha: 1835

Kruschwitz, Lutz: Finanzierung und Investition, 3. überarbeitete Auflage, München / Wien: Oldenbourg, 2002

Kruschwitz, Lutz: Finanzmathematik, 3. neu bearbeitete Auflage, München: Vahlen, 2001

Kruschwitz, Lutz: Investitionsrechnung, 8. neu bearbeitete Auflage, München / Wien: Oldenbourg, 2000

Kruschwitz, Lutz / Löffler, Andreas: Ein neuer Zugang zum Konzept des Discounted Cashflow, in: Journal für Betriebswirtschaft (JfB): 2005, Band 55, Heft 1, S. 21-36

Kürsten, Wolfgang: „Unternehmensbewertung unter Unsicherheit", oder: Theoriedefizit einer künstlichen Diskussion über Sicherheitsäquivalent- und Risikozuschlagsmethode, in: Zeitschrift für betriebswirtschaftliche Forschung (ZfbF): 2002, Band 54, S. 128-144

Laux, Helmut: Entscheidungstheorie, 4. neu bearbeitete und erweiterte Auflage, Berlin / Heidelberg / New York: Springer, 1998

Lewis, Thomas: Steigerung des Unternehmenswertes, 2. Auflage, Landsberg/Lech: Moderne Industrie, 1995

Linnenbrink, Karin: Das CAPM mit zeitabhängigen Beta-Faktoren, Berlin: VWF, 1998

Lintner, John: The Valuation of Risk Assets and the Selection of Risky Investments in Stock Portfolios and Capital Budgets, in: Review of Economics and Statistics: 1965, Vol. 47, S. 13-37

Loderer, Claudio / Jörg, Petra / Pichler, Karl / Zgraggen , Pius: Handbuch der Bewertung, Zürich: Neue Züricher Zeitung, 2000

Mandelbrot, Bernoit B. / Hudson, Richard: Fraktale und Finanzen, 2. Auflage, München: Pieper-Verlag, 2005

Markowitz, Harry: Portfolio Selection, in: The Journal of Finance: 1952, Vol. 7, No. 1, S. 77-91

Markowitz, Harry: Portfolio Selection - Efficient Diversification of Investments, New York: Wiley, 1959

McQueen, Jason: Beta Is Dead! Long Live Beta!, in: Stern Joel / Chew, Donald: The Revolution in Corporate Finance: 1986, Reprinted 1987, S. 52-57

Miller, Merton H.: Dept and Taxes, in: The Journal of Finance: 1977, Vol. 32, No. 2, S. 261-275

Miller, Merton H.: The Modigliani-Miller Propositions After Thirty Years, in: Journal Economic Perspectives: 1988, Vol. 2, No. 4, S. 99-120

Miller, Merton H. / Modigliani, Franco: Dividend Policy, Growth, and the Valuation of Shares, in: The Journal of Business: 1961, Vol. XXXIV, No. 4, S. 411-433.

Modigliani, Franco / Miller, Merton H.: The Cost of Capital, Corporation Finance and the Theory of Investment, in: The American Economic Review: 1958, Vol. 48, S. 261-297

Modigliani, Franco / Miller, Merton H.: The Cost of Capital, Corporation Finance and the Theory of Investment; deutsche Übersetzung: Kapitalkosten, Finanzierung von Aktiengesellschaften und Investitionstheorie, in: Hax, Herbert / Laux, Helmut: Die Finanzierung der Unternehmung, 1975, S. 86-119

Modigliani, Franco / Miller, Merton H.: Corporate Income Taxes and the Cost of Capital: A Correction, in: The American Economic Review: 1963, Vol. 53, S. 433-443

Modigliani, Franco / Miller, Merton H.: The Cost of Capital, Corporation Finance and the Theory of Investment; deutsche Übersetzung: Körperschaftsteuern und Kapitalkosten: Eine Berichtigung, in: Hax, Herbert / Laux, Helmut: Die Finanzierung der Unternehmung, 1975, S. 120-132

Morgan Stanley Capital International: Methodology & Index Policy, 1998 (Download unter www.msci.com)

Morgan Stanley Capital International: MSCI Standard Methodology Book, August 2004 (Download unter www.msci.com)

Mossin, Jan: Equilibrium in a Capital Asset Market, in: Econometrica: 1966, Vol. 34, No. 4, S. 768-783

Moxter, Adolf: Grundsätze ordnungsmäßiger Unternehmensbewertung, 2. vollständig umgearbeitete Auflage, Wiesbaden: Gabler 1983, Nachdruck 1991

Peemöller, Volker / Bömelburg, Peter / Denkmann, Andreas: Unternehmensbewertung in Deutschland, in: Die Wirtschaftsprüfung: 1993, Jg. 47, Nr. 22, S. 741-749

Perridon, Louis / Steiner, Manfred: Finanzwirtschaft der Unternehmung, 9. überarbeitete und erweiterte Auflage, München: Vahlen, 1997

Pflaumer, Peter: Investitionsrechnung, 5. überarbeitete und erweiterte Auflage, München / Wien: Oldenbourg, 2004

PPI, Pulp & Paper International: September 2004, www.paperloop.com

Råde, Lennart / Westergren, Bertil - aus dem Englischen übersetzt von: **Vachenauer, Peter:** Springers mathematische Formeln, 2. korrigierte und erweiterte Auflage, Berlin / Heidelberg / New York: Springer, 1997

Richter, Frank / Simon-Keuenhof, Kai: Bestimmung durchschnittlicher Kapitalkostensätze deutscher Industrieunternehmungen, in: Betriebswirtschaftliche Forschung und Praxis (BFuP): 1996, Band 48, S. 698-708

Richter, Frank / Timmreck, Christian: Unternehmensbewertung, Stuttgart: Schäffer-Poeschel, 2004

Roll, Richard: A Critique of the Asset Pricing Theory's Tests, Part I: On Past and Potential Testability of the Theory, in: Journal of Financial Economics: 1977, Vol. 4, S. 129-176

Ross, Stephen: The Arbitrage Theory of Capital Asset Pricing, in: Journal of Economic Theory: 1976, Vol. 13, No. 1, S. 341-360

Ross, Stephen: The Current Status of the Capital Asset Pricing Model (CAPM), in: The Journal of Finances: 1978, Vol. 33, No. 3, S. 885-901

Sachs, Lothar: Angewandte Statistik, 7. völlig neu bearbeitete Auflage, Berlin / Heidelberg / New York: Springer, 1992

Schierenbeck, Henner: Grundzüge der Betriebswirtschaftslehre, 16. vollständig überarbeitete und erweiterte Auflage, München / Wien: Oldenbourg, 2003

Schmidt, Reinhard H. / Terberger, Eva: Grundzüge der Investitions- und Finanzierungstheorie, 4. aktualisierte Auflage, Wiesbaden: Gabler, 1997 (Nachdruck 1999)

Schneider, Dieter: Investition, Finanzierung und Besteuerung, 7. vollständig überarbeitete und erweiterte Auflage, Wiesbaden: Gabler, 1992

Schwetzler, Bernhard: Unternehmensbewertung unter Unsicherheit – Sicherheitsäquivalent- oder Risikozuschlagsmethode?, in: Zeitschrift für betriebswirtschaftliche Forschung (ZfbF): 2000, Band 52, S. 469-486

Schwetzler, Bernhard: Das Ende des Ertragswertverfahrens?, in: Zeitschrift für betriebswirtschaftliche Forschung (ZfbF): 2002, Band 54, S. 145-158

Sharpe, William F.: Capital Asset Prices: A Theory of Market Equilibrium under Conditions of Risk, in: The Journal of Finance: 1964, Vol. 19, No. 3, S. 425-442

Sharpe, William F.: Portfolio Theory and Capital Markets, New York et al.: McGraw-Hill, 2000

Spremann, Klaus: Portfoliomanagement, München / Wien: Oldenbourg, 2000

Steiner, Manfred / Bruns, Christoph: Wertpapiermanagement, 7. überarbeitete und erweiterte Auflage, Stuttgart: Schäffer-Poeschel, 2000

Steiner, Manfred / Kleeberg, Jochen: Zum Problem der Indexauswahl im Rahmen der wissenschaftlich-empirischen Anwendung des Capital Asset Pricing Model, in: Die Betriebswirtschaft (DBW): 1991, Band 51, S. 171-182

Stern Joel / Chew, Donald: The Revolution in Corporate Finance, Oxford / New York: Basil Blackwell, 1986, Reprinted 1987

Stern, Joel M. / Shiely, John S. / Ross, Irwin - aus dem Amerikanischen übersetzt von: **Bertheau, Nikolas:** Wertorientierte Unternehmensführung mit Economic Value Added, München: Econ, 2002

Stigler, Stephen M.: The history of statistics, Cambridge, 1986 zitiert nach: Gero von Randow: Das Ziegenproblem - Denken in Wahrscheinlichkeiten, 9. Auflage, Reinbek bei Hamburg: Rowohlt, 2000

Swoboda, Peter: Betriebliche Finanzierung, 3. überarbeitete Auflage, Heidelberg: Physica, 1994

Timmreck, Christian: β-Faktoren – Anwendungsprobleme und Lösungsansätze, in: Finanz Betrieb: 2002, Heft 5, S. 300-307

Timmreck, Christian: Bestimmung der Eigenkapitalkosten, in: Richter, Frank / Timmreck, Christian: Unternehmensbewertung, Stuttgart: Schäffer-Poeschel, 2004, S. 61-75

Uhlir, Helmut / Steiner, Peter: Wertpapieranalyse, 2. Auflage, Heidelberg: Physica, 1994

Wagle, B.: A statistical analysis of risk in capital investment projects, in: Operational Research Quarterly: 1967, Band 18, S. 13-33

Wagner, Udo: Zum Erkenntnisstand der Betriebswirtschaftslehre am Beginn des 21. Jahrhunderts, Berlin: Duncker & Humblot, 2001

Wallace, Anise: Is Beta Dead?, in: Institutional Investor: 1980, July, S. 23-30

Wallmeier, Martin: Kapitalkosten und Finanzierungsprämissen, in: Zeitschrift für Betriebswirtschaft (ZfB): 1999, Band 69, S. 1473-1490

Wallmeier, Martin: Determinanten erwarteter Renditen am deutschen Kapitalmarkt, in: Zeitschrift für betriebswirtschaftliche Forschung (ZfbF): 2000, Band 52, S. 27-57

Warner, Joan: US of AAA?, in: Institutional Investor 2005, March, S. 101-106

Weber, Bruno: Beurteilung von Akquisitionen auf der Grundlage des Shareholder Value, in: Betriebswirtschaftliche Forschung und Praxis (BFuP): 1991, Band 43, S. 221-232

Weber, Martin / Schiereck, Dirk: Marktbezogene Bestimmung der Kapitalkosten, in: Gebhardt, Günther / Gerke, Wolfgang / Steiner, Manfred: Handbuch des Finanzmanagements, 1993, S. 131-150

Weber, Matthias-Wilbur: Portefeuille- und Real-Optionspreis-Theorie und forstliche Entscheidungen, Frankfurt am Main: Sauerländer, 2002

Zimmermann, Peter: Schätzung und Prognose von Betawerten, Bad Soden/Ts: Uhlenbruch, 1997

Kolibri 360 GmbH
Ferdinand-Jühlke-Straße 7
99095 Erfurt, Deutschland
produktsicherheit@kolibri360.de